utb 4398

Eine Arbeitsgemeinschaft der Verlage

Böhlau Verlag · Wien · Köln · Weimar
Verlag Barbara Budrich · Opladen · Toronto
facultas · Wien
Wilhelm Fink · Paderborn
A. Francke Verlag · Tübingen
Haupt Verlag · Bern
Verlag Julius Klinkhardt · Bad Heilbrunn
Mohr Siebeck · Tübingen
Nomos Verlagsgesellschaft · Baden-Baden
Ernst Reinhardt Verlag · München · Basel
Ferdinand Schöningh · Paderborn
Eugen Ulmer Verlag · Stuttgart
UVK Verlagsgesellschaft · Konstanz, mit UVK/Lucius · München
Vandenhoeck & Ruprecht · Göttingen · Bristol
Waxmann · Münster · New York

Günter Fröhlich

Platon und die Grundfragen der Philosophie

Vandenhoeck & Ruprecht

Dr. Günter Fröhlich ist Privatdozent am Institut für Philosophie der Universität Regensburg.

Mit 2 Grafiken

Umschlagbild: Porträt des Platon (Inv. GL 548). Staatliche Antikensammlung und Glyptothek München. Fotografiert von: Christa Koppermann

Online-Angebote oder elektronische Ausgaben sind erhältlich unter **www.utb-shop.de**

Bibliografische Information der Deutschen Nationalbibliothek

Die Deutsche Nationalbibliothek verzeichnet diese Publikation in der Deutschen Nationalbibliografie; detaillierte bibliografische Daten sind im Internet über https://dnb.de abrufbar.

Umschlaggestaltung: Atelier Reichert, Stuttgart
Satz: Ruhrstadt Medien AG, Castrop-Rauxel
Druck und Bindung: Books on Demand GmbH, Norderstedt

UTB-Band-Nr. 4398
ISBN 978-3-8252-4398-2

Inhalt

Vorwort

den Sich-Unterredenden

Die Musen Kalliope und Urania lassen sich nach einer Geschichte Platons aus dem *Phaidros* (258e–259d) regelmäßig von den Zikaden darüber unterrichten, wer philosophisch lebt. Das grillende Gezirpe im Hintergrund des Ilissos, an dessen Lauf sich Phaidros und Sokrates eingefunden haben, surrt die Verweilenden in den Schlaf wie die Schafe, und ihr Singen gleicht einem Gelächter – es sei denn, es wird in ihrer Gegenwart philosophiert: Dann unterhalten sich die Zikaden über das Gesprochene und erzählen den Musen davon.

Gewiss ist, dass es schon sehr viele Einführungen in das Werk Platons und seine Philosophie gibt, ebenso aber können wir mit Berechtigung sagen, dass es niemals genug sein können. Platon steht am Anfang der paganen Philosophie, der schriftlichen und überlieferten Auseinandersetzung mit den Grundfragen des menschlichen Lebens, Denkens, Wissens und Handelns – Themen also, welche sich immer wieder neu stellen, vor allem in Zeiten, in denen eine Reflexion auf ihre Bedingungen alles andere als selbstverständlich ist.

Platon als das größte philosophische Genie zu bezeichnen, ist fast schon eine Untertreibung. Er war nämlich ebenso einer der besten Literaten überhaupt, worauf philologisch gebildete Leser sehr gerne hinweisen. Dabei zeichnet sich die Art seines Schreibens und Philosophierens durch eine extreme Offenheit aus. Die meisten seiner Dialoge sind einfach zu lesen, verbergen aber unter der Oberfläche unauslotbare Tiefenschichten, die zu einer Fülle an Verstehensdeutungen führten und immer noch führen. Nachdem man ab dem späten 17. Jahrhundert angefangen hatte, die Texte in ihrem Wortlaut zu sichern, hat die Forschung entsprechend divergierende Platonbilder hervorgebracht: Sollen wir uns mehr auf eine Gesamtinterpretation verständigen? Oder steht jeder Text, jedes Argument für sich? Gibt es Überzeugungen Platons, die sich aus seinen Texten herauslesen lassen? Kannte er ein großes System, das er in seinem Werk aber nur in Andeutungen versteckte? Lässt sich heute, wenn wir seine Positionen herausschälen können, mit seinen Themen und Lösungen noch etwas anfangen? Es erscheint eigenartig, wenn sich diese Fragen nicht eindeutig beantworten lassen. Und doch ist diese Orientierungslosigkeit einer der Hauptgründe dafür, dass sich sein Werk immer wieder neu lesen lässt. Bezeichnend ist vor allem, dass diese unterschiedlichen Lesarten die Auseinandersetzung mit seinen Schriften fortwährend bereichert haben und bereichern.

Mit dem vorliegenden Buch soll ein Einstieg in die Lektüre Platons erleichtert werden. Ich stelle einige, meines Erachtens zentrale Textstücke aus Platons Werk vor und versuche Fragen und Probleme, die sich dabei auftun, zu erörtern. Im Zentrum steht zunächst die Person von Sokrates und Platons Philosophiebegriff sowie Aspekte seines Schreibens. Dann beschäftigen sich die Texte mit der Bestimmung der seelischen Vermögen, wozu auch die Erkennbarkeit der Welt gehört. Den Abschluss bilden zwei Kapitel, die ethische und politische Themen behandeln. Leider mussten drei Kapitel, über das philosophische Argumentieren, über den Weltentstehungsmythos des *Timaios* und über Platons Religionsbegriff, aus Platzgründen gestrichen werden.

Die Textstücke, die vorwiegend aus Platons früher und mittlerer Schaffensphase stammen, werden zuerst immer ausführlich vorgestellt. Die Stellen sind stets angegeben, um Interessierten ein schnelles Nachschlagen zu ermöglichen. Danach diskutiere ich einige Schwierigkeiten, welche sich daraus ergeben, und versuche, die Aktualität der behandelten Fragen zu belegen. Dazu greife ich zuweilen über Platon hinaus. Diese Methode stellt nicht den ganzen Platon und seine vollständige Philosophie in ihrer Entwicklung vor, sondern konzentriert sich auf einige wenige Hauptaspekte seines Philosophierens. Die Lektüre soll eine Vorstellung davon vermitteln, wie Platon vorgeht und argumentiert; und sie soll anregen, die Texte selbst in die Hand zu nehmen, es genauer wissen zu wollen, um sich dadurch ein eigenes Urteil zu bilden, und um dieses mit anderen zu diskutieren. So leicht es Platon einem oberflächlich mit der Lektüre seiner Dialoge macht, so sehr erschließt er sich erst beim mehrmaligen Lesen und beim intensiven Durcharbeiten seiner Denkwege.

Die Auseinandersetzung mit der Forschungsliteratur wurde stark beschränkt, auf die Rezeption der älteren wurde weitgehend verzichtet. Diese und ihre Positionen sind aber in der angegebenen Sekundärliteratur schnell aufzufinden. Ein tieferes Eindringen in strittige Fragen hätte schnell sowohl den Textumfang unangemessen ausgeweitet, als auch Leserinnen und Leser, die eine Einführung in das Denken Platons erwarten, unverhältnismäßig überfordert. Es wurden vor allem neuere Werke angegeben, welche wichtige Fragen zur platonischen Philosophie gestellt haben, so dass sich bei einem Rückgriff darauf die Schwierigkeiten und Diskussionen zu Einzelfragen schnell ausdifferenzieren lassen. Eine allgemeine Darstellung der Forschungsfragen zu Platon ist nur schwer möglich, weil auch das kleinste Problem bei Platon in Kürze unübersichtlich wird. Das Literaturverzeichnis ist damit überschaubar gehalten und enthält einige Kommentare, welche sicher meinen eigenen Vorlieben geschuldet sind. Die Übersetzungen folgen Schleiermacher.

Ich danke Ulrike Angermeier und Christina Burger für Korrekturen und Hinweise zum Verständnis meiner Darstellung. Ihre Hinweise haben erheblich dazu beigetragen, den Text lesbarer zu machen. Weiter danke ich dem Verlag Vandenhoeck & Ruprecht, und insbesondere dessen Programmleiterin für Philosophie, Dr. Martina Kayser, und dem Verantwortlichen für die UTB-Reihe, Kai Pätzke, sowohl für die Aufnahme des Bandes in die Studienbuchreihe als auch für die hervorragende Betreuung bei der Endfassung. Mögen die Grillen zahlreich sein, die den Musen das ihre berichten! Denn, um einen wahren Logos aufzufinden, ist besser als das bloße Lesen, wie Platon will, das Sich-mit-andern-Unterreden.

Regensburg, im März 2015 Günter Fröhlich

1. Platons dialogisches Philosophieren

Alle philosophischen Fragen, die wir kennen, lassen sich im Kernbestand auf Platon zurückführen (vgl. Wieland 1996, 5). Der Reichtum seines Denkens (vgl. Whitehead 1995, 92) ist schier unerschöpflich. Das liegt nicht zuletzt an seiner Methode, seine Leser in Gespräche zu verwickeln, statt uns nur die Ergebnisse seines Nachdenkens und die möglichen Gründe dafür zu präsentieren. Eine wesentliche Rolle in seinen Schriften spielt sein Lehrer Sokrates, den er als Zeugen für das lebenslange Suchen schildert, die Grundlagen eines gelingenden Lebens aufzuspüren. Diese Suche nach dem wahren Wissen setzt er entweder zum Anspruch in Kontrast, ein Wissen zu haben, das sich schnell als vermeintliches Wissen entpuppt, oder gegen die Ansicht, es könne für den Menschen überhaupt keine Erkenntnis geben.

1.1 Platon schreibt „Gespräche"

Platon spricht zu uns als Autor seiner Werke. Nun wendet er sich allerdings nie direkt an seine Leser. Er selbst kommt in seinen Gesprächen (Dialoge) nicht einmal vor und tritt als Gesprächspartner niemals auf. Nach einer Bemerkung von Walter Bröcker spricht Platon dennoch zu uns, noch mehr: Er möchte ein Gespräch mit uns, seinen Lesern, führen (vgl. Bröcker 1999, 9). Warum versteckt er sich aber dann hinter seinen Texten? Wie soll ein Gespräch zustande kommen, wenn uns der unmittelbare Gesprächspartner fehlt?

Die Weise, in der Platon mit uns spricht, ist also dezidiert eine indirekte. Wir können darauf vertrauen, dass Platon die volle Verantwortung für seine Texte übernommen hat, denn seine Schriften sind aufs Äußerste durchkomponiert und seine Sprache gehört zum Gewähltesten und Außergewöhnlichsten, das wir in griechischer Diktion haben – sie sind im besten Sinn des Worts „Weltliteratur". Die Verantwortung allerdings dafür, mit ihm ins Gespräch zu kommen, hat er uns, seinen Lesern, überlassen!

Wie ein Leser einen Text versteht, hängt in entscheidender Weise von ihm selbst ab. Doch im Normalfall gehen wir davon aus, dass ein Autor uns in seinem Text etwas Bestimmtes vermitteln will. Wenn wir die Intention eines Autors missverstehen, hat er sich entweder schlecht ausgedrückt, oder uns fehlen Informationen, die uns erlauben, den Text richtig aufzufassen – dabei kann es sich um Themen handeln, welche nur die allerwenigsten Menschen verstehen, weil die Materien so schwierig sind; denken wir z. B. an die mathematischen Formulierungen der modernen Quantenmechanik. Bei Platon allerdings geht es um die Probleme, welche den Menschen als Menschen betreffen. Das erklärt schon zum Teil seine andauernde Aktualität.

Platon ist sich aller Schwierigkeiten, die beim Lesen von Texten auftreten können, offensichtlich voll bewusst. Dabei vermeidet er in seinen fingierten Gesprächen, die Dialogpartner unmittelbar darüber reden zu lassen, was er uns tatsächlich sagen will. Und dennoch ist er offenbar der Meinung, dass im Prinzip jeder Leser in der Lage ist, das, was er sagen will, auch richtig zu verstehen. Er hält die Gegenstände, über die er schreibt, im Wesentlichen nämlich nicht für dunkel, für verworren oder für besonders schwierig. Er weiß aber darum, dass kleine Änderungen von der Wahrheit, wie er sie versteht, zu gewichtigen Falsch- und Fehldeutungen führen können. Er kennt die Gefahren des Missverstehens. Falsche Meinungen über einen Text und die Intentionen seines Autors haben zumeist die Folge, dass die Missverständnisse dem Autor zugeschrieben und angelastet werden. Diese Gefahr möchte Platon gerade meiden. Zuletzt geht es ihm dabei allerdings gar nicht um sich und seine Texte, sondern um die Gegenstände, die er behandelt: denn die sind seiner Ansicht nach entscheidend. Die Lebendigkeit, mit der Platon seine Gespräche schildert, führt uns sein Philosophieren sozusagen im Vollzug vor Augen (vgl. Bordt 2004, 46–51).

Es ist darauf hingewiesen worden, dass Platon unterschiedliche Gruppen von Lesern vor Augen hat (vgl. Erler 2006, 112). In diesem Sinne variiert er je nach Gesprächspartner und dessen Rolle seine Themen sowie die Art ihrer Behandlung und die Lösungen (vgl. Frede 2006, 47, 49, 55–58): Zunächst soll jeder Leser von falschen Meinungen befreit werden. Das ist sozusagen ein negatives Ziel, das man aber auch mit „Befreiung von Unwissen" betiteln kann (ebd. 68). Darüber hinaus soll der Leser angeregt werden, selbst über die aufgeworfenen Fragen nachzudenken. Leser, welche schon fortgeschritten sind und die diskutierten Probleme einordnen können, finden darüber hinaus zahlreiche Hinweise, an welcher Stelle man besonders aufpassen muss (z. B. wenn Sokrates behauptet, „einen kleinen Punkt“ nicht verstanden zu haben), die Platon im Text versteckt (vgl. ebd. 67). Der versierte Leser ist auch in der Lage, die Hinweise aufzufinden und zum Ausgangspunkt weiterer Überlegungen zu machen. Platon selbst expliziert das z. B. mit der Aussage des Alkibiades im *Symposion*: Zunächst erscheint die Redeweise von Sokrates lächerlich und langweilig. Sobald man aber dahinter steigt, erkennt man, wie vernünftig und „ganz göttlich“ sie sind (*Symposion* 221e).[1]

1.2 Nachdenken über die rechte Lebensführung

Das Ziel all unseres Nachdenkens – egal um welchen Gegenstand es sich dabei handelt – liegt für Platon darin, ein rechtes Leben zu führen (vgl. Wolf 1999, 32–36). Es ist offensichtlich, dass wir das auf verschiedene Weisen tun und auch tun können. Dieser Umstand ist Platon auf der einen Seite so wichtig, dass er schon die Bedeutung der Frage, wie wir richtig leben sollen, durch die Art des Umgangs mit ihr schützen möchte. Er ist sich bewusst, dass wir unser Leben selbst führen und verantworten müssen, also will er uns keine eindeutigen Anweisungen dafür geben. Er ist aber wohl überzeugt davon, eine Methode gefunden zu haben, die uns bei der Beantwortung der Frage unterstützen kann. Diese Grundfrage weitet Platon aus auf alle möglichen Themenbereiche, von der Naturphilosophie zur Metaphysik und Ontologie, von der Erkenntnis bis zur Religion, von der Psychologie über die Rhetorik zur Kunst und seiner Frage nach dem Schönen.

Die wichtigste Einsicht besteht zunächst einmal darin, dass sich die Frage nach dem rechten Leben nicht von selbst beantwortet. Aber das allein würde nicht rechtfertigen, warum Platon seine Ansichten immer nur indirekt vermittelt. Dass das Leben nicht einfach ist und dass wir uns ständig fragen müssen, was gerade am besten zu tun ist, wird den meisten Menschen bewusst sein. Die größere Gefahr besteht für Platon dagegen in den schnellen Antworten, in den einfachen Sätzen, und in ihrem unverstandenen Reproduzieren.

1 Die Übersetzung der Texte Platons folgt durchgängig der Schleiermachers.

Wir dürfen also nicht nur die richtigen Sätze glauben und hersagen können, sondern wir müssen wirklich verstehen, was mit diesen gemeint ist. Das gelingt uns niemals dadurch, dass uns jemand sagt, was richtig ist und was falsch, sondern ausschließlich dadurch, dass wir selbst darauf kommen, durch eigenes Nachdenken und Verstehen.

Diese Arbeit kann und will uns Platon nicht abnehmen. Seine Anleitung zum Denken, die ihn zum Vater der Philosophie hat werden lassen, ist so geartet, dass ein Leser mit ihm erst ins Gespräch kommen muss, für das er allerdings selbst ganz und gar verantwortlich ist. Platon hat seine Texte so gestaltet, dass er sich einer eindeutigen Beantwortung unserer Fragen fortwährend entzieht. Zumeist gibt er uns mehrere Antworten an die Hand. Wir können also bis heute über diese Fragen diskutieren – ein erster Grund für die fortwährende Aktualität seiner Texte. Zugegebenermaßen will er uns manchmal auch an der Nase führen, damit wir endlich selber nachdenken. Die generelle Interpretationsoffenheit seiner Texte ist ein weiterer Grund für seine bleibende Aktualität – was dazu führt, wie Michael Erler betont, dass „jede Zeit … ‚ihren' Platon" (Erler 2006, 209; vgl. auch Frede 1999, 177) hat. Ein dritter Grund besteht schließlich in der Lebendigkeit seiner Texte: Durch die Form des Dialogs und durch die Gestaltung und den Aufbau seines Argumentierens haben wir Leser tatsächlich den Eindruck, unmittelbare Zeugen eines wirklichen Gesprächs zu sein.

Für Platon ist dies alles kein Selbstzweck, um seine überlegene Einsicht zu demonstrieren. Seine Leser und ihre Art zu leben, sind ihm ein wirkliches und sehr wichtiges Anliegen. Nur das rechte Verstehen, das von der Einsicht in die generellen Grenzen des menschlichen Wissens wie um die persönlichen Beschränkungen des Einzelnen begleitet wird, garantiert die bewusste und selbst bestimmte Lebensweise. Nur diese führt uns nach Platons Ansicht zur Harmonie unserer seelischen und geistigen Kräfte. Einzig diesen Zustand können wir Menschen zu Recht als Glückseligkeit bezeichnen.

1.3 Die Person des Sokrates

Die zentrale Figur in Platons Dialogen ist Sokrates. Wenn man sich als Jugendlicher im damaligen Athen nur ein wenig auf den Straßen und Plätzen aufhielt, war es am Ende des fünften Jahrhunderts wohl nicht möglich, Sokrates nicht zu begegnen. Er war eine stadtbekannte Persönlichkeit und es muss für die Jungen ein Spaß gewesen sein, ihm zuzuhören, wenn er in seinen Gesprächen den Hochmut der Älteren vorführte (vgl. *Apologie* 23c). Platon gehörte wohl zu einem Kreis solcher jungen Heranwachsenden aus den besten und reichsten Familien Athens, die des Öfteren Zeugen solcher Zwiesprachen waren.

Um jemanden vorzuführen, indem man ihm beweist, dass er den letzten Grund seines Wissens nicht angeben kann, braucht man eine gewisse Geschicklichkeit. Wenn man dann aber selber keine Antworten auf die Fragen hat, mit denen man den anderen konfrontierte, wirkt das hilflos und vielleicht ein wenig lächerlich.

Platon hat in der Art und Weise, wie Sokrates argumentiert und reflektiert hat, dennoch mehr gesehen.[2] Das Neue an der sokratischen Denkweise sieht er im Stellen von Fragen, ohne sich mit schnellen, tiefsinnigen oder auch gut überlegten Antworten zufrieden zu geben. Philosophische Fragen sind ewige Fragen, weil sie die Zerrissenheit und die Ambivalenz des Menschen, die unüberwindlich sind, in ihr Zentrum stellen.

Das Eingeständnis, selbst nicht recht weiter zu wissen, verbunden mit der unbedingten Suche nach dem besten Sinn der Frage und der überzeugendsten Antwort, hat Sokrates mit seinem „Ich weiß, dass ich nichts weiß!" vollzogen. Dieses sokratische Nicht-Wissen ist aber keine blanke und zynische Dummheit, sondern die entscheidende Einsicht, dass all unser Wissen auf Voraussetzungen beruht, die wir letztendlich niemals einholen können (vgl. Mojsisch 1996, 169). Diese Einsicht aber wird zynisch und fatal, wenn sie sich nicht mit der Einsicht in die Notwendigkeit paart, nach der wir keine andere Wahl haben, als unser Wissen und unsere Lebensführung zu überprüfen, um alles danach einzurichten, was uns am ehesten richtig erscheint.

Diese sokratische Denkweise und seine Methode führten zu einem neuen Begriff der Philosophie, den uns Platon in seinen Dialogen ausdeutet: Darunter wird nicht die Weisheit positiv gesicherter Erkenntnisse verstanden, sondern das Streben und die Suche nach dem besten Sinn

2 Eine Skizzierung der Bedeutung von Sokrates für Platon bringt Kutschera 2002/1, 13–37.

(*logos*) unseres Lebens. Wir können mit Platons Sokrates auch sagen: Die Philosophie besteht in der Liebe zur Weisheit.[3]

Dieser Kern der Philosophie Platons, den wir aus seinen Texten herausschälen können, hat ihm eine ungeheure Freiheit in den Möglichkeiten der literarischen Darstellung beschert. Die logische, die argumentative, die reflexive Struktur findet sich bei Platon immer nur als Form des *logos.*[4] Entscheidend aber sind die Inhalte – und die, so können wir Platon verstehen, können wir von überallher nehmen, aus den tradierten Mythen oder aus selbst erfundenen, aus Gehörtem, aus Gelesenem, daraus, was die Leute meinen, oder von den Weisen, von Homer oder von anderen berühmten Dichtern. Platon legt den Menschen seiner Zeit, dem Sokrates, seinen Brüdern, Politikern, Sophisten, Rhetoren, Militärs, Sklaven, Jungen, Alten alles Mögliche in den Mund. Es geht ihm aber nicht darum, was jene wirklich gesagt oder gedacht haben, sondern um den Sinn der Fragen und der angebotenen Lösungen (also darum, was da überhaupt gefragt wird), ihre Überprüfung, dem Verwerfen und dem Geltenlassen (vgl. Wieland 1996, 16 f.). Viel lässt Platon zugegebenermaßen oftmals nicht stehen, im *Theaitet* wird ein sehr sinnvolles Ergebnis, kurz nachdem es gewonnen wurde, wieder mutwillig zerstört. Aber Platon will auf keinen Fall, dass ein Leser aus seinen Texten eindeutige Ergebnisse herauszieht und sich auf deren Wiederholung beschränkt, ohne dass er den Sinn eines solchen Ergebnisses wirklich verstanden hat. Verstanden hat er ihn, wenn er die Gedanken selbständig hervorgebracht hat und hervorbringen kann, in keinem Fall aber durch bloßes Nachreden.

1.4 Platons Leben und Werk

Über Platon selbst und sein Leben wissen wir nicht sehr viel Gesichertes. Er lebte in Athen im fünften und vierten Jahrhundert v.Chr., wohl etwa

3 Eine einführend sehr gute Zusammenstellung der sokratischen Frage bringt Wieland 1996, 6–8; vgl. für das sokratische Nichtwissen auch ebd. 17–19. Über die Anregungen, die Platon von Sokrates erfahren, und die Art, wie die Sorge um die beste Lebensführung in seinen Schriften Eingang gefunden hat, vgl. Martens 2006.

4 Der *logos* umschreibt im Griechischen all unsere intellektuellen Fähigkeiten (Verstand, Vernunft, Bildung von Sinneinheiten) und ist somit auch die Voraussetzung für die Sprache.

von 427 bis 347 v.Chr., entstammte dem athenischen Hochadel – Sokrates war der Sohn eines Handwerkers – und seine Lebensbestimmung war es sicher, in die Politik zu gehen. Von dieser war Platon tief enttäuscht, was nicht zuletzt an den damaligen politischen Verhältnissen lag. Athen stand in einem fast dreißig Jahre dauernden Krieg mit Sparta, durch dessen Verlauf und der Niederlage es seine politische Vormachtstellung in Griechenland, welche die fünfzig Jahre davor bestand, einbüßte. Eine große Zahl der Bürger war in einem halsbrecherischen Unternehmen in Sizilien, das die Athener erobern wollten, gefallen, die Pest und der lange Kriegsverlauf hatte die Bevölkerung weiter dezimiert.

Die Schuld daran gab man der athenischen Verfassung – einer Demokratie mit fast schon extrem anmutenden plebiszitären Elementen, und den populistischen Agitatoren, die nur ihren eigenen Vorteil im Sinn hatten. Die Folgen des Krieges führten in Athen zum blanken Terror, an der Spitze des Staats wie auf den Straßen. Persönlich war für Platon weiter einschneidend, dass man den „trefflichsten, und auch sonst vernünftigsten und gerechtesten Mann" (*Phaidon* 118a), Sokrates nämlich, hingerichtet hatte. Die Legende besagt, dass sich Platon zuvor mit dem Verfassen von Komödien und Tragödien beschäftigt hatte, daraufhin aber all diese Texte verbrannte, und anschließend nur noch philosophische Dialoge schrieb.

Platon hatte wohl schon länger Verbindungen zu den Pythagoreern in Süditalien und damit auch zum Herrscherhaus in Syrakus. Dionysius holte für eine Staatsreform eine ganze Reihe renommierter Theoretiker aus dem ganzen Mittelmeerraum nach Sizilien. Platon allerdings bekam Schwierigkeiten mit ihm und wurde daraufhin in die Sklaverei verkauft, woraus er von seiner Familie wieder freigekauft werden musste. Im Alter von etwa 40 Jahren gründete er im Hain des Akademos eine Schule, die „Akademie" genannt wurde. Der Schulbetrieb wurde zwar nicht tausend Jahre immer am selben Ort aufrecht erhalten, dennoch ließ erst der römische Kaiser Justinian per Edikt von 529 den Lehrbetrieb endgültig einstellen. Platon reiste zwanzig Jahre nach seinem ersten Scheitern ein zweites Mal nach Syrakus. Er hatte sich nämlich während des ersten Besuchs mit Dion, dem jüngeren Schwager von Dionysius, angefreundet. Aber auch dieser Versuch, auf die politischen Verhältnisse einzuwirken, scheiterte ebenso wie ein dritter einige Jahre später.

Von Platon ist alles, was er veröffentlicht hat, erhalten. Es gibt in der antiken Literatur keinen Hinweis auf eine Stelle, die wir nicht kennen.

Allerdings stammen nicht alle der 43 Werke, die unter seinem Namen überliefert sind, auch aus seiner Feder. Bei einigen wird immer noch über deren Echtheit diskutiert. Von denen, die als „unecht“ eingestuft werden, stammen die meisten jedoch aus seinem Umfeld oder dem der Akademie. Die genaue Datierung der Texte ist ein ungelöstes philologisches Problem. Wir unterscheiden aber zwischen frühen, mittleren und späten Dialogen. Weil uns Platon keine Abhandlungen liefert, aus denen wir ersehen könnten, welche Gedanken auf welchen aufbauen, wird eine genaue Reihenfolge auch niemals mit Sicherheit erstellt werden können. Seine wichtigsten Werke sind wohl *Gorgias*, die *Politeia*, der *Phaidon*, der *Theaität*, der *Phaidros*, das *Symposion* und der *Timaios*.

1.5 Die Dialogform

Die Dialogform ist eine eigene literarisch-philosophische Gattung, die von mehreren Schülern des Sokrates verwendet wurde, auch in der zweiten Generation z. B. von Aristoteles. Bis auf das Werk Platons ist aber fast alles verloren gegangen. Die Kunstfertigkeit, mit der er seine sokratischen Gespräche niederschrieb, scheint so dominant gewesen zu sein, dass man sich nicht die Mühe machte, die anderen Autoren abzuschreiben und damit zu tradieren.

Platon schreibt Gespräche nieder. Die Ausnahme bilden die drei Monologe der sokratischen Verteidigung. Es ist freilich klar, dass die Gespräche niemals so stattgefunden haben. Der Dialog ist eine bewusst gewählte Kunstform. Die philosophischen Inhalte, einschließlich der Meinung des Autors, werden nicht direkt abgehandelt, sondern in einem wechselseitigen Gespräch versteckt, in dem zumeist Sokrates die Hauptrolle spielt. Einige von ihnen werden auch erzählt: etwa direkt von Sokrates, wie die *Politeia*, oder manchmal in eine Art Rahmenhandlung eingebettet, wie z. B. der *Protagoras*.[5] Der *Parmenides* wird von Kephalos erzählt, der sich von Antiphon berichten ließ, weil der wiederum jemanden kannte, der bei dem Gespräch dabei gewesen war. Das Gespräch selbst fand vor langer Zeit statt, und Antiphon, nachdem es ihm erzählt wurde, beschäftigte sich seitdem ausschließlich mit der Pferdezucht. Er weigert sich

5 Der *Protagoras* scheint in der Rahmenhandlung sogar die Hauptaussage Platons in diesem Dialog zu verbergen (vgl. Fröhlich 2004).

zuerst auch, davon zu berichten, weil die Gegenstände des Gesprächs zu schwierig sind. Diese mehrfachen Brüche in der Überlieferung sind von Platon so konstruiert, dass das Gespräch und seine Inhalte somit zweifelsohne unter Vorbehalt stehen. Dagegen will Platon die besondere Authentizität des *Theaitetos* dadurch untermauern, dass er seinen Erzähler nicht nur in unmittelbarer Rede und Gegenrede einen schriftlichen Text zum Gespräch vorlesen lässt, sondern vorgibt, der Berichterstatter Eukleides hätte sich bei Sokrates persönlich über den Argumentationsverlauf mehrmals rückversichert.[6]

Nun könnte man sich Gespräche denken, welche nach und nach unter den Beteiligten eine Übereinkunft und damit eine Lösung des besprochenen Problems erzielen. Solche Gespräche gibt es jedoch bei Platon nicht. Der lebendige Eindruck der Dialoge entsteht dadurch, dass sich die Fragen und Teilantworten, die immer wieder hinterfragt werden, abwechseln, und an deren Ende kein einfaches Ergebnis präsentiert wird. Oft sagt Sokrates dann, dass man im Verständnis nicht recht weitergekommen sei und sich die Frage noch einmal ganz von vorne vornehmen sollte. Das pädagogische Programm Platons besteht offenbar darin, dass der Leser weiter über die Fragen nachdenken und diese mit anderen diskutieren soll.

1.6 Die Wahrheitssuche

Wir werden noch deutlich sehen, wie grundsätzlich Platon darauf verzichtet, Wissen als einfach Gegebenes und unmittelbar Verständliches, als Information würden wir heute sagen, aufzufassen (vgl. Martens 2006, 68). Was gewusst wird, ist abhängig von dem, der die Erkenntnis hat, in der Vermittlung aber noch viel mehr von demjenigen, dem diese mitgeteilt werden soll. Im *Protagoras* findet sich ein schöner Vergleich hierzu: Wenn wir auf den Markt gehen und Waren einkaufen, können wir diese in Gefäßen nach Hause tragen und dort von Sachkundigen überprüfen lassen. Kenntnisse aber nehmen wir unmittelbar in unserer Seele auf. Sie verknüpfen sich dort mit dem, was wir schon wissen. Ob das genießbar ist, können wir unabhängig von uns nicht überprüfen lassen. Den Nutzen

6 Zur Konstruktion der Rahmenhandlungen bei Platon vgl. auch Wieland 1996, 11.

oder Schaden, der die Aufnahme der Kenntnisse mit sich bringt, haben wir dann schon weg. Es hängt damit von unserem Vorwissen ab, wie wir die neuen Kenntnisse auffassen und was wir mit diesen anfangen können, damit wir beurteilen können, ob diese uns nutzen oder schaden.

Da die Philosophie mündlich mit Sokrates, schriftlich mit Platon für uns beginnt, gehört es zu ihren Grundstatuten, Fragen zu stellen; die Antworten aber, wo sie möglich sind und gegeben werden, stehen immer unter dem Vorbehalt weiteren Nachdenkens. Das ist manchmal bitter und trägt sicher nicht zuletzt dazu bei, dass die Philosophie als unpraktisch gilt. Im Leben müssen wir handeln, auch wenn unsere Handlungen, philosophisch betrachtet, auf unsicherem Boden stehen. Das liegt daran, dass wir die Zukunft nicht kennen, dass wir unser Wissen nicht bis zu einem evidenten Grund ausweisen können, und dass wir die Grundlagen der philosophischen Reflexion, über diese Unsicherheiten nachzudenken, uns auch erst erarbeiten müssen. Das Nachdenken kann abgebrochen werden, es kann sich aber nie erschöpfen.

Unverzichtbar ist es nach Ansicht Platons, die richtigen Fragen zu stellen. Aus seinen Texten ergeben sich so einerseits Grundfragen über den Menschen, sein Leben, sein Denken und sein Handeln, die sich immer wieder neu stellen werden und damit neue Antworten provozieren. Außerdem hat diese Art des Fragens – wenn es sich ohnehin nicht vermeiden lässt – ein schier unglaubliches Innovationspotential. Philosophieren, das wir hier als das Stellen der wichtigen, wenn auch unlösbaren Fragen auffassen, hält einen unerschöpflichen Vorrat an Antworten bereit, die sich relativ zu demjenigen, der fragt, relativ zu demjenigen, der die Antwort will, und relativ zu den unterschiedlichsten Zeiten und Kulturen immer wieder neu geben lassen. Das ist der Grund für das Interesse und die Hochschätzung der Philosophie allen pragmatistischen Gesinnungen zum Trotz, nach denen manche meinen, nicht das Denken oder Reden, sondern allein das Tun sei hoch einzuschätzen. Zugegebenermaßen ist es manchmal schwierig und mühsam, allein dem eigenen Denken zu folgen.

Die Dialoge Platons simulieren Lehrgespräche, die letztlich davon ausgehen, dass Erkenntnis grundsätzlich nicht vermittelbar ist, sondern vom einzelnen selbst nachempfunden werden muss. Der Lehrer kann im Grunde nur Hilfestellung leisten. Bei Platon werden die Unterredungen meist von Sokrates geführt. Er gibt dem Gespräch die Richtung und deckt das Feld möglicher Betrachtungen über den Gegenstand ab. Daher kann man bestreiten, dass die Dialoge Platons echte Gespräche sind. Gewiss ist, dass sie konstruiert sind. Sokrates greift allerdings nur an den Stellen wirklich ein, an denen ihm sein Gegenüber nur eine schnelle und einseitige Antwort gibt. Dann ruft er dazu auf, die Sache genauer zu betrachten. Denn wenn die Ausgangslage schon schwammig ist, wird man in der Frage kaum weiterkommen.

Die Gesprächspartner haben dennoch meist die Aufgabe, den Feststellungen von Sokrates zuzustimmen. Sie tun das allerdings durchaus differenziert. Diese Differenzierung wird von Platon immer bewusst gewählt. Vom einfachen „Ja“ oder „So ist es“, über das „Es scheint so, jedenfalls nach dem bisher Gesagten“ bis zum „Vielleicht“ oder einem „Wenn du denn meinst“ reicht hier die Spanne. Was als Unausgewogenheit erscheint, weil Sokrates immer gar so sehr den Ton angibt, erleichtert dem Leser wesentlich die Identifizierung mit dem Gesprächsverlauf und mit dem Gesprächspartner des Sokrates, denn, wenn wir einen Text lesen, können wir unsere Kommentare zum Gesagten auch nicht einfach in das Gespräch einbringen. Platons Hauptinteresse besteht allerdings darin, dass er sein Gegenüber, Gesprächspartner wie Leser von Irrtümern und Vorurteilen befreien will.

Platon erzählt also keine bloßen Geschichten nur zur Unterhaltung und er will keine philosophischen Lehrmeinungen vorstellen. Es geht ihm allein um die Sache, mit der er sich direkt an den Leser wendet und den er motivieren will, weiter über die aufgeworfenen Fragen nachzudenken. Selbst gute Argumente unterzieht er gerne einer Kritik, und Sokrates führt vieles von dem, was er vorbringt, auf die Ansicht von anderen zurück. Er will offenbar nicht selbst für diese einstehen. Überhaupt nimmt er die Haltung an, sich konsequent als einen darzustellen, der die Wahrheit nicht weiß, sondern diese nur sucht. Das „Ich weiß, dass ich nichts weiß!“ scheint historisch tatsächlich vom lebenden Sokrates zu stammen. Der Leser erhält dadurch die Gelegenheit, sich nicht nur mit den Antwortenden zu identifizieren, sondern auch mit Sokrates: Das Durchnehmen der Sache entlang der Argumentation des Wahrheitssuchers Sokrates ist wichtiger als ein eindeutiges und gesichertes Ergebnis.[7]

---

7 Rowe verwendet dafür das griffige Bild von einer Art asymptotischen Annäherung an die Wahrheit (vgl Rowe 1998, 176, 187, 197). Bei der genuin ethischen Ausrichtung des Philosophierens bei Platon greift die mathematische Metapher allerdings zu kurz: Der Mensch soll seine Entscheidungen rechtfertigen, d.h. die Wahrheit seiner Anschauungen hat sich in der Lebenswelt zu erfüllen, auch wenn wir gleichzeitig immer überzeugt sein sollten, dass diese revidiert werden können.

Eine Frage liegt bei Platon allen anderen zugrunde. Sie lautet: „Wie soll ich leben?“[8] Ihr ordnet sich auch jedes theoretische Wissen unter. Umgekehrt wird das moralische Verhalten bei Platon intellektualisiert: Bei der Tugend muss es sich um eine Form des Wissens handeln, welche analog zu anderen Wissensarten zu untersuchen ist (vgl. van Ackeren 2003, 1 ff., 339 f.). Eine Differenzierung zwischen praktischer und theoretischer Philosophie, zwischen Ethik und Erkenntnis, gibt es bei Platon ohnehin nicht. Das finden wir erst bei Aristoteles. Von daher und im Durchgang seiner Dialoge lassen sich wohl vier Grundeinsichten für Platon nachweisen, die fast sicher auch von Sokrates vertreten wurden:

- Wissen und richtige Meinung müssen unterschieden werden.
- Die Tugend stellt ein besonderes Wissen dar.
- Unrecht entsteht immer aus Unkenntnis, niemand tut also freiwillig etwas Unrechtes (vgl. von *Apologie* 25e bis *Timaios* 86de).[9]
- Der Gerechte ist glücklich (vgl. Erler 2006, 46).

Aristoteles hebt für die philosophische Methode hervor, dass Sokrates angefangen habe, induktiv zu argumentieren und nach Definitionen gesucht zu haben, die etwas Allgemeines ausdrücken (vgl. *Metaphysik* 1,6 987b, 13,4 1078b).[10]

Über Sokrates selbst wissen wir wenig. Der platonische Sokrates ist eine Kunstfigur.[11] Platon stellt ihn als den vollendeten Philosophen dar. Wenn Sokrates an irgendeiner Stelle ausführt, wie ein Philosoph reden, denken und handeln soll, dann führt er es selbst exemplarisch vor. Sicher hat Platon die Art und den Charakter des Sokrates vor allem in den frühen Dialogen nicht vollkommen entstellt, die Idealisierung in der Zeichnung

In diesem Sinne sehr viel adäquater erscheint mir die Konzeption von Detel 2006, 149. Vgl. zum Begriff der Wahrheit bei Platon Szaif 1996.

8 Vgl. hierzu auch Kobusch 1996, 59, 62; sowie Borsche 1996, 96.

9 Vgl. für eine Diskussion dieser These in den *Nomoi* vor allem Horn 2004.

10 Zur Ambivalenz sokratischer Definitionen vgl. Wieland 1996, 12 f.; vgl. auch Bordt 2004, 55–73.

11 Manchmal wird angenommen, der literarische Sokrates entferne sich inhaltlich immer mehr von der historischen Figur, je später die Dialoge Platons zu datieren sind (vgl. z. B. Penner 1992). Wenn der Schwerpunkt aber nicht auf Lehrmeinungen – die wir bei Platon ohnehin nur schwer identifizieren können – oder auf der Differenziertheit der Argumente liegt, und es uns mehr um die Haltung zur Philosophie von Sokrates geht, wird der frühe und der späte Sokrates bei Platon eher große Ähnlichkeiten aufweisen.

der Figur ist trotzdem unübersehbar. Trotz seines behaupteten Nichtwissens stellt Sokrates in jeder Hinsicht die alles überlegene Instanz dar: Er ist am gebildetsten und am aufrichtigsten, er weiß, in welche Richtung die Argumentation und das Gespräch gehen müssen, entdeckt Widersprüche und fehlerhafte Annahmen bei seinen Gesprächspartnern oder auch bei sich selbst, hat das beste, genaueste und detaillierteste Gedächtnis (obwohl er dauernd betont, dass er sich nichts merken oder dass er sich nicht erinnern könnte), er richtet sich nach seinem Gesprächspartner und dessen geistigen Hintergrund, er beruft sich nicht auf überlegene Autoritäten und er hat immer die untersuchte Sache im Blick.

Diese unbedingte Verpflichtung auf die Wahrheit der Sache ist schwierig durchzuführen, anstrengend und zuletzt gefährlich. Unsere Interessen vertragen sich nämlich nicht mit der Wahrheit. Sokrates ist einigen seiner Mitbürger so lästig geworden, dass diese ihn anklagten, er verderbe die Jugend und führe neue Götter ein, und vor Gericht brachten. Bei einem Asebieprozess wegen Gottlosigkeit oder Frevel gegen die Götter drohte von Anfang an die Todesstrafe, die von den fünfhundert Geschworenenrichtern dann auch verhängt wurde. Wenn man der *Apologie* folgt, hat Sokrates die Richter allerdings sehr provoziert. Üblich war es vor Gericht zu jammern und um Gnade zu bitten. Sokrates dagegen hat gesagt, er werde sich weiterhin auf Wahrheitssuche begeben, und wenn er in der Vergangenheit lästig gewesen sei, so werde er das in Zukunft auch bleiben.

Dennoch ist die Hinrichtung des Sokrates – er musste sich selbst mit Schierling töten, einem Nervengift, das die Atmung lähmt – ein Mahnmal. Aristoteles soll aus Athen geflohen sein, damit die Athener sich nicht zum zweiten Mal an der Philosophie vergehen können. Für Platon heißt das aber generell, dass das Philosophieren gefährlich ist. Im Höhlengleichnis beschreibt er, wie der wissende Philosoph in die Höhle zurückkehren muss, um die in ihrer Unwissenheit Gefangenen von der Wahrheit zu überzeugen. Die aber haben sich in ihrer Weltsicht eingerichtet. Zunächst lachen sie, dann versichern sie sich untereinander, dass es nicht lohnt, aus der Höhle zu schauen. Wenn man aber versucht, sie loszubinden und zu zwingen hinaufzusteigen, werden sie ihrerseits versuchen, einen umzubringen (vgl. *Politeia* 517a).

Diese Wahrheitssuche hat sich Sokrates zur Lebensaufgabe gemacht (vgl. Rehn 1996, 83).[12] Er verbrachte die Tage auf den Marktplätzen und den Sportstätten und fragte die Leute darüber aus, was sie wüssten – übrigens sehr zum Ärger seiner Frau Xanthippe, was verständlich ist, denn die Familie lebte nicht in den besten Umständen; dass der Name der Armen zum Sinnbild für das zänkische Weib wurde, ist deswegen nicht gerecht.

1.7 Platon und die Sophisten

Einige, Politiker, Dichter, Handwerker und Sophisten, bildeten sich viel auf ihre Kenntnisse in allen Bereichen der Wissenschaften und des öffentlichen Lebens ein. Sokrates zeigte ihnen, dass das vielfach nur „Dünkelwissen", also der Schein von Wissen sei, und nichts Rechtes. Dadurch ist er wohl unbeliebt geworden, und einige haben ihn vor Gericht gestellt. Bei Platon unterhält sich Sokrates mit Jugendlichen, Mathematikern, Politikern, Rhapsoden, Generalen, seinen Brüdern, meistens aber mit Sophisten.

Die Sophisten waren Lehrer, in erster Linie für Rhetorik und dann ganz allgemein auch dafür, wie man seine Interessen durchsetzt. Sie sind einerseits eine Erscheinung der griechischen Demokratie, in der es viel auf den überzeugenden Auftritt vor den Volksversammlungen und vor Gericht ankam. Andererseits haben sie Entscheidendes für die griechische Aufklärung getan. Sie nahmen für sich in Anspruch, das, was wissenswert war, zu vermitteln, deswegen nannte man sie auch „Weise", auf Griechisch *sophistai.*[13]

Bei Platon kommen die Sophisten schlecht weg. Erstens nehmen sie Geld für ihre Kenntnisse, zweitens sei es mit ihrem angeblichen Wissen nicht weit her. Die Sophisten zogen von Stadt zu Stadt, um ihre Kenntnisse der reichen politischen Schicht, und vor allem dem Nachwuchs, feilzubieten. Trotz Platons Abwertungen waren die Leute offenbar ange-

12 Sehr viel Erhellendes zum Begriff der Wahrheit (*aletheia*) bei Platon bringt Szaif (Szaif 2004); allerdings weist er nur unzureichend auf den für Platon zentralen Aspekt des Strebens nach der Wahrheit hin: Für Platon gibt es keinen „Zustand der vollen Einsicht" (ebd., 195; vgl. auch ebd., 202).

13 Die Bedeutung dieser Umbrüche für die ethischen Begriffe erläutert Stemmer 1992, 4–12.

sehen. Allerdings wird Hippokrates im *Protagoras* schamrot, als er zugeben muss, dass er selbst auch Sophist werden will, wenn er sich zu einem solchen in die Lehre begibt. Der Stelle geht der Witz verloren, wenn Sophisten einen allgemein guten Ruf hätten. Auch bei Aristophanes kommen die Sophisten nicht gut weg. Das ist vielleicht noch authentischer, weil er zu deren Blütezeit schreibt, und nicht rückblickend wie Platon; denn eine Schuld an den Auswüchsen der Demokratie in Athen wird man den Sophisten schon damals angelastet haben.

Weit schwerer als die Bezahlung wog sicher, dass Wissen und Sprache bei den Sophisten vollkommen instrumentalisiert wurden. Sinnvoll sei eben nur das, was uns in der Welt erfolgreich weiterbringt. Wir sollten uns den Sophisten zufolge auf das, was uns unmittelbar vor Augen liegt, konzentrieren. Die Bildung als Selbstzweck der Seele und die Suche nach Wahrheit weichen einer Kritik aller tradierten Vorstellungen und einer radikalen Relativierung aller Werte. Sowohl was die Kenntnisse als auch was die Lebensführung angeht, betont Sokrates immer wieder, dass er nichts Sicheres wisse. Platon entwirft damit ein „bewusst angelegtes Kontrastprogramm zur Vorstellung der Sophisten" (Erler 2007, 65). Die Sophisten geben die Antworten, Sokrates dagegen stellt die richtigen und zuletzt unlösbaren Fragen (vgl. Wieland 1996, 6, 8, 24).

Sokrates, so sagten seine Ankläger, sei ein gefährlicher Mann, der Unrecht zu Recht macht (vgl. *Apologie* 17ab, 19b). Die Sophisten hatten ein Motiv für ein solches Unterfangen: den jeweils eigenen Vorteil. Sokrates dagegen geht es offensichtlich immer nur um die Sache, und darum, sein Gegenüber von seinen Irrtümern zu befreien. Die Sache erfahren wir aber nur, wenn wir bedingungslos die Was-Frage stellen. Zu fragen, was etwas ist, gehört damit unmittelbar zur Philosophie, aber ebenso zum Menschsein. Sein Ziel sind freilich auch Kenntnisse, denn, so war er überzeugt, nur der Weise kann glücklich sein – oft in der ironischen Verbrämung: Wenn wir Menschen schon nichts Rechtes wissen können, dann soll uns das wenigstens bewusst sein. Ähnlichkeit mit den Sophisten weist Sokrates in der Darstellung bei Platon nur in einem Punkt auf, nämlich dass er alle Tricks und Schliche der Sophisten kennt. Sonst wäre er aber auch nicht in der Lage, diesen auf die Spur zu kommen.

1.8 Platon und die philosophische Tradition

Platons Wirkung auf die ihm nachfolgende Geistesentwicklung ist definitiv nicht zu überschätzen, so dass das bekannte Diktum Alfred North Whiteheads immer noch seine Berechtigung hat. Danach besteht die gesamte Geistesgeschichte nur aus Fußnoten zu Platon (vgl. Whitehead 1995, 91). Lange Zeit wurde Aristoteles als eine Art Gegenspieler der Philosophie Platons angesehen, obwohl man freilich wusste, dass dieser Schüler Platons gewesen war. Nach und nach aber hat sich erwiesen, dass Aristoteles Lehre weitgehend auf dem Platonischen Fundament ruht, auch wenn er vielfältige neue Entwicklungen angestoßen hat. Die erste Rezeption geschah innerhalb der Akademie unmittelbar unter Platons Nachfolgern und schon zu seinen Lebzeiten. Dort wechselten sich später Phasen einer dogmatischen und einer skeptischen Ausrichtung ab. Vieles wurde auch aus den anderen großen Philosophenschulen der Antike, dem Peripatos (Aristoteles), der Stoa (Zenon) und dem Kepos (Epikur) übernommen. Über die römische Philosophie, vor allem bei Cicero, ist vieles bis ins Mittelalter weitergegeben worden. Mit Plotin setzt eine eher dogmatische Weiterentwicklung der Philosophie Platons ein, die sich allerdings ganz im Bewusstsein der getreuen Rezeption wähnte. In der Renaissance vergewisserte man sich wieder nach und nach der Schriften Platons und interpretierte seine Philosophie von dort aus. Die Basis für ein Studium der Texte hat sich im Laufe der Zeit immer weiter verbreitet und überall an den Universitäten in ganz Europa durchgesetzt. Dabei gab es stets Phasen einer unmittelbaren Anknüpfung an genuin platonische Philosophie, sei es bei den Cambridge Platonists im siebzehnten Jahrhundert in England, im neunzehnten bei Schleiermacher oder im zwanzigsten bei Cohen und Natorp in Marburg.

So reicht das Interesse an seinen Texten bis in die heutige Zeit, schon weil er vielen „Wahrheiten“, von denen wir heute überzeugt sind, die Richtung gegeben hat. Platon zu verstehen, bedeutet nicht zuletzt einen wichtigen Teil der heutigen Welt überhaupt erst einordnen zu können, weil diese auf dem Fundus der tradierten Gedanken ruht. Maßgeblich gilt das dafür, wie sie ist, und weniger, wie wir diese gerne hätten.

Die folgenden Kapitel geben einen Einblick in Platons Philosophie und in die Grundlagen seines umfassenden Denkens. Sie argumentieren eng an den Texten, werden aber die eigene Lektüre der Schriften selbst nicht ersetzen können. Insofern verstehe ich sie als Hilfestellung und Hinführung zu Platons Denken. Mit Platon aber kann ich sagen: Nur was selbst eingesehen ist, wird von Wert sein, und einzig das, was von Wert ist, hilft uns für unser Leben.

Weiterführende Literatur

Tilman Borsche, „Die Notwendigkeit der Ideen: *Politeia*", in: Kobusch u.a. 1996, 96–114.

Dorothea Frede, „Platons Dialoge als Hypomnemata – Zur Methodik der Platonsdeutung", in: Schiemannn u.a. 2006, 41–58.

Wolfgang Detel, „Eros und Wissen in Platons Symposion", in: Schiemann u.a. 2006, 137–153.

Christoph Horn, „‚Niemand handelt freiwillig schlecht'. Moralischer Intellektualismus in Platons Nomoi?", in: van Ackeren 2004, 168–182.

Theo Kobusch, „Wie man leben soll: *Gorgias*", in: Kobusch u.a. 1996, 47–63.

Ekkehard Martens, Platons Fußnoten zu Sokrates", in: Schiemann u.a. 2006, 59–69.

Burkhard Mojsisch, „‚Dialektik' und ‚Dialog': *Politeia, Theaitetos, Sophistes*", in: Kobusch u.a. 1996, 167–180.

Terry Penner, „Socrates and the early dialogues", in: Kraut 1992, 121–179.

Rudolf Rehn, „Der entzauberte Eros: *Symposion*", in: Kobusch u.a. 1996, 81–95.

Jan Szaif, „Die Alêtheia in Platons Tugendlehre", in: van Ackeren 2004, 183–209.

Wolfgang Wieland, „Das sokratische Erbe: *Laches*", in: Kobusch u.a. 1996, 5–24.

2. Die Hebammenkunst des Sokrates

Das philosophische Wissen kreist um die wichtigen Fragen, wie wir unser Leben führen wollen. Es soll uns Orientierung geben. Doch sicheres Wissen für alle Wechselfälle des Lebens kann es natürlicherweise nicht geben. Philosophisches Wissen kann also kein positives Wissen sein, das auf eine Frage eine eindeutige Antwort gibt. Sokrates bestreitet für sich auch jedes positive Wissen. Er behauptet allerdings, ein philosophisches Unterscheidungswissen zu haben, das ihn erstens befähigt, bei von anderen geäußerten Meinungen gleich zu sehen, ob es sich dabei um etwas Sinnvolles handelt, und zweitens beherrscht er eine Methode, wie die Meinung überprüft und begründet werden kann. Dadurch verhilft er anderen zu einem Wissen, das er selbst nicht hat.

2.1 Hervorbringen von Wissen (*Theaitetos* 148e–151d)

Was ist Erkenntnis (vgl. *Theaitetos* 145e)? Sokrates konfrontiert im gleichnamigen Dialog Platons mit dieser Frage den jungen Mathematiker Theaitet. Theodoros, ein Freund des Sokrates, hatte seinen Schüler wegen seiner vielen Kenntnisse und seiner Geschicklichkeit im Antworten sehr gelobt. Theaitet solle gerade so antworten, wie er kurz zuvor über ein mathematisches Problem geurteilt hatte.

Gar oft habe er, Theaitet, über die Frage, was denn Erkenntnis sei, nachgedacht, doch sei er bis jetzt noch nicht zu einer schlüssigen Antwort durchgedrungen. Allerdings sei er an dieser Frage genauso interessiert wie an den anderen Fragen, von denen er gehört hatte, dass Sokrates mit ihnen ständig die Leute belästigt, so sehr, dass er selbst vom Nachsinnen darüber nicht ablassen kann.

Daraufhin sagt Sokrates etwas Sonderbares: „Du hast Geburtsschmerzen, weil du schwanger bist, Theaitet“. Dazu fällt dem Jüngeren nicht viel ein. Sokrates führt aus, dass er der Sohn einer berühmten Hebamme sei und dass er die Hebammentätigkeit auch selbst ausübe. Ob er davon nicht schon gehört habe? Theaitet antwortet, dass das erste ihm bekannt sei, dass aber Sokrates selbst eine Hebamme ist, sei ihm bis dahin noch nicht zu Ohren gekommen.

Gewiss, das ist auch keine stadtbekannte Sache, und Theaitet solle es auch bloß nicht überall herum erzählen. Die Leute denken ohnehin schon, dass Sokrates ein komischer Kauz sei, der den ganzen Tag nur herumgeht und die Menschen ins Zweifeln über ihre Ansichten und Meinungen stürzt.

Theaitet solle doch einmal überlegen, was eine Hebamme im Wesentlichen ausmacht. Diese, so Sokrates, könne erstens selbst nicht mehr gebären, anderen aber sei sie darin behilflich. Hebammen haben darüber hinaus aber auch eine Reihe von Kenntnissen und Fähigkeiten. Sie sehen sofort, wenn eine Frau schwanger ist. Des Weiteren wüssten sie Zaubermittel und Wundersprüche, mit denen sie die Wehen beschleunigen oder verlangsamen können. Ebenso führen sie Abtreibungen durch. Außerdem sind sie zuweilen als Ehestifterinnen tätig, wobei sie genau wüssten, wer mit wem zusammen passt, damit gesunde Kinder dabei entstehen. Doch üben sie diese Tätigkeit selten aus, da sie nicht in den Verdacht der Kuppelei kommen wollen. Daneben gibt es offenbar einige Hebammen, die den Kindern auch gleich ansehen, ob etwas Rechtes aus diesen werden kann oder nicht, ob es sich um ein richtiges Kind oder nur um etwas Kindähnliches (Schleiermacher übersetzt das mit „Mondkalb“) handelt.

Dies alles gilt nun auch für ihn selbst, behauptet Sokrates, nur mit den Unterschieden, dass er erstens Männern Hebammendienste leistet; zweitens für die Seelen und nicht für die Körper Sorge trägt; drittens entsprechend unterscheiden kann, ob etwas Rechtes aus der Seele kommt oder eben nur ein Trugbild; und dass er dagegen viertens selbst in diesem Sinn nicht mehr „gebären“ kann.

Das letztere interpretiert Sokrates so, dass er seine Mitmenschen immerzu fragt, selbst aber nichts weiß oder antwortet, das Wissen, nach dem er fragt, also nicht hat. Das hat man ihm nicht selten, und wie er meint, schon mit Recht vorgeworfen. Die Ursache aber liegt darin, dass er selbst kein Wissen erzeugen kann oder schon in sich hätte. Aber Geburtshilfe für Erkenntnis bei anderen, das kann er leisten. Er ist also gar nicht weise und aus seiner Seele geht nichts hervor.

Es geschieht aber mit denen, die häufig mit ihm zusammen sind, dass sie auf einmal Wissen aus sich heraus hervorbringen, obwohl das zunächst gar nicht so aussah. Von ihm können sie das nicht haben, denn er weiß ja nichts. Das kommt also schon alles aus ihnen selbst. Er aber und der Gott Apoll leisten eben die Geburtshilfe für die Erkenntnisse. Jene aber, die zu ihm kommen, haben oft schon Geburtsschmerzen, und er kann sie dann verstärken oder lindern, gerade wie er es für notwendig hält.

Manche, die mit ihm umgehen und sich von ihm nicht recht helfen lassen, verlassen ihn entweder vorzeitig oder sie verlieren durch Verwahrlosung, was eigentlich etwas Rechtes hätte werden können. Mit den Missgeburten gehen sie dann hausieren und merken nicht einmal, was sie da mit sich herumtragen. Manchmal lässt er sich überreden, die „Geburten" wieder aufzupäppeln, manchmal dagegen verbietet es ihm der Gott. Aber auch zum „Kuppeln" taugt die Kunst des Sokrates. Wenn er nämlich merkt, dass einer, der zu ihm gekommen ist, seine Hilfe gar nicht braucht, dann weiß er, zu wem er ihn schicken muss, damit ihm dort geholfen werden kann.

Auch Theaitet kommt offenbar zu Sokrates, weil ihm etwas in der Seele herumgeht, bei dem er sich selbst nicht helfen kann. Das war der Sinn der Aussage, als er gemeint hatte, dass Theaitet Geburtsschmerzen habe und schwanger sei. Er, Sokrates, versteht aber die Kunst, ihm zu helfen. Doch darf Theaitet nicht böse werden, wenn er im Laufe des Gesprächs irgendetwas Unrechtes oder ein Trugbild hervorbringt und Sokrates das dann ablöst und wegwirft. Er macht das nur aus Wohlwollen gegen ihn, wenn er erkennt, dass dieser Unsinn geredet hat, aus dem keine Erkenntnis kommt. Manche sind deswegen auf ihn schon sehr böse geworden, wenn er ihnen ihr Geschwätz erst abgenommen und dann weggeworfen hat, ähnlich wie die Frauen, die, wenn sie eine Missgeburt haben, nicht glauben können, dass nicht die Hebamme Schuld daran trägt. Er will niemandem Übles und steht ja auch mit dem Gott im Bunde, er darf deswegen aber auch nichts „Falsches gelten lassen und Wahres unterschlagen" (*Theaitetos* 151d).

2.2 Das Wissen und seine Voraussetzungen

Platon liebt solche Geschichten, aber er würde sie nicht erzählen, wenn es damit nicht etwas Tieferes auf sich hätte. Was aber bedeutet die Geschichte und Sokrates Auslegung seiner Metapher, er übe die Hebammenkunst für geistige Produkte aus? Zunächst sind darin ein paar Anspielungen auf die Rolle des Sokrates in der Athener Gesellschaft enthalten: z. B. dass er die Leute ausfragt und über ihn gespottet wird. Das greift zuletzt auch auf sein Gerichtsurteil voraus. Sein berühmter Ausspruch: „Ich weiß, dass ich nichts weiß“ hat für ihn dagegen einen spezifischen Sinn; dass Sokrates wirklich gar nichts weiß, kann nur ironisch gemeint sein. Im Dialog *Protagoras* behauptet er auch einmal, ein schlechtes Gedächtnis zu haben, und Platon lässt ihm durch Alkibiades widersprechen: Wenn sich einer der Anwesenden alles haarklein gemerkt hat und wiedergeben kann, dann sei es Sokrates (*Protagoras* 336d). In den Dialogen lässt Platon Sokrates immer wieder die Dichter und Philosophen zitieren, die er gelesen hat. Er kennt auch die Verhältnisse in Athen sowie die Geschichte der Stadt und kann souverän darauf zurückgreifen.

Die Frage, die sich für ihn dabei stellt, ist, ob das etwas Rechtes ist, was er da weiß, ob das Kenntnisse sind, die für eine gerechte Lebensführung taugen, die ihm sagen, was richtig zu tun ist und was nicht. In diesem Sinne betont er, dass er im Unterschied zu den Politikern, Dichtern und Sophisten nichts weiß. Diese geben nur vor, etwas zu wissen. Die Sophisten meinen zudem, dass sie das, was sie nur vorgeben zu wissen, lehren könnten, vor allem die Tugend und die Gerechtigkeit. Sie glauben etwas zu wissen, können ihm aber, wenn er sie fragt, keine Auskunft geben.

Es geht also um ein spezielles Wissen. Für dieses beansprucht Sokrates, beurteilen zu können, ob es etwas Rechtes ist, was andere darüber sagen. Zumeist enden die Dialoge, vor allem die frühen, aporetisch, d. h. in der Ausweglosigkeit, in einer Situation also, in der sich die bisherige Art des Fragens als Sackgasse erweist. Ist die Rede vom Nicht-Wissen dann Koketterie? Es geht um ein bestimmtes Wissen, das Sokrates sucht und er scheint sagen zu wollen, dass die Suche wichtiger ist, als es die Antworten sind. Diese können immer nur vorläufig sein, sind revidierbar und immer wieder aufs Neue zu diskutieren. Es gibt im Leben und der Lebensführung nichts Endgültiges.

Der Adressat des sokratischen Fragens hat die Erkenntnis der Anlage nach schon in sich. Sie ist, eben wie ein zu gebärendes Kind, bereits vollständig in ihm angelegt. Beides aber muss weiter gepflegt werden, weil es sonst missrät. Was ist das aber für ein Wissen, das wir selbst hervorbringen müssen, das uns offenbar niemand beibringen kann?

Einmal ist es das Wissen darum, wie man gerecht lebt. Sokrates scheint behaupten zu wollen, dass wir im Grunde den Unterschied zwischen gerecht und ungerecht sehr gut kennen. Sind wir an einer Sache unbeteiligt, so wissen wir ganz genau zu beurteilen, wie entschieden werden soll, wenn wir die Sache selbst richtig erfassen. Auch bei anderen sind wir streng, für uns selbst machen wir dagegen gerne eine Ausnahme.

Unser Leben müssen wir alle führen, das kann uns auch keiner abnehmen. Dass wir dazu grundsätzlich nicht in der Lage sind, wird man nicht annehmen wollen. Hierzu gehört ein Wissen, das uns niemand vermitteln kann. Sind dafür Erfahrungen unnötig? Nein, das sicher nicht! Aber letztlich helfen die Erfahrungen von anderen wenig, wir müssen das meiste selbst erleben. Das führt uns zum entscheidenden Punkt: Wissen besitzt man nicht wie eine Hose oder ein Haus. Diese Dinge bestehen auch unabhängig von uns. Wissen dagegen können wir mit anderen teilen, ohne dass wir es dadurch verlieren würden.

Das Wissen und unsere Erfahrungen sind unmittelbar von uns selbst abhängig, d. h. wir müssen sie auch selbst hervorbringen. Das hat einen spezifisch pädagogischen Sinn – wie so vieles bei Platon. Es bedeutet, dass niemand einem anderen etwas beibringen oder lehren kann, was dieser nicht selbst in seiner Seele und völlig für sich hervorbringt. Wissen muss begriffen werden, selbst nachvollzogen, von sich aus geboren werden. Ob ich verstehe, was mir jemand erklärt, hängt letztlich von mir ab. Es kann eine schlechte Erklärung sein, und ich verstehe sie trotzdem, weil ich weiß, was er meint; es kann eine gute, eine hervorragende Erklärung sein, ich verstehe sie aber nicht, weil ich nicht in der Lage bin, sie mir selbst begreiflich zu machen. Unter der Seele versteht Platon das Gesamtvermögen aller sinnlichen, vitalen, seelischen (auf sich selbst bezogenen), emotionalen und geistigen Bezüge.

Selbst, wenn Sokrates alles Relevante wüsste, derjenige, dem er etwas erklärt, muss die Erkenntnis selber machen, sonst ist sie kein Wissen, sondern ihr Inhalt wird bestenfalls nachgeplappert. Was einer nachplappert und somit nur vermeintlich versteht, begreift er eben nicht wirklich. Sich darauf etwas einzubilden, weil man bei bestimmten Stichworten anderes assoziiert, hat mit Bildung, Wissen und Kenntnissen nichts zu tun. Nur das, was man organisch und in seinem Vollsinn verstanden hat, ist wahre Erkenntnis – freilich nur, wenn sie richtig ist. Jedes neue Wissen muss in einem Prozess der Aneignung einschließlich seiner inhaltlichen und methodischen Voraussetzungen durchdrungen und mit dem bisherigen Wissen verknüpft werden.

Die Frage stellt sich: Können wir auch Falsches verstehen? Wir können zwar meinen, etwas verstanden zu haben. Doch wenn wir danach bemerken, dass unser Urteil nicht stimmt, sind wir nicht mehr der Ansicht, dass wir vorher etwas begriffen haben. Wir sprechen dann davon, dass wir uns zuvor getäuscht haben.

Natürlich besteht beim Wissen immer die Möglichkeit, dass wir uns täuschen. Das ist für die Konzeption der wahren Erkenntnis fatal, denn das setzt voraus, dass wir nie von echter Erkenntnis sprechen können, weil immer Zweifel angebracht sind. Aber dieser Umstand gehört zum menschlichen Streben nach Wissen dazu. Deswegen darf man nach Sokrates vom Fragen und Nachfragen nicht ablassen, man muss die Sachen immer genau prüfen und möglichst von allen Seiten, die eine solche Betrachtung zulassen. Darin hat er offenbar eine große Erfahrung, so dass er gleich sieht: Stimmt das Ergebnis in sich und mit den Erfahrungen überein, oder liegt da etwas schief?

2.3 Das sokratische Nichtwissen

Angesichts der skeptischen Grundhaltung drängt sich die Frage auf: Wissen wir wirklich gar nichts, wie Sokrates behauptet? Wir haben doch bestimmte Kenntnisse, Fertigkeiten, ein Faktenwissen usf. Für Sokrates, und damit für die ganze Philosophie, geht es aber nicht um ein solches positives Wissen, das sich im Übrigen auch ständig ändert, selbst in den Naturwissenschaften. Philosophisches Wissen gibt es in diesem Sinn gar nicht, weil das Reflektieren und Nachdenken, selbst bei methodologisch völliger Durchsichtigkeit, immer wieder von Neuem beginnt und nie zum Ende kommt.

Das liegt an unserer begrenzten Auffassungsgabe, an den unendlichen Möglichkeiten des Lebens, am Bewusstsein um unser unausweichliches Ende des irdischen Daseins, an den Dichotomien und den Widersprüchlichkeiten der gesamten menschlichen Existenz, und offenbar auch an den Voraussetzungen, die wir für jedes positive Wissen machen müssen. Diese können wir aber nie vollständig und absolut erfüllen.

Wir sind von unserer Vergangenheit geprägt und müssen uns auf eine Zukunft hin frei entwerfen; wir sehnen uns nach Unendlichkeit – im Wissen darum, dass wir sterben werden; wir sind zusammengesetzt aus physischen und psychischen Momenten, die nicht aufeinander rückführbar sind, weil ein Eindruck oder eine Wahrnehmung bis in alle Ewigkeit etwas anderes als ein neurophysiologisches Muster sein wird; wir streben nach Wahrheit und bekommen immer nur etwas Vorläufiges. Manchmal begnügen wir uns auch mit der Unwahrheit oder wollen sie hören. Wir wollen alles richtig machen und machen doch so vieles falsch. Wir versuchen klar und deutlich zu sprechen und zu schreiben und dennoch gibt es Missverständnisse. Wir glauben an Gott, den Menschen oder das Universum und wissen über das eine so wenig wie über das andere.

2.4 Das philosophische Fragen

Dass heute, also nach zweieinhalbtausend Jahren, immer noch philosophiert wird, heißt offenbar, dass uns die Fragen der Philosophie nicht loslassen. Die Philosophie ist die erste aller Wissenschaften, d.h., sie ist der Ursprung des methodisch reflektierten Nachdenkens. Ihre Anfänge liegen zwar im Dunkeln, diese haben aber wohl mit der Entstehung des Menschen selbst zu tun. Die Krone des historischen Ursprungs des methodischen Untersuchens kann ihr allenfalls die Medizin streitig machen. Doch die antike Medizin ist eine andere als die heutige. Das gilt zwar auch für die Philosophie, aber ihre Fragen sind in vielerlei Hinsicht immer noch dieselben. Manche Ärzte behaupten sogar heute noch, die Medizin sei noch gar keine Wissenschaft – aber das ist eine ganz eigene Frage.

Die Rechtswissenschaft haben die Römer erfunden. Es gab zwar vorher auch schon Regeln des sozialen Zusammenlebens und der staatlichen Ordnung und Praxis, aber diese entstanden eher aus Traditionen purer Überlebens-Notwendigkeit, und wurden erst durch die philosophische Frage nach der Gerechtigkeit methodisch systematisiert; für die Römer war wichtig, wie ein Gesetz zustande kommt und wie und von wem es beschlossen und bekannt gemacht wurde; die Rechtsfindung und Rechtsanwendung wurde ebenso Regeln und – ganz entscheidend – einem Prozess unterworfen; dazu bildete sich im ersten vorchristlichen Jahrhundert eine Gruppe von Fachleuten für Rechtsfragen heraus; und schließlich kam es zur Kodifizierung. Die Theologie ist als Wissenschaft freilich etwas Vieldeutiges, in alter Zeit ist sie von Dichtung oder Philosophie nicht zu unterscheiden – das Fragen über die menschlichen Grundfragen nach Erkenntnis und dem rechten Tun geht auch aus der Dichtung hervor.

Die Medizin sowie die Lehre von den Rechten und die Theologie sind an den heutigen Universitäten seit dem Mittelalter erhalten geblieben; aus der Philosophie sind alle anderen Fächer herausgebrochen: die Naturwissenschaften – Galilei oder Newton verstanden sich noch als Naturphilosophen –, die Ökonomie – nämlich aus der Moralphilosophie – und zuletzt die Psychologie – als empirische Frage nach dem Wahrnehmen, Denken und Fühlen. Alles, was sich als empirische Fragestellung formulieren lässt, hat sich von der Philosophie emanzipiert.

Es herrscht also ein Spannungsverhältnis zwischen den empirischen Fragen und den Fragen und Antworten in der Philosophie. Dieser wirft man vor, sie arbeite nicht einmal empirisch. Dabei sei doch inzwischen erwiesen, dass die Welt anders aussehen kann, als man auf den ersten Blick vermutet. Dazu muss man aber die empirische Wirklichkeit erst einmal zur Kenntnis nehmen und hinsehen, während die Philosophie glaubt, ihre Erkenntnisse durch bloßes Nachdenken sichern zu können.

Dieser Einwand vergisst, dass empirisches Arbeiten nicht einfach so beginnen kann. Manche meinen, empirische Fragestellungen lägen auf der Straße, man brauche sie nur aufzuheben, experimentell zu überprüfen und die gewonnenen Daten lieferten einem für sich schon die Antwort. Dass man ein Erkenntnisinteresse hat, also ein Ziel formuliert, das einen gerade interessiert, für sich selbst als Grundlage oder für eine bestimmte Anwendung, dass man darauf hin eine Fragestellung entwirft, diese methodisch – zumeist mathematisch – absichert, ein Experiment ersinnt, Messverfahren durchführt und die gewonnenen Daten dann interpretieren muss, scheint vielen nicht bewusst zu sein. Jeder dieser Schritte enthält zudem Spielräume. Eine Veränderung der Voraussetzungen, z. B. in der Forschungsfrage, führt immer auch zu einem anderen Ergebnis. Vor allem die Messverfahren und die Datendeutung werden vielfach methodisch nicht auf das Ergebnis hin reflektiert.

Die Philosophie ist die Reflexionsinstanz, Methoden der Erkenntnisgewinnung zu hinterfragen und zu kritisieren. Das kann gar nicht empirisch erfolgen, weil die Reflexion sonst Teil der kritisierten Methode wäre. Wo aber, so kann man fragen, liegt dieses kritische Potential? Was ist das für eine kritische Instanz?

Ähnliches gilt auch für die anderen philosophischen Disziplinen, z. B. die Ethik. Auch diese will zuletzt nicht für sich beanspruchen, letztgültige Antworten auf die Fragen der Lebensführung zu finden, um damit den Anspruch zu erheben, dass der einzelne damit alles gut und richtig macht.

Auch sie versteht sich in erster Linie als Reflexionsinstanz, die Methoden eruiert, wie man unter geregelten und vermittelbaren Bedingungen über solche Fragen nachdenkt, um dann mögliche Ergebnisse gegeneinander abzuwägen. Dass die Philosophie nur Fragen stellt und keine Antworten gibt, stimmt freilich nicht. Die philosophische Tradition bietet eine Fülle von unterschiedlichen Antworten. Diese werden aber immer wieder hinterfragt. Man kann sogar sagen, dass die Philosophie die Einrichtung ist, welche die Grundfragen des Menschen und des Lebens für jede Zeit immer wieder neu stellt.

Die Philosophie ist damit eine Wissenschaft, die seit zweieinhalbtausend Jahren immer dieselben Fragen stellt und sich bei den Antworten nicht einig wird. Ihr kommt es aber auch gar nicht darauf an, sich zu einigen. Außerdem weisen ihre methodischen Reflexionen mit den Inhalten zuweilen nur noch eine lose Verbindung auf.

Platon betont dieses dynamische Verhältnis zur Philosophie (vgl. Erler 2006, 63) immer wieder. Offenbar nimmt er aber auch an, dass der mühsame Weg ein Ende finden kann: Nach unserer Stelle im *Theaitetos* besteht dem Sinn nach immerhin die Möglichkeit, dass Sokrates etwas bestehen lässt, etwas, das dem Blick der sokratischen Seelenhebamme standhält. In der *Politeia* wird der vollkommene Philosoph und „wahrhaft Lernbegierige" ebenso als jemand geschildert, der

> „so geartet ist, sich um das Seiende zu beeifern, und also nicht bleiben kann bei dem vielen als seiend vorgestellten Einzelnen, sondern weitergehen wird, ohne sich verblenden zu lassen, und nicht eher Befriedigung finden für seine Liebe, bis er die Natur von jedem selbst, was ist, aufgefaßt hat, mit demjenigen in der Seele, womit es geziemt dergleichen zu fassen – es ziemt aber mit dem Verwandten; womit also dem wahrhaft Seienden sich nähernd und sich damit vermischend, und so Vernunft und Wahrheit erzeugend, er erkennen wird und wahrhaft leben und sich nähren und so seiner Schmerzen Ende finden, eher aber nicht" (*Politeia* VI 490ab).[14]

Es ist schwierig bei Platon zu beurteilen, ob er damit eine Hoffnung verbindet oder ob er überzeugt ist, dass sich das Ziel erreichen lässt. Dieser

14 Der sogenannte „wahrhaft Lernbegierige" ist nach Martens gewissermaßen der Sonderfall, denn im Grunde sei Platon davon überzeugt, dass „*alle* Menschen philosophieren, … *alle* vom Eros nach dem wirklich Guten beseelt sind" (Martens 2006, 62). Die angegeben Stelle, *Symposion* 203b–204c, die Geschichte Diotimas von Eros, gibt diese Lesart aber leider nicht her.

Doppelgestalt der Philosophie gibt Platon immer wieder Ausdruck. Vor allem hat er ihren Begriff ganz neu verortet (vgl. Erler 2006, 68 f.). Die philologische Bedeutung der Wortverbindung von *phileo* und *sophos* bedeutet ursprünglich, dass man mit einem Wissensinhalt vertraut ist, weil man häufig mit diesem Umgang hatte, so wie jemand sich mit Pferden auskennt, wenn er viel mit den Tieren zusammenkommt, und dann ein *phil-hippos* genannt werden kann. Der häufige Umgang mit Wissen der höchsten und geistigen Art, das der Lebensführung dient, und das von den „Weisen" gelehrt wird, macht nach Platon seinen Träger allerdings gerade nicht zum Philosophen, sondern zum *sophos* und Sophisten. Denn in den Gegenständen, um welche es Sokrates und Platon geht, gibt es eben kein positives Wissen, das als solches vorhanden ist und weiter gegeben werden kann.

Von „vertraut sein mit" ändert sich das *phileo* bei Platon in ein „Streben nach", in ein „Freund sein von". Das bedeutet, dass der Philosoph das Wissen nicht hat, sondern danach strebt. Die Doppelnatur der Philosophie beschreibt Platon auch im *Symposium*. Dort wird die Philosophie mit der Liebe identifiziert, näherhin mit dem *eros*, was für den Liebesgott und für sein Prinzip steht, dem Streben nach dem Schönen, dessen Bestform die Weisheit ist. Der Eros nämlich sei ein Sohn von Poros, dem Weg, und Penia, der Armut. So bleibt die Philosophie arm, „rauh, unansehnlich, unbeschuht, ohne Behausung, auf dem Boden immer herumliegend und unverdeckt schläft [sie] vor den Türen und auf den Straßen im Freien" (*Symposion* 203cd). Da aber auch das väterliche Erbe durchschlägt, ist Eros gleichzeitig „tapfer, keck und rüstig, ein gewaltiger Jäger, allezeit irgendwelche Ränke schmiedend, nach Einsicht strebend, sinnreich, sein ganzes Leben lang philosophierend, ein arger Zauberer, Giftmischer und Sophist" (ebd. 203d).[15] Was die Philosophie sich damit verschafft, zerrinnt ihr aber gleich wieder. Und dieses Wesen überträgt sich auch auf den philosophischen Umgang mit den Menschen. Die Leute mögen es nicht, wenn ihre Vorstellungen als Missgeburt weggeworfen werden.

15 Über die Ambivalenz des Eros vgl. Rehn 1996, 85–90, 91 f. Zum Symposion insgesamt sehr empfehlenswert Horn 2012, zur Geschichte von Poros und Penia vgl. Sheffield 2012, 125–140 (dt. Übers. in Janka u. a. 2014, 283–301). Für die Herausarbeitung des Zentralmotivs der Liebe vgl. Summerell 2004.

Das ständige Hinterfragen, zumal wenn es öffentlich geschieht, stört eine mühsam errungene und mit großem Aufwand aufrecht zu erhaltende, öffentliche Ordnung, die sozialen Grundlagen und den Legitimitätsanspruch der regierenden Parteien. Die Selbstverständlichkeit eines einmal eingeschlagenen Weges, der dann nach und nach Verbindlichkeitsansprüche in allen Bereichen fordert, bringt die Philosophie nicht auf. Vielmehr stellt sie sich von vorne herein schon dagegen. Nach Platon sprangen die Sophisten in die Lücken, welche zwischen den unterschiedlichen Verbindlichkeitsansprüchen gähnten, allerdings nicht, um neue Verbindlichkeiten zu begründen, sondern um die Situation für sich auszunutzen. Sie lehrten die Beliebigkeit der Anschauungen, und dass es nur darauf ankomme, darin die Möglichkeiten für das eigene Fortkommen zu erkennen und zu sichern.

Sokrates und Platon genügte das nicht. Sie wollten eine tatsächliche Neugründung der geistigen und sozialen Fundamente errichten, wussten aber, dass das so einfach nicht ist, weil die traditionellen Überzeugungen zerstört waren und keine gemeinsame Basis von Anschauungen mehr bestand; die Individualisierung ist geradezu *das* Kennzeichen der sophistischen Aufklärung.

Es ist das Verdienst Platons, diesen dynamischen Wissensbegriff entwickelt zu haben. Dabei legt er darauf Wert, dass echtes Wissen sich seiner Voraussetzungen immer wieder neu versichert, um so die Bestände an Wissen im dynamischen Fluss zu halten.[16] Während die Sophisten sich pragmatisch darauf ausrichteten, die Ambivalenz der meisten Voraussetzungen dafür zu nutzen, das Wissen so zu gebrauchen, wie es einem selbst gerade am meisten einbringt, verschob Sokrates die Grundlage der Philosophie in den Einzelnen und sein Nachdenken. Die Zielgröße liegt dabei nicht im äußeren Erfolg, sondern in der inneren Zufriedenheit, in der Übereinstimmung mit sich selbst und mit denen, welche die Dinge genauso sehen, also im Weg zu Weisheit und Wahrheit, nicht im Anspruch, alles besser zu wissen.

Das eigenartige Bild von Sokrates, das Hervorbringen von Wissen mit der Hebammenkunst zu vergleichen, verdeutlicht die Grundhaltung der Philosophie: Was hervorgebracht wird, muss erst geprüft werden und

16 Diese dynamischen Momente in Platons Spätphilosophie betont vor allem Mojsisch 1996, 168, 171, 176, 179.

notfalls verworfen werden. Was besteht, ist aber nichts Endgültiges, sondern bedarf der weiteren Pflege und Fortbildung.

Bei der Lektüre von Platons Texten gewinnen wir manchmal den Eindruck, er sei überzeugt davon, dass es sicheres, positives Wissen geben könnte. Seinen Sokrates lässt er nach einem Weg suchen, die Methode zur Eruierung dieses Wissens auf das, ihn tatsächlich sehr viel mehr interessierende, Wissen über die Lebensführung zu übertragen. Dabei stellt er fest, dass auch dort kein Wissen generiert werden kann, das keine Zweifel zulässt. Im vollen Bewusstsein, dass uns Menschen gar keine andere Wahl bleibt, als in unserer Lebensführung von bestimmten Überzeugungen auszugehen, erhebt er den Verfahrensweg der genauen Prüfung allen Wissens zur eigentlichen Kernaufgabe der Philosophie. Platon hat damit diese spezifische Ambivalenz der menschlichen Existenz nicht nur gefunden und aufgedeckt, sondern sich dieser auch ohne Scheu und Furcht ausgesetzt und die damit einhergehende Spannung ausgehalten.

Weiterführende Literatur

Ekkehard Martens, Platons Fußnoten zu Sokrates", in: Schiemann u. a. 2006, 59–69.

Burkhard Mojsisch, „‚Dialektik' und ‚Dialog': *Politeia, Theaitetos, Sophistes*", in: Kobusch u. a. 1996, 167–180.

Rudolf Rehn, „Der entzauberte Eros: *Symposion*", in: Kobusch u. a. 1996, 81–95.

Frisbee Sheffield, „Symposium 201d1.204c6", in: Horn 2012, 125–140; dt. übers. „Das Wechselspiel von Erzählung und Argumentation im Mythos von Penia und Poros in Platons *Symposion*" in: Janka u. a. 2014, 283–301.

Orrin F. Summerell, „Der Wollfaden der Liebe. Anmerkungen zu einem Motiv in Platons *Symposion*", in: van Ackeren 2004, 69–91.

3. Das Sich-Wundern (thaumazein) als Ausgangserlebnis der Philosophie

Wahrnehmen, Lernen, Nachdenken, sich ein Problem oder eine Schwierigkeit vornehmen, sich angestrengt mit etwas auseinandersetzen: All das führt zu Wissen und Erkenntnis. Doch mit jedem Ergebnis, das wir dadurch gewinnen, ist oftmals eine sonderbare Erfahrung verknüpft. Wir ersinnen neue Argumente und Begründungen für unsere Meinungen, mahnen Beobachtungen an, verbinden unser Wissen mit anderem Wissen. Und doch: Wir zweifeln daran, wir wollen das scheinbar Gewisse genauer begründen, wir suchen danach, noch genauer zu wissen; und wir wundern uns, dass die bisherige Mühe noch nicht wirklich gefruchtet hat. Unser Anspruch nach vollkommener Wahrheit und absoluter Absicherung dessen, was wir zu wissen meinen, lässt sich nicht einfach aussetzen. Unser Erkenntnisdrang geht meist über das hinaus, was wir überhaupt wissen können. Erst dadurch, dass wir immer weiter fragen, machen wir aber die Erfahrung, dass es ein totales, allumfassendes Wissen nicht geben kann.

3.1 Urteile über das Wahrnehmen und das Erkennen (*Theaitetos* 151d–155d)

Sokrates hat sich entschlossen, Theaitet bei seiner „Geburt“ zu helfen. Seine ursprüngliche Frage war, was denn Erkenntnis sei. Diese Frage stellt er dem Theaitet aufs Neue und ermuntert ihn, doch eine Antwort zu geben, auch wenn er sich nicht ganz sicher ist. Erkenntnis, so versucht sich Theaitet, ist das, was einer erkennt, letztlich also wohl Wahrnehmung.

Nicht schlecht! meint Sokrates. Da gebe es einen berühmten Sophisten, Protagoras mit Namen, der meint wohl ungefähr dasselbe, auch wenn er es etwas anders ausdrückt. „Er sagt nämlich, der Mensch sei das Maß aller Dinge, der seienden, daß sie sind, der nichtseienden, daß sie nicht sind" (*Theaitetos* 152a).[17] Theaitet erinnert sich, das auch schon öfter gehört zu haben.

Die Dinge seien also so beschaffen, wie einer sie gerade wahrnimmt. Dem einen erscheinen sie aber so, dem anderen anders. Theaitet stimmt zu. Wenn zwei Menschen im Wind stehen, sagt Sokrates, wird es den einen wohl ziemlich frieren, den anderen aber vielleicht nicht oder nur wenig. Ist jetzt aber der Wind kalt oder erscheint er dem einen nur als kalt, dem anderen aber nicht? Und dass es einem so und so erscheint, liegt entsprechend wohl auch an der Wahrnehmung? Wie jemand also etwas wahrnimmt, so scheint es für ihn auch zu sein. Und weil sich Wahrnehmung immer auf etwas bezieht, das auch da sein muss, so ist sie auch Erkenntnis. Das leuchtet Theaitet alles ein.

Der Wind allein ist für sich genommen gar nichts. Es kommt allein darauf an, wie er einem erscheint, dem einen eisig, dem anderen nicht so kalt. Das scheint wiederum auch überall zu gelten: Nichts ist für sich groß oder klein, schwer oder leicht usf. Alles, was mir heute groß erscheint, kann ich morgen schon für klein ansehen.

So gibt es hier also gar nichts Festes, sondern alles scheint irgendwie in Bewegung zu sein. Offenbar ist das Werden das oberste Prinzip von allem, weil es die Bewegung, an der alles hängt, verursacht. Bewegt sich aber etwas nicht mehr, so scheint es nicht mehr das zu sein, was es zuvor war, als es sich noch bewegte. So entsteht Feuer und Wärme auch mittels Bewegung, nämlich durch Reibung, aber auch das Leben entsteht durch Bewegung. Der Körper wird durch Ruhe und Trägheit geschwächt, durch Bewegung und Leibesübungen aber gestärkt. Auch der Geist, wenn er beschäftigt wird, schärft sich, Gedankenlosigkeit aber ermüdet ihn, so dass er auch das Gelernte vergisst.

Nichts also existiert, es sei denn, es ist irgendwie bewegt und verändert sich dadurch. Die Bewegung ist also immer das Gute, sowohl für den Körper wie für den Geist, die Ruhe aber das Gegenteil davon. Gleiches

---

17 Der so genannte *homo mensura* Satz des Protagoras kann freilich auf zweierlei Weise verstanden werden. Sokrates wird im Folgenden nur die individualistische Lesart wählen, nämlich dass dem einen etwas so, dem anderen das Gleiche aber ganz anders oder wenigstens ein wenig anders erscheint. Man kann den Satz aber auch kollektiv auf den Menschen beziehen: Alles ist so, wie es dem Menschen, also jedem Menschen, erscheint; es gibt keine Wahrheit an sich, sondern immer nur die, welche für die Menschen gilt. Voraussetzung dafür ist, dass man sich darüber auch mit den anderen einig werden kann.

gilt auch für die Natur, vor allem für die Sonne. Auch diese muss immer in Bewegung sein.

Was, fragt Sokrates, ist aber z. B. eine Farbe, was ist das, was wir weiß oder schwarz nennen? Es kann ja nach dem vorher Gesagten nichts für sich sein. Es muss also irgendetwas sein, das beim Zusammenstoßen der Augen mit der zu diesen gehörigen Bewegung entsteht, denn auch uns erscheinen die Farben nicht nur untereinander wohl anders, sondern jedem einzelnen selbst einmal so, einmal verschieden von diesem Eindruck. Wie kann es aber sein, meint Sokrates, dass wir einmal etwas so und das Gleiche wieder anders wahrnehmen, wenn es sich nicht verändert? Wenn ihm selbst nichts widerfährt, kann es sich im Grunde auch nicht ändern. Was ändert sich aber nun genau? Verändert sich das, wodurch wir etwas messen, berühren oder wahrnehmen? Wie müssen wir uns das genau vorstellen? Und wie verhält sich das mit dem Gemessenen, mit dem Berührten oder mit dem Wahrgenommenen? Welcher Vorgang findet hierbei statt? Wie geschieht es wiederum, dass wir messen, berühren, wahrnehmen?

Ein anderes Beispiel für diese Probleme haben wir z. B. bei Zahlenverhältnissen. Nehmen wir an, wir haben sechs Bohnen vor uns, das sind doch, vergleichen wir sie mit vier Bohnen, die Hälfte mehr; dagegen, wenn wir diese mit zwölf Bohnen vergleicht, sind es nur die Hälfte der Bohnen. Die Anzahl der Bohnen, sechs, hat sich nicht geändert! Einmal aber mussten wir sie als „die Hälfte mehr“ ein andermal als „nur die Hälfte“ bezeichnen. Kann also etwas mehr oder weniger werden, ohne dass es zugenommen oder abgenommen, und ohne, dass es sich geändert hat?

Nachdem, was gerade angenommen wurde, nämlich, dass wir nichts anders wahrnehmen können, es sei denn, es hat sich geändert, kann das offensichtlich nicht der Fall sein. Dass es sich so verhält, *müssen* wir auf der anderen Seite allerdings annehmen. Wir können freilich beides behaupten, so dass die Zunge nicht widerlegt wird, aber unser Denken mit sich selbst im Unreinen ist, weil wir doch wissen wollen, was wir annehmen sollen. Am besten ist es, man fängt noch einmal von vorne an, das sei doch alles zu verwirrend gewesen, meint Sokrates.

Wir gehen also erstens davon aus, dass sich nichts verändert, weder der Masse noch der Zahl nach, wenn es sich in dieser Hinsicht gleich bleibt. Zweitens gilt: Wenn man zu etwas nichts hinzutun oder wegnehmen würde, würde es weder wachsen noch schwinden. Und drittens glauben wir auch Folgendes: Was nicht war, kann auch nicht sein, ohne geworden zu sein. Das müssen wir alles beachten, wenn wir nicht durcheinanderkommen wollen über die Bohnen und ihre Zahl.

Aber es gibt noch andere Beispiele: Sokrates, der heute größer ist als Theaitet, wird vielleicht nächstes Jahr schon kleiner sein als dieser, ohne dass er doch etwas von seiner Masse oder Größe eingebüßt hätte und nie kleiner geworden wäre. Theaitet ist der Jüngere und wächst noch. Dass dieser dann größer geworden ist, ist ganz natürlich, er hat sich ja verändert und an Größe zugenommen. Sokrates aber verändert sich nicht mehr und dennoch kann man behaupten, Sokrates ist kleiner geworden im Verhältnis zu Theaitet.

Jetzt kennt sich Theaitet, dem es wie in der Mathematik um eine einheitliche Fassung der Begriffe geht, nicht mehr aus. Er sagt: „Wahrlich, bei den Göttern, Sokrates, ich wundere mich ungemein, wie doch dieses wohl möglich sein mag; ja bisweilen, wenn ich recht hinsehe, schwindelt mir ordentlich." Ja, sagt Sokrates, Theodoros – das ist der Mathematiklehrer von Theaitet und der Freund von Sokrates – habe eben ganz recht über Theaitet geurteilt, dass dieser ein echter Philosoph, ein wahrer Freund der Weisheit (*philos* – Freund; *sophos* – Weisheit; vgl. auch *Phaidros* 278d) sei. Es gibt nämlich nur einen Ursprung der Philosophie und dieser sei „das Sich-Wundern", das *thaumazein*.

3.2 Die Frage nach der Erkenntnis

Wir haben Grund, uns ebenso zu wundern. Die Frage nach der Erkenntnis ist eine der wichtigsten Fragen in der Philosophie, und beiden Gesprächspartner waren mitten in einer Diskussion, die erwarten ließ, dass wir etwas darüber erfahren. Dann bringt Sokrates in einer recht sophistischen Art ein Argument über Werden und Sein der Dinge vor, um daraufhin über seine Relationsbegriffe eine so enorme Verwirrung zu stiften. Die Sache mit den Bohnen und der Größe von Sokrates im Vergleich zu Theaitet ist uns doch vertraut und eindeutig.

Die Bestimmung von Wissen und die von Erkenntnis sind zentral für Platons gesamtes Philosophieren. In seinen früheren Schriften geht es darum, wie wir das Gute erkennen und die Tugenden bestimmen können, und wie die Handlungen aussehen, welche wir als gut bezeichnen. Später hat er noch sehr viel grundsätzlicher nach diesen Gegenständen gefragt. Aus der Frage nach den Möglichkeiten, zu erkennen und begrifflich zu bestimmen, was die Tugend, das Gute oder eine gute Handlung jeweils ist, ergibt sich die allgemeine Frage danach, was Erkenntnis sei:

Der Sinn dieser zunächst ganz einfachen Frage erweitert sich sehr schnell. Die einfachste Antwort darauf hat nämlich nur autoritatives Wissen zur Folge: Wenn ich wissen will, wie oder was etwas ist, dann frage ich jemanden, der sich damit auskennt, oder ich sehe in einem Lexikon nach. Ich erhalte damit einen Wissensinhalt, dessen Wahrheitsgehalt vom Vertrauen in die Quelle abhängt. Wenn mich jemand dasselbe fragt, kann ich den gleichen Inhalt wiedergeben, ich werde aber auf eine Nachfrage, warum das so ist, keine Antwort geben können, denn mein Wissen beschränkt sich auf das, was ich gehört oder gelesen habe und was ich glaube. Das würden wir aber nicht als Erkenntnis oder Kenntnis des Sachverhalts ansehen.

Es geht darum, Wissensinhalte irgendwie zu sichern. Autoritätsabhängiges Wissen beruht jedoch nicht auf Einsicht in die Sache. Wenn wir nun die Bedingungen angeben wollen, um einen beliebigen Wissensinhalt als tatsächlichen auszuweisen, stellen sich sofort neue Fragen: Auf was beziehen sich Wissensinhalte? Sind das nicht ganz unterschiedliche Bezugsmomente? Die Frage nach der Farbe ist eine andere, wie die nach der relativen Größe, und die wieder eine andere als die nach den Zahlenverhältnissen. Platon konfrontiert uns aber gleichzeitig mit noch weiteren Problemen: Was meinen wir, wenn wir sagen: Etwas ist so! Bezieht sich das auf einen Sachverhalt? Nämlich auf einen, von dem wir sagen würden: Dieser besteht tatsächlich oder bezieht sich auf die Wirklichkeit? Oder geht es nur um das sprachlich ausgedrückte Urteil und die aufgeführten Gründe, welche zu diesem Urteil führen?

In einem ersten Versuch zur Klärung der Frage nach der Erkenntnis, hatte Theaitet einige Fertigkeiten aufgezählt: Wenn einer Schuhe machen kann, muss er erkannt haben, was ein Schuh ist, und wie man einen solchen macht. Sokrates wendet dagegen ein: Mit seiner Erklärung von Erkenntnis habe Theaitet vieles aufgezählt: „Gar offen und freigebig, Lieber, gibst du mir, um *eines* gefragt, vielerlei und Mannigfaltiges statt des Einfachen“ (*Theaitetos* 146d). Theaitet scheint das so zu verstehen, dass Erkenntnis etwas zusammenbringt, was vorher nur nebeneinander und jeweils für sich verständlich war. Er bringt ein Beispiel von Theodoros, mit dem er sich über Quadratwurzeln unterhalten hatte: Wenn man die Zahlen, aus denen sich ein Produkt zusammensetzt auf eine Linie überträgt und diese im Neunziggradwinkel anordnet, erhält man entweder

Rechtecke oder Quadrate. Die Zahlen, welche (gleichseitige) Quadrate ergeben, lassen auch ein ganzzahliges Ergebnis zu, wenn man die Quadratwurzel aus dem Produkt zieht. Die Zahlen aber, welche Rechtecke ergeben, erlauben das nicht. Das arithmetische Problem erhält mit dieser Erklärung eine anschauliche, weil geometrische Lösung. Theaitet hat damit etwas erkannt, aber das, was er erkannt hat, ist wieder nicht die Antwort auf die Frage, was Erkenntnis ist. In *Theaitetos* 152de, nach der Erklärung mit der Bewegung, dreht Sokrates den Spieß gewissermaßen um:

„Ich will es dir sagen, und es ist gar keine schlechte Rede, daß nämlich ein Eins selbst für sich selbst gar nichts ist und daß du nicht ein Etwas richtig mit einem Namen oder als wiebeschafften bezeichnen kannst, vielmehr, wenn du etwas groß nennst, wird es sich auch klein zeigen, und wenn schwer, auch leicht und so gleicherweise in allem, weil eben nichts ein Eins ist, sei es nun als etwas oder als irgendwie beschaffen; sondern durch Bewegung und Veränderung und Vermischung unter einander *wird* alles nur, wovon wir sagen, daß es *ist*, es nicht richtig bezeichnend; denn niemals *ist* eigentlich irgend etwas, sondern immer nur *wird* es.“

Nachdem Sokrates also zunächst nach dem „Einen“ der Erkenntnis gefragt hat, behauptet er nun gewissermaßen, dass Erkenntnis für sich nichts sein kann, sondern erst „werden“ muss. Wenn wir das so formulieren, verstehen wir die Frage etwas besser. Platon dynamisiert mit seiner Interpretation vom Werden die Frage. Auf der einen Seite steht die Erkenntnis als begriffener Sachinhalt, auf der anderen Seite steht das Werden von Erkenntnis. Dort die Wahrnehmung als Bezug auf etwas Bestimmtes in der Welt, hier das Wahrnehmen selbst, das ein Vorgang ist.

Die wichtigste Frage aber lautet: Wie sichere ich die Erkenntnis als eine wahre Erkenntnis? Es wird später im Dialog *Theaitetos* noch um die Frage gehen, auf welche Weise Erkenntnis von einer Meinung unterschieden werden kann. Dabei benötige ich einen Bezugspunkt, der bei der Erkenntnis in der Begründung liegt. Beim Wahrnehmen dagegen fragen wir einfach nach dem Sachverhalt, und ob er in der Wirklichkeit besteht, d.h. ob er wahr ist. Dieser Bezugspunkt der Erkenntnis ist schon in der Antike unterschiedlich bestimmt worden. Parmenides vertrat die Ansicht, alles bezieht sich auf das eine und unwandelbare „Sein“. Platon spielt an unserer Textstelle mit diesen unterschiedlichen Bezugspunkten von Erkenntnis, die sich einmal als Vorgang, als Erkennen, das andere Mal auf den Inhalt, die Erkenntnis und den Wissensinhalt richtet. Hinzu kommt, dass wir das Wissen auf etwas Bestimmtes beziehen. Und zudem fragen wir nach dem Grund oder der Begründung dieses Wissens. Das Verstehen, das Einsehen, die Einsicht und das Wissen bringen aber offenbar etwas zusammen, was in dieser Kombination vorher noch nicht vorhanden war.

Der Mathematikschüler Theaitet wird von Platon gewissermaßen als philosophisch Fortgeschrittener gezeichnet, nicht weil er im Metier des Sokrates besonders sicher ist, sondern weil er bestrebt ist, einen Sachverhalt unbedingt auf den Begriff zu bringen (vgl. *Theaitetos* 148d). Theaitet ist das Verfahren durch seine Auseinandersetzung mit der Mathematik bereits geläufig. Seine philosophische Unbeholfenheit drückt sich dagegen dadurch aus, dass er mit einer geometrischen Anschauung operiert; allerdings merkt er dabei sofort, dass der Vergleich bei einer begrifflichen Bestimmung der Erkenntnis nicht die ganze Wahrheit aufzeigt. Gleichzeitig lässt Platon seinen Sokrates ein – freilich leicht durchschaubares – sophistisches Verwirrspiel anzetteln. Sokrates hatte doch die Frage danach gestellt, was Erkenntnis ist, um gleich darauf auszuführen, dass es so etwas gar nicht geben kann, weil nichts *ist*, sondern alles *wird*. Die Frage auf diese Antwort lautet: Wie *erlangen* wir Erkenntnis? Diese Frage kann ich aber offensichtlich nicht beantworten, wenn ich nicht weiß, was das ist: Erkenntnis. Die Antwort bleibt uns Platon an dieser Stelle noch schuldig, denn die Definition: Erkenntnis ist Bewegung! würde uns nicht viel weiterhelfen; zudem ist sie in sich „statisch“: Sie drückt einen Zustand aus, gesucht aber war ein Vorgang, ein Prozess.[18]

---

18 Sokrates bringt verschiedene Argumente vor, um eine Behauptung als richtig zu erweisen. Ein Argument ist ein Beweisgrund, auf dem die Sicherheit eines Beweises ruht. Wir unterscheiden dabei verschiedene Arten: Das *argumentum ad hominem* gilt nicht als Beweis, es geht auf einen einzelnen Menschen, für den etwas Bestimmtes festgestellt wird. Das Argument gilt nur für ihn, für andere aber nicht; die persönliche Zuschreibung bringt dabei aber in der Sache nicht weiter. Das *argumentum e consunsu gentium* ist gewissermaßen das Gegenteil: ein solches nehmen alle für wahr an, wenigstens alle Menschen; sie sind sich also darüber einig. Das *argumentum e contrario* schließt aus dem Gegenteil; wir können eine bestimmte Behauptung nicht belegen, also nehmen wir das kontradiktorische Gegenteil an, und zeigen, dass es falsch ist; folglich muss die Kontradiktion wahr sein, der Satz, den wir ursprünglich mit einem Argument beweisen wollten. Das *argumentum a priori* ist eine rein logische Erklärung; z. B. dass Schimmel weiße Pferde sind; das steckt sozusagen schon im Begriff. Das *argumentum a posteriori* schließt dagegen aus der Erfahrung. Die bekanntesten Fehlschlüsse sind die *pe-*

In dem Gespräch mit Theaitet hatte Sokrates noch vor seiner Geschichte mit der Hebammenkunst schon einmal gefragt, was Erkenntnis sei. Für Theaitet bestand Erkenntnis dabei noch in jeder Art von Wissen, umfasste also auch das Wissen davon, wie man Schuhe verfertigt oder Möbelstücke usf. Das sind allerdings ganz unterschiedliche Dinge, denn die Frage nach der Erkenntnis will auf eine Bestimmung hinaus, was allen diesen Künsten und Fertigkeiten gemeinsam ist. Ganz ähnlich stellte sich das dar, als Theaitet sein mathematisches Beispiel mit den Quadratwurzeln vorbrachte, bei dem er ein ähnliches Problem hatte, alles auf Eines zurückzuführen, das die Sache näher bestimmt. Insofern ist das mit den Bohnen und der Körpergröße zwar doch ein Problem, aber keines worüber sich Theaitet unendlich wundern müsste. Das Ganze scheint für Platon also eine Spielerei gewesen zu sein, die er sich leistete, um die Sache mit dem *thaumazein* als Ursprung der Philosophie einzuführen. Zudem nutzt er die Gelegenheit, bereits einige Grundprobleme und methodische Herangehensweisen anzusprechen.

Wäre das nicht weiter motiviert, wäre Platon nicht Platon. Dass diese im ersten Moment etwas hanebüchene Konstruktion zur Grundlage des philosophischen Ursprungs im Wundern geformt wird, ist dann mindestens auffällig. Das Problem mit den Bohnen wird erst zu einer echten Schwierigkeit, wenn man tatsächlich nach einer einheitlichen Bestimmung von etwas fragt. Theaitet, der sich aufs Äußerste bemüht, Sokrates in seiner Argumentation zu folgen, geht, nachdem er es einmal begriffen hat, von dieser Frage nach einer einheitlichen Definition auch aus. Letztlich wundert er sich, weil es sich um einen ganz einfachen Zusammenhang handelt.

3.3 Das *thaumazein* als Ursprung der Philosophie

Um das *thaumazein* richtig einzuordnen, fehlt uns noch ein kleiner Aspekt: Wir müssen das Erkennen wollen. Kurz nach dem Beispiel mit den Quadratwurzeln und vor der Stelle mit der Hebammenkunst ist Theaitet

titio principii, d.h. dass der Schluss inhaltlich schon in den Prämissen, also den Voraussetzungen, steckt, und die *contradictio in adjecto*, ein Fehlschluss, der vorliegt, wenn sich in den Attributen eines Prädikats ein Widerspruch zu einem anderen Inhalt einer Prämisse findet. Auch wenn Platon die Begriffe nicht verwendet, finden sich diese Argumentarten überall in seinen Texten.

schon einmal recht verwirrt. Sokrates bestätigt ihm, dass die Frage nach der Erkenntnis durchaus eine schwierige Frage ist. Er fordert ihn daraufhin auf, in seinem Bemühen nicht nachzulassen: „Bestrebe dich aber, wie von anderen Dingen, so besonders von der Erkenntnis die Erklärung zu finden, was sie eigentlich ist." Und Theaitet antwortet: „Sofern es nur am Bestreben liegt, soll sie wohl ans Licht kommen" (*Theaitetos* 148d).

Das ist gar keine so einfache Voraussetzung, vor allem, wenn es um schwierige Fragen geht. Das Sich-Wundern stellt sich nämlich gar nicht unbedingt ein, nämlich dann nicht, wenn mich die Sache, welche ich gerade nicht verstehe, nicht weiter interessiert. Ich muss also ein Interesse daran haben, etwas zu verstehen, was ich im Moment noch nicht verstehe. Erst dann werde ich mich wundern. Theaitet ist vollkommen überzeugt davon, dass ihn die Sache mit der Erkenntnis als solche interessiert. Er hat gehört, dass Sokrates sich mit solchen Fragen beschäftigt und außerdem hält er etwas davon, wie Sokrates mit solchen Fragen umgeht, vielleicht weil dieser ein Freund des Theodoros, seines Mathematiklehrers, ist.

Theaitet ist also nicht nur der Überzeugung, dass Sokrates ihm erklären kann, was Erkenntnis ist, er folgt ihm auch auf dem Weg zu dieser (vgl. *Theaitetos* 146c), und das, obwohl Sokrates die Grundfrage erweitert und ihn zuweilen in eine ergebnislose Richtung führt. Platon ist es besonders wichtig, dass wir selbst die Fragen, die er uns stellt, untersuchen und lösen wollen, dass wir uns nicht mit einfachen Antworten zufrieden geben („Erkenntnis ist dies und jenes"), sondern der Sache auf den Grund gehen wollen. Genau das sichert Theaitet dem Sokrates zu. Als Sokrates ihn dann mit seinen Spitzfindigkeiten verwirrt, wundert er sich, und steht nach Platons Ansicht damit am Anfang der Philosophie.

Um in dieser Frage weiterzukommen, müssen wir ein wenig über Platon hinausgehen. Auch Aristoteles schreibt, dass der Ursprung der Philosophie im Wundern liegt:

> „Denn Verwunderung war den Menschen jetzt wie vormals der Anfang des Philosophierens, indem sie sich anfangs über das nächstliegende Unerklärte verwunderten, dann allmählich fortschritten und auch über Größeres Fragen aufwarfen, z. B. über die Erscheinungen an dem Mond und der Sonne und den Gestirnen und über die Entstehung des Alls. Wer sich aber über eine Sache fragt und sich wundert, der glaubt sie nicht zu kennen" (Aristoteles *Metaphysik* A,2, 982 b 11–21).

Und Aristoteles ist der Meinung, dass man dieses Erkennen offenbar wegen des Wissens und nicht wegen eines Nutzens suchte, denn Wissenschaft entsteht erst, wenn für das Notwendige und das Überleben schon gesorgt ist.

Die *Metaphysik* ist das Buch über die ersten Erkenntnisse. Wie bei so vielen Philosophen muss auch bei Aristoteles jede Erkenntnis von der Erfahrung ausgehen. Zur Kunst wird Erfahrung dann, wenn sich durch viele Gedanken, die alle auf Erfahrung beruhen, etwas Ähnliches im Gegenstand der Erfahrung zeigt. Erfahrung ist also Erkenntnis vom Einzelnen, Kunst dagegen vom Allgemeinen. Kennen wir das Allgemeine, sagen wir, dass wir verstehen. Zum Verstehen gehört nicht nur das Wissen darum, dass etwas der Fall ist, sondern auch das Wissen, warum etwas der Fall ist. Wir kennen dann auch die Ursachen. Die Kenntnis des Allgemeinen, bzw. der Prinzipien, und der Ursachen für ein bestimmtes Sachgebiet nennt man Wissenschaft. Aristoteles geht es aber nicht um das Wissen des Einzelnen, also die Kenntnis bestimmter einzelner Erfahrungen, sondern um die Kenntnis der ersten Prinzipien und des Allgemeinen. Ein Philosoph muss das kennen, er braucht aber keine Kenntnis von allem Einzelnen, das kann er anderen überlassen, auch deshalb, weil nicht einer alles wissen kann.

Während bei Aristoteles das Sich-Verwundern als Ursprung der Philosophie klar auf das Fragen nach dem noch Unerklärten in den Welterscheinungen geht, führt es Platon nach einer Diskussion ein, die direkt eher der Irreführung durch die Argumentation von Sokrates entspringt. Der Sachverhalt, um den es dabei geht, ist relativ einfach aufzulösen. Das eigentliche Problem aber liegt im Hintergrund, nämlich in der Frage, an was wir uns, wenn wir die Erkenntnis bestimmen wollen, halten sollen: An die Wirklichkeit der Welt? An ein über das Wahrnehmbare hinausgehende *eine* Sein? An unsere Wahrnehmungen? An das, was sich bewegt oder das was ruht? Während Aristoteles gleich den Punkt trifft, dass es bei der Erkenntnis um das Allgemeine, die Prinzipien und die ersten Gründe geht, müssen wir das bei Platon aus dem Kontext des gesamten Textabschnitts herauslesen.

Für Aristoteles hat der Mensch einen unmittelbaren Erkenntnisdrang in sich: wir wollen wissen, einsehen und verstehen. Für Platon ist das nicht so selbstverständlich. Gerade bei den schwierigen Dingen vergeht uns schnell die Lust, die Anstrengung des Nachdenkens und immer wieder Bezweifelns auf uns zu nehmen. Sokrates ist da die große Ausnahme. Theaitet möchte zwar auch gerne einsehen, was Erkenntnis ist, er braucht aber die Methode von Sokrates, um mit seinen Fragen weiterzukommen.

Und ganz wichtig für ihn ist es, dass er Sokrates vertraut, die beste Methode für die Behandlung solcher Fragen zu haben.

3.4 Die Frage nach dem „Einen“ und das Sich-Verwundern

Der Mensch will wissen. Er sucht nach Erklärungen für Sachverhalte, die er nicht versteht. Sokrates scheint mit seinen Fragen überzeugt davon zu sein, dass es eine Erklärung, was es mit der Erkenntnis auf sich hat, gibt. Die Verwunderung darüber, dass da etwas ist, was wir nicht verstehen, gibt dem Ausdruck. Die Lösung des Problems nennen wir Erkenntnis. Wie aber ist ein Sachverhalt beschaffen, für den es mit der Erkenntnis eine Erklärung gibt, die wir verstehen?

Sokrates war unzufrieden mit der folgenden Bestimmung der Erkenntnis: Ich erkenne etwas, wenn ich weiß, wie es geht. Das ist sozusagen Sachverstand, Fertigkeit, die das Erkennen dessen, was man da tut oder herstellt, schon voraussetzt. Es ist aber nicht die Erklärung von Erkenntnis. Wenn jemand einen Schuh herstellt, dann bringt er die Teile eines Schuhs, Leder, Sohle, Nägel, Schnüre usf. in einer bestimmten Weise zu einer Einheit des Schuhs.

Offenbar stellt sich Sokrates das genauso bei der Erkenntnis vor: Etwas Verschiedenes wird zu einer Einheit zusammengebracht, auch wenn es nicht um die Lederteile, sondern um Begriffe und Einsichten geht. Allgemeine Erklärungen, wie etwas zusammengebracht wird, nennen wir Gründe oder Ursachen. Eine solche allgemeine Erklärung besteht z. B. in der Feststellung des Kausalverhältnisses von Blitz und Donner. Hier bringen wir zwei Ereignisse, die für sich besehen unabhängig voneinander bestehen, aber immer aufeinander folgen, in einer Erklärung zusammen. Wenn wir eine Erklärung haben, wundern wir uns nicht mehr.

Das ist der Sinn, wenn Aristoteles sagt, die Philosophie geht auf das Allgemeine: Wir schaffen einen Zusammenhang, eine Einheit, aus Elementen, die vorher disparat sind. Wenn wir dabei immer weiter fragen, fügen wir immer mehr Weltinhalte zusammen. Erst allmählich kommen wir auf die obersten Prinzipien, welche unter sich die konkreten Verhältnisse erklären. Wenn wir wissen, warum etwas ist, haben wir den Sachverhalt verstanden; das setzt aber voraus, dass wir ihn als Einzelfall allgemeiner Ordnungsvorstellungen begreifen.

Sokrates geht von vorne herein immer aufs Ganze. Er fragt nach dem einen Begriff für Erkenntnis und ist nicht zufrieden, wenn ihm mehrere Erfahrungsbereiche genannt werden. Er will wissen, was das Allgemeine, das Prinzipielle, das Eine der Erkenntnis ist. Der Alternativvorschlag, Erkenntnis ist Wahrnehmung, problematisiert sofort, was mit Wahrnehmung eigentlich gemeint ist. Das Problem wird nur in einen weiteren Erklärungszusammenhang überführt, nämlich den der Bewegung. Alles, was ist, alles, was wir wahrnehmen, was wir erkennen und verstehen, ebenso das Leben, Denken usf. liegen folglich in der Bewegung. Dieser Unterschied zwischen dem Erkenntnisvorgang und dem Ergebnis, dem Wissen, thematisiert Platon immer wieder.

Das erklärt natürlich nichts, sondern erweitert nur das Problem, dazu auf einer ganz anderen Ebene, denn die Vorgänge (und insbesondere der Prozess, wie wir Erkenntnis gewinnen) dürfen nicht mit dem Ergebnis, dem Wissen, verwechselt werden. Dass Theaitet dabei nicht mehr mitkommt, ist verständlich. Die Textstelle ist ganz typisch dafür, wie Platon Fragen aufwirft, schnell durchspielt, in verschiedene Kontexte stellt, um erst nach und nach die Einzelfragen zu ordnen und durchzugehen. Oft irrt er an einer Stelle ab und lässt uns ratlos vor einem ganz und gar unbefriedigenden Ergebnis stehen. Das ist für ihn allerdings weder ein bloßes Spiel noch pure Rabulistik, also gewollte Streitlust. Ihm ist es so ernst mit dem Sich-Verwundern, dass er seinen Lesern möglichst andauernd die Motivation, selbständig weiterzudenken und die Fragen immer wieder aufs Neue zu untersuchen, erhalten möchte. Das Vertrauen, dass Theaitet dem Sokrates und seiner Methode entgegen bringt, sollen wir, seine Leser, auch ihm entgegen bringen. Die Antwortmöglichkeiten und möglichen Bezüge seiner Fragestellung, soweit er sie selbst sieht, führt er uns anschließend im Wesentlichen schon vor. Wir müssen nur aufpassen und uns nicht in die Irre führen lassen. Das Sich-Verwundern sollen wir uns, wenn wir Philosophen im sokratischen Sinne werden wollen, bewahren.

4. Die Apologie des Sokrates

Verurteilung und Tod seines Lehrers Sokrates waren für Platon einschneidende Erlebnisse. Es ist schwer zu bestimmen, inwiefern der Text Platons mit den Worten vor Gericht übereinstimmt oder abweicht. Platon lässt in seiner *Apologia Sokratous* nicht nur seinen Lehrer sich selbst verteidigen, sondern springt ihm umfassend bei, indem er dessen Lebensweise, sein ununterbrochenes Suchen nach der Wahrheit, einige seiner zentralen Ansichten, aber auch die Philosophie insgesamt verteidigt. Mit der Kompromisslosigkeit und der Radikalität, mit der Platon die Art seines Lehrers beschreibt, wollte er offensichtlich seiner maßlosen Bewunderung Ausdruck verleihen. Tatsächlich wurde Sokrates dadurch ein bleibendes Denkmal gesetzt.

4.1 Die Verteidigungsrede

Die *Apologie des Sokrates* ist die Verteidigungsrede von Sokrates vor dem Athener Geschworenengericht, wie sie uns von Platon überliefert ist.[19] Wie wir aus dem Text erfahren, ist Sokrates in zwei gewichtigen Punkten angeklagt, die beide die Todesstrafe nach sich ziehen können – die von den Klägern auch schon bei Klageerhebung beantragt wurde. Der Hauptkläger heißt Meletos. Bei den Nebenklägern handelt es sich um den bekannten Athener Politiker Anytos, der wohl gleichzeitig auch der Strippenzieher der Anklage ist (vgl. Heitsch 2004, 138), und um Lykon. In Athen konnte jeder eine solche Klage führen, es gab keinen Staatsanwalt. Die drei Kläger führten in kunstvollen Reden aus, dass Sokrates verurteilt werden sollte, weil er die Jugend verführt hätte und nicht an die Staatsgötter glauben würde, sondern stattdessen neue Götter einführen möchte. Nach seiner Verteidigungsrede und dem Urteilsspruch, äußert sich

19 Als Überblick vgl. auch Wolf 1996, 31–51.

Sokrates zur möglichen Strafe, und nach der Verurteilung zum Tod noch einmal in einem Schlusswort.

Sokrates meint, diese direkten Ankläger, die ihn vor Gericht gebracht hätten, seien nun gar nicht die schlimmsten. Weit fürchterlicher und gerade hier vor Gericht wirkmächtiger seien diejenigen, die ihn seit Jahren auf den Plätzen und den Straßen Athens verleumdet hätten. Diese sind den Athenern, die hier gegen ihn zu Gericht sitzen – Asebieprozesse dieser Art verlangten ein Volksgericht mit mehreren hundert so genannten Heliasten, durch Los bestimmte Richter –, jahrelang in den Ohren gelegen, was er doch für ein schlechter Mensch sei. Und das taten sie offenbar, ohne dass ihnen jemand widersprochen hätte. Wie sonst hätten sich die Gerüchte solange halten können? Da behaupteten einige, Sokrates beschäftigt sich mit den Dingen am Himmel und mit dem Unterirdischen. Deswegen meint man auch, dass er nicht an Götter glaube. Andere sagten, er kann durch seine Reden schwarz zu weiß machen und umgekehrt.

Gegen diese Vorwürfe will er sich zuerst verteidigen. Er versteht nämlich gar nichts von solchen „Wissenschaften". Was den letzten Vorwurf angeht, so muss er zudem gestehen, dass er kein großer Redner sei, weswegen seine Ausführungen auch nicht so kunstvoll wie die seiner Ankläger ausfallen werden. Im Gegensatz zu seinen Vorrednern sage er einfach und frei heraus, was die Wahrheit ist: Er ist unschuldig, denn Unrecht hat er keines getan. Ihn als einen zu bezeichnen, der stark im Reden sei, ist nur angemessen, wenn das gleichbedeutend damit wäre, immer auch die Wahrheit zu sagen.

Zu Recht ließe sich fragen, was er denn getan hätte, dass ihm eine solch schlimme Nachrede entstanden ist, denn irgendwie muss er sich ja schlecht benommen haben, sonst würde man nicht so übel über ihn reden. Es ist, sagt Sokrates, eine „Art von Weisheit" schuld an dem bösen Leumund. Sokrates hält diese Weisheit allerdings für etwas zutiefst Menschliches. Er erzählt den Athenern den Ursprung des Ganzen: Chairephon, der ein Freund von Sokrates war und den alle Athener offenbar kennen, hatte beim Orakel von Delphi gefragt, ob irgendjemand weiser sei, als er, Sokrates. Woraufhin die Pythia, die Seherin des Apoll, damals prompt geantwortet hatte, dass niemand weiser sei als er.

„Eigenartig", habe Sokrates sich damals gedacht, „ich weiß doch eigentlich gar nichts, und da soll ich der Weiseste sein?" Der Gott musste das irgendwie anders verstanden haben, denn er dürfte wohl nicht Unrecht haben – Götter täuschen sich höchst selten. So fasste Sokrates den Entschluss, zu prüfen, was es mit dem Wort des Gottes auf sich hat. Er ging zu jemandem, den alle für unglaublich gescheit halten, ein Politiker war es, und fragte ihn daraufhin aus, was der denn so alles wisse. Es stellte sich heraus, dass der Mann zwar vielen und vor allem sich selbst weise vorkam, fühlte man ihm aber auf den Zahn, bemerkte man recht schnell, dass das gar nicht der Fall sei. Besonders beliebt hat sich Sokrates dabei allerdings bei dem Mann nicht gemacht. Derjenige, den er gefragt hatte, war vielmehr ziemlich wütend, zumal wegen der Umstehenden, die alles gehört hatten. Sokrates aber dachte sich, weiser als dieser Mann, ist er nun jedenfalls. Und er kommt zu dem Schluss:

„Denn es mag wohl keiner von uns beiden etwas Rechtes oder Besonderes wissen; aber dieser meint etwas zu wissen, weiß aber nichts; ich aber, wiewohl ich nicht weiß, glaube ich es auch nicht. Ich scheine also um dieses winzige Etwas weiser zu sein als er, daß ich, was ich nicht weiß, auch nicht zu wissen glaube" (*Apologie* 21d).

Nachdem er noch mehrere Politiker befragt hatte, ging er zu den Dichtern. Diese stehen allgemein im Ruf, allerhand zu wissen. Sokrates fragte sie zu ihren besten Gedichten. Nun schienen wiederum alle Dabeistehenden weit mehr und sehr viel Sinnvolleres über diese Gedichte sagen zu können, als die Dichter selbst, was denen, als es so offen zutage trat, auch nicht behagte. Zuletzt ging er zu den Handwerkern. Diese wissen wenigstens etwas von ihren Künsten und tatsächlich, sie verstanden etwas davon. Weil sie aber das verstanden, meinten sie auch, in allen anderen wichtigen Dingen ganz hervorragend Bescheid zu wissen, womit es freilich auch wieder nicht weit her war. Diese Dummheit aber überragte ihren Sachverstand bei weitem, und weil Sokrates das zutage gefördert hatte, war er auch bei diesen verhasst. Andererseits, dachte er, musste man den Spruch des Orakels genau in diese Richtung interpretieren.

„Es scheint aber, ihr Athener, in der Tat der Gott weise zu sein und mit diesem Orakel dies zu sagen, daß die menschliche Weisheit sehr weniges nur wert ist und gar nichts. Und er scheint den Sokrates hier zu nennen, sich aber nur meines Namens dabei zu bedienen, indem er mich zum Beispiel erwählt, wie wenn er sagte: unter euch, ihr Menschen ist der der Weiseste, der wie Sokrates einsieht, daß er in der Tat nichts wert sei, was die Weisheit anbelangt" (*Apologie* 23af.).

Seitdem er das eingesehen hat, geht er überall herum, und fragt die Leute, die etwas zu wissen glauben, in Wirklichkeit aber gar keine Ahnung von dem haben, worüber sie reden. Viele Jüngere haben daraufhin angefangen, nachdem sie mit ihm zusammen gewesen waren, die Leute auf dieselbe Art zu fragen, und auch diese stießen auf den gleichen Befund. Die Befragten aber, statt sich an die eigene Nase zu fassen, schimpften dann auf Sokrates, er verderbe die Jugend, erforsche die Dinge am Himmel und könne Unrecht zu Recht machen. So jemand glaube aber gewiss an keine Götter. Wegen der Dichter nun habe ihn Meletos angeklagt, wegen der Handwerker und Politiker Anytos und wegen der Redner Lykon.

Das Entscheidende im Leben ist es offenbar, das Gute zu wissen und es lehren zu können. Es gibt eine ganze Menge von Leuten, die von sich behaupteten, eben das zu können. „Sophisten" heißen diese und sie unterrichten für viel Geld die Söhne von Leuten, die sich das leisten können. Sokrates aber gibt an, von alledem nichts zu verstehen. Er ist sich also des Nichtwissens bewusst in Fragen, bei denen es um die Lebensführung geht. Was aber den Tod angeht, so fürchtet er diesen nicht. Denn wer weiß denn, ob der Tod wirklich ein Übel ist. Vielleicht ist der Tod ja für den Menschen das größte von allen Gütern (*Apologie* 29af.). Er, Sokrates, weiß nichts Genaueres darüber, aber wer meint, darüber mehr zu wissen, der lügt und weiß in Wirklichkeit wieder nichts.

Walter Bröcker (1999, 30) schreibt zu all dem: „Sokrates geht an die Grenze des Menschseins; das, was dem Menschen gut tut, kann er zuletzt nicht wissen. Dieses Wissen darüber, was das Gute ist, fehlt nicht nur seinen Zeitgenossen, sondern dem Menschen eben als Menschen. Der Mensch gerät bei der Frage zu wissen, was das Gute für ihn sei, an eine Grenze, die er nicht überschreiten kann, mit der er sich für die Zukunft abfinden muss."

Sokrates zählt noch seine Verdienste um die Stadt auf, im Rat und in den Ämtern, die er bekleidet hatte. Vor allem aber gebührt ihm der größte Dank, weil er sich so um die Bürger kümmert, dass sie besser würden. Wie der Sporn (*myops* – die Stechmücke) ein Ross antreibt, so ermahnt er sie immer wieder, indem er sie auf den öffentlichen Plätzen über ihre eingebildete Weisheit ausfragt.

Zudem berichtet er von einer besonderen inneren Stimme, die er besitzt, das *Daimonion.* Dieses warne ihn stets, wenn er im Begriff sei, etwas Unrechtes zu tun. Wahrscheinlich entstand ihm auch von daher der Vorwurf, er glaube nicht an Götter, sondern führe neue ein.

Die Athener verurteilen ihn dennoch als schuldig. Sokrates fordert indirekt die Todesstrafe für sich. Jede andere Strafe, Gefängnis oder Verbannung, hält er für sinnlos. Eine Geldstrafe könne er anbieten, für deren allergrößten Teil aber einige beim Prozess Anwesende, z.B. Kriton und Platon, bürgen müssen. Den Tod fürchtet er erstens nicht und zweitens kann ihn niemand auffordern, die Tätigkeiten, die er bisher ausgeübt hat, nämlich die Leute zu fragen, einzustellen. Das würde er in jedem Fall weitertun, schon weil es ihm der Gott Apoll befohlen habe. Auch nach der Verurteilung ist er hochgradig uneinsichtig und stur. Am Ende seiner Verteidigungsrede und nach der Verkündung des Todesurteils, fordert Sokrates die Richter auch noch dazu auf, seine Söhne mit seiner Methode zu prüfen, und wenn sie nicht, so wie er, das Richtige für die Seele, sondern Ehre und Reichtum suchten, zu verklagen und zu bestrafen. Und er ermahnt sogar die Richter, seinem Beispiel zu folgen, um die Menschen zu bessern. Sie leben schließlich weiter, er dagegen werde sterben müssen. Wer das bessere Los dabei ziehen wird, weiß Sokrates nicht, denn was es zuletzt mit dem Tod und dem Leben auf sich habe, wisse nur der Gott, nicht aber der Mensch.

4.2 Die Umstände des Prozesses

Zur Zeit des Prozesses gegen Sokrates, 399 v.Chr., herrschte in Athen eine große politische Krise. Das fünfte Jahrhundert hatte auch schon mit einer solchen begonnen, als die Perser in Griechenland einfielen. Die Griechen mit ihren Stadtstaaten und ihren internen Streitereien waren damals hoffnungslos überfordert gegen die zahlenmäßige Übermacht der Perser. Dennoch haben sie es geschafft, über Jahre hinweg den persischen Angriffen zu trotzen. Marathon, Salamis, Plataia sind die Orte der großen griechischen Siege über die Perser. Die Welt sähe heute ganz anders aus, wenn vor allem Athen dabei nicht eine so große Rolle gespielt hätte. Die Athener holten sich irgendwann die Kriegskasse des delisch-attischen Seebunds, in welche die Mitglieder, die keine eigenen Schiffe stellen konnten, einzahlten, in ihre Heimatstadt. Zur Abwehr der Bedrohung durch die Perser wurde nämlich eine ständige Militärflotte unterhalten. Der Unterhalt der Flotte und die Bauten auf der Akropolis wurden daraus finanziert, so dass das meiste Geld in Athen blieb.

Die finanziellen Ressourcen, die rege Bautätigkeit, der Flottenbau und die notwendigen Seemanöver hatten über Jahre hinweg Vollbeschäftigung zur Folge und den Athenern ging es in wirtschaftlicher Hinsicht sehr gut.

Sie engagierten sich immer mehr in Literatur (die Tragödiendichter Aischylos, Sophokles, Euripides; der Komödiendichter Aristophanes; die Historiker Herodot und Thukydides stammten aus Athen oder lebten lange Zeit hier) und Kunst (uns sind in erster Linie die Architekturreste vor allem auf der Akropolis, dann Kleinkunst und Plastiken – häufig nur als römische Kopie – erhalten); die Sophisten fanden ein weites politisches und erzieherisches Betätigungsfeld vor; und Perikles baute die Demokratie aus, indem der politisch aktive Bürger durch Tagegelder von seiner Tätigkeit leben konnte.

Das schöne Leben ließ die Athener leichtsinnig werden. Am Ende des Jahrhunderts brachen sie einen fast dreißig Jahre dauernden Krieg mit Sparta vom Zaun, den so genannten Peloponnesischen Krieg, der von 431–404 v.Chr. dauerte. Dieser Krieg dehnte sich bis Nordgriechenland und Kleinasien, in den ganzen Ägäisraum und bis nach Sizilien und Unteritalien aus. Einige waghalsige Unternehmungen brachten die militärische Niederlage und den staats- und machtpolitischen Ruin. Danach ging es politisch recht turbulent zu, und Athen hat sich letztlich von den Verlusten des Krieges nie mehr erholt. Nach dem großen Krieg kamen durch die Unterstützung Spartas die Dreißig an die Macht, welche eine totalitäre Herrschaft errichteten und politische Pogrome veranstalteten. Auch Sokrates soll angestiftet worden sein, Unschuldige, die nicht mit dem Regime kollaborieren wollten, auszuliefern. Da er sich weigerte, kam er selbst ins Visier der Dreißig; und wie es in der *Apologie* (32c–e) heißt, soll er nur durch deren Sturz davongekommen sein.

Athen war zur Zeit des Sokrates ständigen politischen, ökonomischen und sozialen Krisen ausgesetzt. Es besteht der Verdacht, dass solche Situationen der Orientierungslosigkeit für den einzelnen und eine ganze Gesellschaft für philosophische Neuanfänge besonders anfällig sind, da die traditionellen Antworten auf die Fragen des Lebens nicht mehr ausreichen. Wenn in der äußeren Welt kein rechter Halt mehr für den Menschen zu finden ist, sucht er sich einen neuen.

Die Krise des fünften und vierten vorchristlichen Jahrhunderts ist durch die Demokratie und die Rolle der Sophistik in Athen[20] ausgelöst

20 Da wir heute geneigt sind, die Demokratie zu schätzen, und gebildet genug sind, die Sophistik als große Aufklärungsbewegung in Griechenland zu deuten, gilt diese These in wissenschaftlichen Kreisen vielfach als überholt. Die Expedition Athens nach Sizilien wäre aber ohne die spezifische politische Situation nicht möglich gewesen, und die war massiv von der sophistischen Aufklärung geprägt,

worden und endete in einem großen, jahrelangen Krieg; Augustinus schrieb zur Zeit, als das römische Reich zerfiel, an der Grenze der Antike zum Mittelalter; Descartes versuchte zu Beginn der Neuzeit das gesamte Wissen auf eine neue Basis zu stellen und gegen alle Zweifel abzusichern. Eher philosophische Auslöser für Neuanfänge finden wir bei Kant, Husserl, Heidegger oder Wittgenstein – der letzte allerdings ohne Traditionsbezug. Aber auch diese wollten einen absoluten Neubeginn in der Philosophie.

Die Hilflosigkeit im Äußeren soll oftmals durch Sicherheit im Inneren überwunden werden. Das Äußere ist durch Vielfalt und Unübersichtlichkeit gekennzeichnet, das Innere durch Einfachheit und Durchschaubarkeit. Die Welt wird von einem Punkt aus erklärt, archimedisch sozusagen: Habe ich einen genug langen Hebel und einen festen Punkt, kann ich die Welt aus den Angeln heben. Von daher ergibt sich eine unbezweifelbare Ausgangslage und eine Übersicht über alles, was sich in der Welt findet. Am Anfang steht eine einfache Entscheidung, wie die Platons zwischen Meinung (*doxa*) und Wissen (*epistêmê*). Daraus wird ein theoretisches Konstrukt geschmiedet, das danach eine praktische Relevanz entfalten soll.

4.3 Die Verteidigungsrede als Schrift Platons

Es lassen sich vier einschlägige Gründe anführen, die Schriften Platons mit der *Apologie* beginnen zu lassen: Die Verteidigungsrede steht am Anfang der Verurteilung und Hinrichtung von Sokrates durch den athenischen Staat, die für Platon so unfassbar gewesen war, dass er den Glauben an diesen Staat und den Einfluss der Philosophie auf die Politik schier verlor. Mit der Apologie hat Platon seine Verzweiflung aufgearbeitet. Zweitens handelt es sich weitgehend um einen Monolog, während die anderen Schriften Platons Dialoge darstellen. Als Platon mit dem Schreiben beginnt, so könnte man meinen, ist er sich seiner darstellerischen Mittel noch nicht sicher gewesen. So verlegt er sich erst einmal auf das Ausführen dessen, was Sokrates vor Gericht gesagt hat. Das ist ein-

welche viele Grundlagen für die demagogische Manipulierung verbreitet haben. Bei dieser Sicht auf die Dinge, dürfen wir gewiss nicht vergessen, dass die Quellen, die wir darüber haben, in erster Linie von Platon stammen, der in der Frage recht einseitig gegen die Demokratie und die Sophistik eingestellt ist.

facher als das Konstruieren von Dialogen, das Platon erst später lernen wird. Drittens handelt es sich immerhin um die Verteidigungsrede seines Lehrers Sokrates. Platon mag die Sprache etwas geglättet und stilisiert, und das, was Sokrates in Wirklichkeit vor dem Athener Gericht gesagt hatte, in eine gewisse Ordnung gebracht haben, aber er wird wohl kaum die Worte seines Meisters in dieser entscheidenden und existentiellen Situation verschwiegen und statt dessen seine eigene Rede überliefert haben. Später kann die Verteidigungsrede aber nicht verfasst worden sein, weil er sich dann nicht mehr erinnert haben wird. Viertens gibt es in der *Apologie* keinen Verweis auf die späteren sogenannten Lehren Platons, die „Erinnerungslehre" oder die „Ideenlehre", und keine für die anderen Dialoge typischen Begriffsbestimmungen (vgl. hierzu Heitsch 2004, 163).

Was Sokrates vor Gericht gesagt hat, wissen wir nicht. Als Platons Schrift erschien, mögen sich noch einige daran erinnert haben, denen dann gleich aufgefallen wäre, dass Platon uns da seinen eigenen Text unterjubelt. Sollte Platon allerdings tatsächlich so dreist gewesen sein, uns seinen Text als den Wortlaut von Sokrates auszugeben, stellt sich die Frage: Was hat Sokrates denn tatsächlich vor Gericht gesagt? Und: Welche Inhalte oder Überzeugungen stammen dabei von ihm und welche sind gedankliche Weiterentwicklungen von Platon?

Tatsächlich glaubt niemand, dass Sokrates das alles vor Gericht wortwörtlich gesagt hat, wie es bei Platon steht. Ebenso gibt es berechtigte Zweifel daran, dass die *Apologie* die erste Schrift Platons ist. Diese Ansicht ist auch sehr gut zu begründen:

Die *Apologie* steht im Zusammenhang mit anderen Texten rund um den Prozess. Der textimmanenten zeitlichen Ordnung nach steht an erster Stelle der *Eutyphron*. In diesem spricht Sokrates mit dem gleichnamigen Theologen darüber, was das Fromme ist. Sokrates trifft Euthyphron vor dem Prytaneion, dem staatlichen Amtsgebäude, in dem er Formalitäten wegen der gegen ihn eingereichten Klage zu erledigen hat. Dann folgt die Verteidigungsrede vor Gericht, die *Apologie des Sokrates*, dann der *Kriton* über das rechte Tun, in dem Kriton Sokrates überreden will, aus dem Gefängnis zu fliehen, nachdem die Wächter bestochen wurden. Am Ende steht das letzte Gespräch vor dem Tod, der *Phaidon*, in dem es um die Unsterblichkeit der Seele geht und in dem am Ende geschildert wird, wie Sokrates den Giftbecher trinkt und stirbt. Dass Platon diese vier Episoden zusammen komponiert hat, steht außer Frage.

Ernst Heitsch nennt eine Reihe von Gründen, die dafür sprechen, dass die *Apologie* etwa 15 Jahre nach der Hinrichtung des Sokrates geschrieben wurde (vgl. Heitsch 2004, 164 f.): Zunächst einmal sprechen sprachliche Untersuchungen gegen eine ganz frühe Abfassung des Textes. Der *Euthyphron* ist dagegen auf jeden Fall nach Platons erster Sizilienreise entstanden (vgl. ebd.). Die Qualität der „Selbstdarstellung" von Sokrates ist so gut, dass es sich schon um ein reiferes Werk handeln muss, und in keinem Fall ein Erstling sein kann. Anytos ist der berühmteste der Ankläger gegen Sokrates, er erhält aber in der Apologie nur wenig Raum (Sokrates führt darin seine Unterredung nur mit dem Hauptkläger Meletos). Diesen Umstand hat Platon im *Menon* ausgeglichen, in dem Anytos ausführlicher charakterisiert wird. Zudem ist dort seine Vernachlässigung in der *Apologie* dadurch ausgeglichen, dass Anytos eine Reihe von Drohungen gegen Sokrates ausspricht, die zum Prozess passen. Da der *Menon* später geschrieben wurde und die beiden Schriften diese Parallele aufweisen, muss die *Apologie* ebenfalls später geschrieben worden sein. Die Inhalte der Anklagen in der *Apologie* (Meletos) und im *Menon* (Anytos) sind identisch. Anytos bringt diese selbstbewusst vor, während der „politische Aktivist" Meletos im Dialog mit Sokrates vor Gericht immer nur das zugibt, was dieser ihm gerade abnötigt. In *Apologie* 39cd beschreibt Sokrates den politischen Mord an ihm als unergiebig, denn seine Nachfolger werden seine Sache heftiger vertreten. Nach Heitsch dürfte Platon damit auf den schon erschienenen *Gorgias* anspielen, welcher die politische Agitation der Zeit heftig kritisiert. Dieser Dialog muss also schon vorher geschrieben worden sein. Und der letzte Grund: Sokrates befragt auf ihr Wissen hin zuerst die Politiker, dann die Dichter und schließlich die Handwerker. Die ersten wissen gar nichts, die zweiten nur aufgrund „göttlicher Inspiration" und die dritten wissen tatsächlich etwas Bestimmtes, glauben aber deswegen, dass sie auch über alles andere Bescheid wüssten. In der *Apologie* heißt es allerdings nach der Schilderung der Prüfung der Dichter, dass Sokrates „auch wieder" (*Apologie* 22b) den gleichen Eindruck hatte wie bei den Politikern. Das kann nicht sein, weil diese nach der ersten Textstelle gar nichts wussten. Allerdings gibt es im *Menon* eine Stelle (99bc), in der Sokrates behauptet, die Politiker wissen etwas aufgrund von Vermutung genauso wie die Orakelsänger und Seher, aber eben nicht aufgrund von Einsicht. Das „auch", das nicht in die *Apologie* passt, bezieht sich also offenbar auf die Erinnerung Platons an die Argumentation im *Menon*. Platon ist also ein kleiner Fehler unterlaufen, der uns darauf führt, dass er die *Apologie* nach oder zusammen mit dem *Menon* geschrieben hat.

Dem philologisch unbedarften Leser mag so etwas spitzfindig erscheinen; wegen eines kleinen „auch" so weitgehende Folgerungen abzuleiten. Wir ersehen daraus aber vielmehr, wie wichtig ein sehr genaues Lesen ist. Dann fällt einem nämlich auf, dass das „auch" nicht zur Argumentation an der anderen Stelle passt, und man muss sich fragen, wie es dahin gekommen ist. Es könnte z. B. später durch eine Abschrift eingefügt worden sein, also gar nicht von Platon selbst stammen. Aber eine solche Deutung kann man durch einen Vergleich ausschließen, wenn es verschiedene Handschriften gibt, die unabhängig voneinander sind. Das „auch" gehört aber in den Text. So ein „auch" ist letztlich keine Kleinigkeit, wenn es tatsächlich nicht in den Text passt, und schön ist es, dass es hineingerutscht ist, weil wir dadurch die anderen Argumente noch einmal unmittelbar durch eine Textstelle stützen können.

4.4 Der historische Sokrates

Was heißt das jetzt aber für den Wortlaut von Sokrates vor Gericht? Ist doch alles von Platon stilisiert? Spricht hier gar nicht Sokrates, sondern ausschließlich Platon zu uns, deswegen, weil er seinen Meister als den vollkommenen Menschen und Philosophen schildern und hervorheben will?

Das Auffälligste am Inhalt der Verteidigungsrede ist die Skepsis des Sokrates, soweit sie sich gegen das für die Lebensführung des Menschen entscheidende Wissen stützt. Offenbar kann ein solches Wissen nicht positiv, also in ganz konkreten Inhalten, angegeben werden. Wie schon in der Einleitung betont, bleibt dieses Nicht-Wissen aber nicht bei der zynischen Konstatierung, dem Eingeständnis, nichts zu wissen oder nichts wissen zu können, stehen. Genauso wie die von ihm Geprüften muss Sokrates sich wohl vorher schon selbst geprüft haben, was man über das richtige Tun und Leben wissen kann. Die Prüfung selbst wird ausgelöst durch die Sorge um die eigene Seele. Die Ergebnisse muss man verantworten können. Die Voraussetzung dafür ist aber wieder die genaue Prüfung dessen, wovon man überzeugt ist. Das ist letztlich keine Skepsis mehr, denn ein Ergebnis darüber, was man für richtig hält, mag später wieder zur Disposition stehen, zum momentanen Zeitpunkt aber steht fest, dass das Urteil einer Prüfung standgehalten hat. Die größere Gefahr liegt darin, die kritische Prüfung von vorne herein bleiben zu lassen (vgl. auch Wolf 1999, 36–41).

Bei Sokrates kommt noch ein wesentliches Merkmal hinzu: Er stellt sein ganzes Leben in den Dienst einer solchen Prüfung von Überzeugungen über die Lebensführung. Was philosophisch sinnvoll ist, tritt aber in Widerspruch zum Selbstverständnis derer, die eine solche Prüfung lieber unterlassen, weil sie mühsam ist und am Ende zu keinen gesicherten Ergebnissen führen kann. Diese Unsicherheit aber ist schwer zu ertragen. Sokrates hebt sich dagegen von allen ab, weil er völlig unerschrocken und kompromisslos, ja geradezu radikal, für sein Leben nur die Prüfung von Überzeugungen und damit seiner eigenen Seele wählt, sich also vollständig in die Zerrissenheit und Ambivalenz des menschlichen Lebens selbst stellt – und das in voller Konsequenz, die auch den eigenen Tod nicht scheut.

Wenn das der Kern dessen ist, wie Sokrates tatsächlich vor Gericht agierte, so hat Platon das in seiner Verteidigungsrede exakt getroffen. Platon hat mit seiner Darstellung das Geschehen in seiner Bedeutung sicher überhöht und stilisiert. Aber das ist zu verstehen, wenn wir bedenken, wie einschneidend und existentiell die Hinrichtung seines Lehrers für ihn war. Neben einigen Inhalten, welche Sokrates wahrscheinlich tatsächlich von sich gegeben hat, z. B. dass niemand freiwillig Unrecht tut, dass Unrecht tun übler als Unrecht leiden ist und dass die Glückseligkeit vom rechten Tun abhängt (vgl. Heitsch 2004, 168), sind für die Darstellung Platons insbesondere die formalen Anforderungen an die Gattung der Prozessrede ausschlaggebend. Insgesamt kann mit Erler gesagt werden: „Die Sokratesfigur in der Apologie ist jedoch so gestaltet, daß Komponenten historischer Wirklichkeit mit Idealvorstellungen verbunden werden, die Platon als Merkmal des wahren Philosophen ansieht“ (Erler 2006, 70).

4.5 Die Widerlegung der Anklage

Der formale Aufbau einer Prozessrede, an der sich Platon orientiert, besteht aus einer Einleitung, dem Inhalt der Anklage, deren Widerlegung und einem Abschluss (vgl. Heitsch 2004, 166). Nach der Widerlegung fügt Platon eine Selbstcharakterisierung von Sokrates ein (*Apologie* 28b bis

34b). Vorgesehen sind nach der Verkündigung des Urteils die Anträge zum Strafmaß. Die Kläger hatten für die Todesstrafe plädiert. Der Verurteilte kann nach seiner Verteidigung einen Gegenvorschlag einbringen, über den durch die Richter abgestimmt wird. Ein Schlusswort nach der Verhängung der Strafe war dagegen üblicherweise nicht vorgesehen (vgl. ebd., 180).

Das Gericht setzt sich aus 500 Laienrichtern zusammen, einfachen Bürgern, die über schuldig oder nicht schuldig im Sinne der Anklage und im Falle der Schuld über das Strafmaß abstimmen. Es geht dabei klarerweise nicht um die hermeneutisch gesicherte Einordnung in Straftatbestände, sondern um einen allgemeinen Eindruck. Vor einem solchen Gericht war es sinnvoll, an das Mitleid der Richter zu appellieren (*Apologie* 38de, 35cd, 34 de), oder eigene persönliche Verdienste um die Stadt und ihre Bürger hervorzuheben. Sokrates betont dagegen, dass es ihm allein um die Wahrheit und das Recht geht (ebd. 29b, 32de, 40a).

Er schildert sein Tun, für das er angeklagt ist, als alternativlosen Gottesdienst.[21] Dass *er* kein Unrecht begangen hat, versucht er dadurch zu erweisen, dass er den Spieß umdreht: Die Richter müssen sich von ihm prüfen lassen, ob sie auf dem rechten Weg sind (ebd. 35c, 39c). Dann wundert er sich über das knappe Ergebnis des Schuldspruchs (es hatten nur 30 Stimmen zu seinen Gunsten gefehlt), da er schließlich jahrelang verleumdet wurde. Er verspricht, wenn er den Prozess überlebt, so weiterzumachen, wie bisher, und beantragt gegen die Todesstrafe seine lebenslange Speisung im Prytaneion (die höchste Staatsehre) wegen seiner Verdienste um die Bürgerschaft, die er als einziger wirklich gebessert hätte. Am Ende erwähnt er noch einmal sein Daimonion, das während des ganzen Prozesses ruhig gewesen sei. Das zeige ihm, dass er offensichtlich alles richtig gemacht habe, da ihn seine innere Stimme sonst gewarnt hätte, wie sie es immer tat; dabei veranlasste ausgerechnet sein Daimonion, dass es zu dem Vorwurf kam, er führe neue Götter ein. Diese Rede, wenn sie tatsächlich so gehalten worden wäre, musste vor dem Hintergrund der damaligen Prozesspraxis als handfeste Provokation gewirkt haben. Sokrates dürfte dennoch etwas Ähnliches gesagt haben: Das Todesurteil fiel jedenfalls mit einer größeren Mehrheit aus als der Schuldspruch zuvor.

---

21 Sokrates meint damit freilich die Prüfung des Spruches aus Delphi; *Apologie* 20e–23b, 28e, 29a, 30a, 31a, 33c, 37e, 40b.

Das ganze Vorgehen des Sokrates vor Gericht erinnert an seine Ironie, die er auch sonst in den platonischen Dialogen zum Besten gibt. Allerdings geht es hier um seinen Kopf! Als ihm im *Kriton* angeboten wird, zu fliehen, bezeichnet er eine solche Tat als Unrecht gegen den Staat. Sollte er sich etwa, nachdem er sich das ganze Leben um die Besserung der Bürger bemüht hatte, nur weil er sterben muss, gegen das wenden, für das er sein Leben lang eintrat, gegen den Staat und sein Recht (*Kriton* 50a–52d)?

4.6 Weitere Fragen

Die Verteidigungsrede stellt uns noch vor weitere Fragen: Was ist das für eine Geschichte mit dem Orakelspruch aus Delphi? Was ist die spezifische Tätigkeit des Sokrates? Ist es eine Form des Unterrichts? In welchem Verhältnis steht der Vorwurf, er führe neue Götter ein, zum Daimonion? Und: Ist sein öffentliches Wirken als Politik zu deuten? Die Schwierigkeit dieser Fragen liegt darin, dass sie ineinander verwoben sind. Zudem bringen die Ankläger weitere, sehr verbreitete Vorwürfe gegen Sokrates vor: Er vermag die schwächere zur stärkeren Sache zu machen, ist einer von den Sophisten, welche für das Unglück der Stadt verantwortlich sind, beschäftigt sich mit Naturphilosophie und verdirbt durch seine öffentliche Tätigkeit die Jugend. Die jungen Menschen verlieren durch die Art, wie Sokrates die Leute befragt, den schuldigen Respekt vor den Älteren!

Den Einwand gegen seine spezifische Gesprächstechnik von Frage und Antwort, diese mache die stärkere zur schwächeren Sache, kontert Sokrates mit seinem Wissen um das Nichtwissen und mit der Behauptung, es gehe ihm immer nur um die Wahrheit. Der Hintergrund des Vorwurfs besteht natürlich nicht darin, dass man ein Element, das man in einer Beurteilung zu kurz hat kommen lassen, durch die Hervorhebung überbetont, wodurch es an Überzeugung gewinnt (das ist sozusagen der rhetorische Sinn), sondern dass man sich wider besseren Wissens für etwas moralisch Schlechteres, für ein Unrecht entscheidet (*Apologie* 23d). Daher ist es wichtig, dass Sokrates immer wieder betont, dass er entweder kein Unrecht getan hat, oder dass ihm ein solches nicht bewusst sei. Der Vorwurf müsste also inhaltlich stärker konturiert werden.

4.6.1 Sokrates verdirbt die Jugend

Kaum zu bestreiten war, dass gegen Sokrates, sobald man sich auf sein Frage-Antwort-Spiel eingelassen hat, nicht mehr zu bestehen war. Bei Platon wird er zudem als einer geschildert, der alle rhetorischen Tricks und alle argumentativen Schliche kennt. Der Gegner wird als einer entlarvt, der seine Urteile nicht aufrecht erhalten kann. In der Verteidigungsrede geschieht das besonders krass gegen den Ankläger Meletos (*Apologie* 24d–28a).

Der Text erweckt den Eindruck, dass Meletos auf die Fragen und die Art, wie diese von Sokrates gestellt werden, nicht sonderlich vorbereitet gewesen ist. Sokrates bestreitet ihm jede Kompetenz, die Anklagepunkte beurteilen zu können. Wenn Meletos behauptet, Sokrates verdirbt als einziger unter allen Athenern die Jugend und die Bürger, so ist das in sich wahnwitzig und empirisch freilich niemals zu halten. Würde Sokrates tatsächlich Jugend und Bürger verderben, dann würde er performativ wollen, dass er selbst in einer schlechten Stadt mit bösen Leuten lebt. Das wird aber niemand glauben können. Und der Vorwurf, er glaube nicht an die Götter, sondern führe neue ein, ist in sich schon widersprüchlich. Zudem wirft ihm Meletos konkret vor, er glaube an etwas „Dämonisches", was nur etwas von Göttern Abgeleitetes sein kann, diese also wiederum schon voraussetzt. Er unterstellt ihm also gleichsam, er glaube an Maultiere, aber nicht an Pferde und Esel. Dieser Vorwurf der Gottlosigkeit steht im Zusammenhang mit der Behauptung, er beschäftige sich mit Naturphilosophie. Ein Vorwurf ist das deshalb, weil viele Naturphilosophen, z.B. der genannte Anaxagoras, Elemente aus der Natur, z.B. Mond oder Sonne, natürlich erklären wollten, d.h. deren göttlichen Ursprung leugneten. Er, Sokrates, versteht von solchen Dingen aber gar nichts, und Meletos verklagt offensichtlich den Falschen.

4.6.2 Das Daimonion

Das Daimonion, ist für Ernst Heitsch eine „Merkwürdigkeit dieses singulären Mannes" (Heitsch 2004, 170). Sokrates schildert es als eine Art innere Stimme, die ihn seit früher Jugend warnt, wenn er etwas Falsches zu tun gedenkt. Es handelt sich also um eine Art projektives Gewissen (*Apologie* 31d, 40ab). Die Annahme, dass so etwas aus dem Nichts einen Menschen befällt, macht es freilich zwangsläufig zu einem Mysterium. Wir können aber ebenso gut annehmen, dass Sokrates schon immer etwas Grüblerisches und Zweifelndes an sich hatte. Wenn er sich Zeit seines Lebens darüber Gedanken gemacht hat, was zu tun das Richtige sei, dann hat er wohl eine intuitive Ahnung entwickelt, aus Beobachtung der Situationen, aus Erfahrung und Reflexion darüber, was um ihn herum vorgeht, und daraus, welche Reaktionen in seinem Inneren darauf antworten.

Etwas Falsches tun wir nur, wenn wir uns von der Handlung einen Vorteil versprechen. Dieser kann materiell sein oder in der Anerkennung durch andere, in der eigenen Selbstübersteigerung oder Ähnlichem bestehen. Dieser Reflex auf uns selbst als Selbst enthält eine ganz bestimmte emotionale Färbung. Wenn ein Mensch sich daran gewöhnt, solchen Selbstreflexen möglichst nie nachzugeben, dann erhält er eine emotionale Rückmeldung, wenn sich von diesem Gefühl nur eine Tendenz zeigt. Diese Selbstlosigkeit ist aber eines der wesentlichen Eigenschaften des von Platon geschilderten Sokrates – und wahrscheinlich auch des historischen. Zugegebenermaßen ist diese Überlegung sehr spekulativ; und wir können nicht wissen, was Sokrates wirklich unter seinem Daimonion verstand. Dass wir etwas tun, um damit ausschließlich den eigenen Vorteil zu maximieren, gewinnt bei Platon einen ganz bestimmten Sinn, unter dem das sokratische Daimonion schweigt: Wir erlangen nämlich dadurch, dass wir immer das Richtige tun, eine Form der inneren Zufriedenheit und Ruhe. Das Ausbleiben der Warnung aus dem Inneren und die von Sokrates empfohlene selbstbezogene Lebensführung, wie sie Platon in der *Apologie* schildert, gehen dabei zusammen.

4.6.3 Der Orakelspruch von Delphi

Die Geschichte vom Orakelspruch aus Delphi setzt weiter voraus, dass Sokrates nicht erst im Alter, sondern schon vorher seinen Mitmenschen auffällig geworden ist (vgl. Zehnpfennig 2011, 65). Es wurde in der Forschung darüber spekuliert, dass die Geschichte um Chairephon und das Orakel von Delphi eine Erfindung Platons ist (vgl. Heitsch 2004, 171).

Darüber lässt sich freilich auch wieder lange spekulieren. Solche lapidaren oder schier wahnwitzigen Anfragen gab es in Delphi wohl öfter. Die Antworten werden meist Lebensklugheiten allgemeiner Art gewesen sein,

ein wenig verklausuliert, damit es etwas unverständlich wird und Interpretationsspielraum bietet. Delphi war im Wesentlichen eine politische Instanz, das Zentrum der antiken Informationsbeschaffung. Entweder man hatte dort schon die Informationen, die benötigt wurden, oder man besorgte sie sich, indem man gezielt, wenn auch verdeckt, die Leute vor Ort nach Einzelheiten fragte. Im dortigen Heiligtum kamen Menschen aus allen griechischen Städten zusammen.

Versetzen wir uns in die delphische Priesterschaft: Was macht man mit der verrückten Anfrage des Chairephon, ob Sokrates der Weiseste sei? Wir erkundigen uns zuerst einmal, ob den Menschen, nach dem gefragt wurde, jemand kennt, und dann, was das für einer ist. Wenn Sokrates schon vorher auffällig geworden war, ließ sich wohl jemand finden, der über ihn Auskunft geben kann. Was erfahren wir da? Er fragt die Leute aus, macht sich vor anderen über diese lustig, indem er nachweist, dass die Befragten keine Ahnung davon hätten, was sie behaupten. Außerdem sagt er von sich selbst, er wisse nichts Besonderes. Sonst aber ist das ein geselliger und bekannter Mann, der sich auch mit einigen öffentlichen Größen abgibt, vor denen er nicht die geringste Scheu zu haben scheint.

Die Antwort des Orakels, dass niemand weiser sei als Sokrates, ist sicher etwas gewagt. Wir müssen jedoch annehmen, dass Delphi entweder kalkulierte, dass die Antwort keinen Schaden anrichtet oder aber, dass die Art und Weise, wie Sokrates agiert, der politischen Richtung, für die Delphi stand, nicht unrecht gewesen ist. Denn es gab dort eine starke Tendenz gegen demokratische Verhältnisse, ohne dass man sich, sicher ebenso bedingt durch ökonomische Interessen, direkt dagegen gestellt hätte. Vielleicht hat man auch einfach nur gehört, dass Sokrates die Leute unruhig macht. Ein unruhiges Athen ist für Delphi jedenfalls besser, als wenn sich dort wieder einmal alle einig sind und anfangen, Unfug zu treiben.

Wenn die Geschichte wahr ist, wäre es nicht plausibel anzunehmen, dass die Antwort aus Delphi nicht wohl kalkuliert war. Das setzt aber voraus, dass man Sokrates in Athen schon gekannt hat. Infolgedessen fühlten sich die Bürger durch Sokrates nicht erst nach dem Spruch belästigt, sondern schon vorher. Die Darstellung bei Platon sagt darüber nichts Näheres. Sokrates dagegen führt den Spruch Apolls als Anlass an, so zu handeln, wie er handelte. Die Geschichte kann seinem Untersuchen aber auch eine systematischere Richtung gegeben haben, so dass er nicht nur beliebig die Leute fragte, sondern sich gezielt bestimmte Politiker,

Dichter und sonst auch öffentlich handelnde oder sich über öffentliche Belange äußernde Handwerker befragte.

Was die Inhalte und die Wahrheit angeht, welche Sokrates vertritt, ist der Orakelspruch also völlig unerheblich. Auffällig aber ist, dass der Gott Apoll von Sokrates als Zeuge eingeführt wird. Es ist auch für die damalige Prozesspraxis üblich gewesen, Zeugen für die eigene Position beizubringen. Sokrates dagegen verwehrt sich immer wieder dagegen, weil es meistens nur um die Anzahl der Zeugen geht und nicht um die Wahrheit, welche diese sprechen (vgl. z. B. *Gorgias* 471e–472b). Ein Gott als Zeugen zu nennen, ist allerdings etwas anderes, denn der wird nicht zu den Richtern sprechen – es sei denn, man befindet sich auf dem Theater. Dass Apoll aber tatsächlich gesprochen hat, nämlich durch das Orakel, davon wäre wiederum Chairephon unmittelbar Zeuge, wenn der nicht schon gestorben wäre. Zeugen ruft Sokrates im Laufe seiner Verteidigung noch einmal an: die angeblich geschädigte Jugend. Vertreter dieser Gruppe säßen nämlich unter ihnen beim Prozess. Es sei nichts leichter, als diese zu befragen. Dagegen haben seine Ankläger keinerlei Zeugen für ihre Behauptung aufzubieten (*Apologie* 31bc, 34a).

4.6.4 Die Tätigkeit des Sokrates

Platon fügt ab *Apologie* 28b eine Selbstcharakterisierung des Sokrates ein, in der wir einiges über seine spezifische Tätigkeit erfahren. Gegen diese sprechen zwei Einwände: Erstens: Offensichtlich ist es, dass ihn sein Tun vor Gericht gebracht hat, wodurch er mit dem Tod bedroht ist. Warum aber handelt er so, wie er handelt? Später betont er sogar noch, dass er genauso weitermachen würde wie bisher, wenn die Richter ihn nicht zum Tod verurteilen, sondern freilassen oder verbannen werden. Und zweitens: Wenn er seiner Stadt schon dienen will, wie er behauptet, warum gibt er seine Ratschläge nicht öffentlich auf den Volksversammlungen, sondern beschränkt sich auf seine private Tätigkeit, indem er mit den Leuten auf dem Markt redet.

Dem ersten Hinweis begegnet er wieder mit seiner Aufgabe, die ihm der Gott gestellt hat. Er sollte also nicht nur wegen Leugnung der Götter angeklagt werden, wenn er nicht mehr das tut, was er immer tat (was ihm durch die Klage, wenn diese berechtigt ist, untersagt werden könnte), sondern die Richter würden sich nur selbst schaden, wenn sie ihm seine

Tätigkeit verbieten würden, denn dann wäre niemand mehr da, der sich um ihr wirkliches Wohl kümmert.

Das ist wieder eine blanke Provokation, die Sokrates noch steigert, indem er den Richtern im Fall der Verurteilung Gottlosigkeit und Undankbarkeit vorwirft, weil sie das Geschenk Apolls an die Athener nicht annähmen, nämlich ihn und seine Tätigkeit (*Apologie* 30a, 30de). Ein Grund für den Einwand könnte allerdings darin liegen, dass der Tod etwas Schlechtes für den Menschen sei. Das aber gerade wisse er nicht (ebd. 28b–29b, 32cd, 40c–e). Dagegen habe er den Tod, wenn es notwendig war, wie z.B. bei seinen Militärdiensten, nicht gescheut, so auch jetzt nicht, noch dazu, wenn diesmal der Befehl von einem Gott kommt und nicht bloß von Vorgesetzten (ebd. 28de, 39a).

Der zweite Selbsteinwand gegen seine politische Enthaltsamkeit, ist komplexer: Wie Heitsch spekuliert, hätte Sokrates darauf antworten können, dass er vom Reden nichts versteht. Er unterhält sich mit den Leuten in seiner Frage-Antwort-Methode, die ist aber vor größeren Mengen wie bei Volksversammlungen nicht praktikabel. Im Gegenzug sei es tatsächlich problematisch, sich als guter Bürger zu bezeichnen, öffentlich-politisch aber nicht aufzutreten. Der gute Bürger mischt sich in die öffentliche Sache ein, nicht aber in private Angelegenheiten der anderen, wie Perikles bei Thukydides ausführt. Sokrates tut genau das Gegenteil (vgl. Heitsch 2004, 175).

Platon begründet die politische Abstinenz von Sokrates in der *Apologie* mit empirischen Wahrscheinlichkeitsüberlegungen (*Apologie* 31c–32e): Sokrates behauptet, dass er die letzten Jahre nicht überlebt hätte, wäre er in der Politik gewesen. Wer mit seinen Überzeugungen öffentlich auftritt, muss der Menge auch einmal widersprechen, und dann ist es um ihn, angesichts der politischen Realität, geschehen. Schon mehrfach hätte man versucht, ihn in öffentliche Angelegenheiten hineinzuziehen, und bedroht, falls er ein Unrecht, das die damaligen Machthaber (während der Herrschaft der Dreißig) von ihm zu tun verlangten, nicht begeht. Damals hatte er Glück, dass die Terrorherrschaft bald beendet gewesen war, sonst wäre er unter dieser ermordet worden; wäre er dagegen dem Regime willfährig gewesen, hätten ihn nach dem Machtwechsel die Demokraten wegen Kollaboration angeklagt. In beiden Fällen hätte er den Auftrag Apolls nicht mehr ausführen können, und sich damit gegen den Gott gestellt. Ihm wird also vorgeworfen, was er gerade nicht getan hat.

Die Sache ist noch komplizierter: Heitsch führt aus, dass Platon immerhin drei Mal versucht hat, in Syrakus auf die politischen Verhältnisse einzuwirken. Für das Scheitern sieht er sich sozusagen in Rechenschaftspflicht, wie aus dem *Siebten Brief* hervorgeht. Heitsch verweist in diesem Zusammenhang auf die exemplarische Stelle in der *Politeia* (vgl. Heitsch 2004, 176): Im Höhlengleichnis müssen diejenigen, welche den Aufstieg geschafft haben, wieder zurück in die Höhle, um unter Todesdrohung die anderen von ihrer falschen Sichtweise zu überzeugen. Ist das aber ein Auftrag zur politisch-öffentlichen Agitation? Oder erweitert Platon durch seinen Politikbegriff nicht vielmehr die Art und Weise des politischen Tätigseins, das sich nicht nur in der Bewerbung um ein öffentliches Amt zeigt? Derjenige, welcher mit der Todesdrohung gerade wieder in die Höhle zurückgekehrt ist, um seine Mitbürger zu überzeugen (vgl. *Politeia* 520cd), ist doch gerade Sokrates. Öffentliche politische Wirksamkeit ist, so will uns Platon vielleicht sagen, vielfältiger als das, was im Normalfall darunter verstanden wird. Die Art und Weise, wie Sokrates handelt, ist möglicherweise die richtige und wirksame. Dabei dürfen wir allerdings nicht vergessen, dass unser heutiger Öffentlichkeitsbegriff sehr viel weiter gefasst ist. Die Sphären der Öffentlichkeit und des Privaten überschneiden sich zusehends. Im antiken griechischen Verständnis dagegen handelt es sich sehr weitgehend um noch völlig getrennte Bereiche.

4.7 Die Wirkung von Sokrates

In seiner Schlussrede bemüht Sokrates noch einmal sein Daimonion. Dies habe die ganze Zeit über geschwiegen, ein Zeichen dafür, dass er das Richtige tue. Offenbar sei ihm mit dem Prozess und dem Urteil etwas Gutes widerfahren. Der Tod, so interpretiert er das Schweigen seiner inneren Stimme, müsse etwas Gutes sein. Entweder ist dieser ein traumloser Schlaf, was schon zu Lebzeiten als Segen gilt, oder es gibt ein Leben nach dem Tod, wie es in den Geschichten heißt, die erzählt werden. Dort wird er dann vor den wahren Richtern stehen. Außerdem wird er im Jenseits alle berühmten Dichter und Denker sprechen können, um deren Seelen prüfen zu können. Er kann also weitermachen wie bisher, in Zukunft aber auf keinen Fall unter Todesdrohung. Diejenigen unter den Richtern, welche auch das zweite Mal für ihn gestimmt hätten, sehe er auf dem rechten Weg.

Bis zum Ende ist Sokrates also von seinem Tun und Reden völlig überzeugt. Auch angesichts des Todes büßt er nichts an Selbstvertrauen und Selbstüberzeugung ein und behält seine Ironie, die angesichts seiner Hoffnung auf das Jenseits, wo er weiterhin den eingeschlagenen Weg verfolgen kann, aus Sicht der Lebenden makaber, für diejenigen, welche ihn verurteilt haben, dagegen wie blanker Hohn wirkt.

Die Überhöhung von Sokrates über jedes menschliche Maß hinaus ist in der stilisierten Form das Werk Platons, und doch muss er sich offenbar an das historische Vorbild gehalten haben, zumindest, was die Bedeutung des Todes von Sokrates für Platon selbst angeht. Das Zeugnis, das Sokrates – und Platon mit seiner literarischen Verarbeitung – abgibt, hat seine Wirkung für die folgende Zeit gehabt. Sein Beispiel betrifft den Menschen, den wir in seinem Tun und seiner Haltung bewundern. Diese Haltung resultiert bei Sokrates aus seinen Ansichten.

In der *Apologie* macht er deutlich: Nicht der Mensch ist gut aufgrund seiner Einsicht, sondern der Gott allein. Der Mensch muss sich mühsam selbst prüfen, um Anteil am Guten zu gewinnen. Die Schwierigkeit besteht darin, dass die Untersuchung sehr mühsam ist und nie zum Abschluss gelangen kann. Den Zynismus der bloßen Skepsis vermeidet Sokrates dadurch, dass er nichts Beliebiges gelten lässt, dass er das Fundament seines Handelns in der ständigen Prüfung seiner Ansichten sieht, zuletzt, dass er darauf vertraut, dass es sich dabei um die einzig mögliche Form der menschlichen Lebensführung handelt, die erfolgreich das realisieren kann, wonach ohnehin alle Menschen streben: nach der Glückseligkeit.

Sein spezifisches Tun lag darin, nicht nur für sich selbst die anstrengende Suche durchzuführen, sondern auch alle anderen dazu zu bewegen, sich auf den Weg dieser Suche zu begeben. Er hat immer jeden dazu aufgerufen, „daß er weder für irgend etwas von dem seinigen eher sorge, bis er für sich selbst gesorgt habe, wie er immer besser und vernünftiger, wo möglich, werden könnte, noch auch für die Angelegenheiten des Staates eher als für den Staat selbst und nach derselben Weise auch nur für alles andere sorgen möchte“ (*Apologie* 36c).

Der Radikalität des Menschen Sokrates entspricht die Bedingungslosigkeit seines Fragens. In einer Zeit des Umbruchs der gesellschaftlichen Verhältnisse und ihrer Ordnungsvorstellungen tritt mit Sokrates eine neue Art des Fragens auf. Der einzelne steht dabei als Instanz von Frage und Antwort im Mittelpunkt, auch wenn er in die sozialen Verhältnisse ganz eingebettet bleibt. Diese Situation ist also nicht vergleichbar mit dem modernen Individualismus, denn Sokrates ist sich der Eingebundenheit in eine soziale und staatliche Ordnung voll bewusst, er thematisiert gerade immer dieses Wechselverhältnis.

Es bedurfte allerdings des philosophischen Genies von Platon, dieses Neue zu erkennen und ihm eine Form zu geben, welche weit über das Vorbild hinausging. Platon hat die Form des Fragens, wie es von Sokrates vorgegeben wurde, Zeit seines Lebens beibehalten. Er hat die Art des Diskutierens und Untersuchens dieser Probleme in seine Dialoge übersetzt, weil er durchweg der sokratischen Überzeugung war, dass das Entscheidende nicht im positiven Wissen, das einfach wiedergegeben werden kann, liegt, sondern in der Vergewisserung des Weges zu diesem Wissen durch ständiges Prüfen. Der Weg dieses Denkens führt bei Platon weiter als bei Sokrates. Die literarische Ausformung führt zu Ergebnissen des Nachdenkens, die zwar immer wieder gesichert werden müssen, und die auch nur sinnvoll sind, wenn sie tatsächlich nachvollzogen und verstanden werden; es sind aber keine immer wieder gleichen Untersuchungen, die sich des eigenen Fundaments schon sicher sind, wie es bei Sokrates der Fall war. Platon öffnet sich also vielmehr der Welt, seinen Mitmenschen und seinen Nachfahren. Um aber die Grundhaltung, welche er von Sokrates übernommen hat, zu bewahren, gießt er seine Untersuchungen in die Form, die er seinen Dialogen gegeben hat. Diese bewahren einerseits das Erbe seines Lehrers, andererseits geben sie einen Leitfaden und einen Gehalt über das direkte Gespräch mit den anderen hinaus – ein Weg, zu dem sich Sokrates selbst offenbar nie entschließen konnte.

Weiterführende Literatur

Ernst Heitsch, *Platon und die Anfänge seines dialektischen Philosophierens*, Göttingen 2004.

Ursula Wolf, *Die Suche nach dem guten Leben. Platons Frühdialoge*, Reinbek bei Hamburg, 1996.

Ursula Wolf, *Die Philosophie und die Frage nach dem guten Leben*, Reinbek bei Hamburg 1999.

Barbara Zehnpfennig, *Platon zur Einführung*, Hamburg [4]2011.

5. Die Schriftlichkeitskritik

Zur Schriftlichkeit eines Zeitalters gehören zwei wesentliche Momente: Einige, die etwas schreiben, und viele, die lesen können! Was geschrieben wird, und wie die Texte gelesen werden, ist allerdings nicht dasselbe. Platon ist sich dieses Sachverhalts so bewusst, dass er es vermieden hat, seine philosophischen Überlegungen in der Form von Abhandlungen zu veröffentlichen. Die Gefahr des Missverstehens schien ihm zu groß: Wie wir einen Text verstehen, hängt von unserem Vorwissen, unserem Gedächtnis und von den Umständen ab, innerhalb derer wir etwas zur Kenntnis nehmen, und eben nur zum Teil vom Text selbst. Haben wir etwas Geschriebenes zur Hand, meinen wir zudem, dass wir uns die Inhalte nicht mehr merken müssen. Aber das Verstehen muss immer jeder selbst leisten und was jemand nicht im Kopf hat, das gibt es für ihn nicht. Einige haben aus der Stelle im *Phaidros* gefolgert, dass Platon in seinen Schriften nur Vorläufiges niedergelegt hat. Seine wahren Ansichten dagegen habe er dem inneren Kreis der Akademie als eine Art Geheimlehre vorbehalten.

5.1 Der Mythos von Theuth und Thamus (*Phaidros* 274b–277a)

Der *Phaidros* ist ein Schlüsseldialog Platons (vgl. Wieland 1999, 13). Das Gespräch zwischen Sokrates und Phaidros, dem Schüler des berühmten Athener Redenschreibers Lysias, greift ein damals gerade aktuelles Thema auf: Das Zeitalter, in dem das meiste Wissen mündlich tradiert wurde, ist zu Ende gegangen. Alles wurde verschriftlicht, es kam ein erster Buchmarkt auf, auch wenn die Werke – alte, von den großen Dichtern, und neue, allen denkbaren Inhalts – noch nicht gedruckt wurden, sondern abgeschrieben werden mussten (vgl. Erler 2006, 86). Das Thema, das Platon an dieser Entwicklung interessiert, ist die Frage, wie es um das Wissen bestellt ist, welches schriftliche Zeugnisse vermitteln.

Damals wie heute scheint klar zu sein, dass wir erstens aus Texten, wenn wir sie lesen oder hören, etwas lernen können, und dass zweitens das darin enthaltene Wissen ohne die schriftliche Fixierung verloren ginge. Geschriebenes konserviert das Gedachte; und so schließen wir daraus: schriftliche Zeugnisse entlasten unser Gedächtnis, und wir sind jederzeit in der Lage, uns mit Hilfe eines Schriftstücks an das zu erinnern, was an Wissensgehalt in diesem Text steckt. Wissen wird durch die Verschriftlichung verfügbar. Platon ist sich dessen auch vollkommen bewusst. Und doch übt er heftige Kritik an dieser Auffassung.

Zunächst geht es in dem Gespräch gar nicht um Schriftliches. Sokrates und Phaidros haben sich an einem idyllischen Platz am Fluss unter den Bäumen vor den Toren Athens niedergelassen. Phaidros hat eine Rede von Lysias parat und Sokrates argumentiert gegen deren Thesen. Die Frage – es geht um die Liebe – weitet sich typisch sokratisch aus. Sokrates entwickelt eine Theorie darüber, über was man reden soll und wie man das nach der rechten Weise tut. Am Ende kommen die beiden auf die rechte Art des Schreibens zu sprechen. Sokrates sagt, er kenne eine Geschichte, welche Auskunft darüber gibt. Die Wahrheit aber, so schränkt er gleich ein, werden nur diejenigen kennen, welche die Geschichte erfunden haben. Aber würden wir diese schon kennen, dann bräuchten wir uns über menschliche Urteile generell keine Gedanken mehr zu machen. Oder? „Lächerliches fragst du!“, antwortet Phaidros. So erzählt Sokrates:

„Ich habe also gehört, zu Naukratis in Ägypten sei einer von den dortigen alten Göttern gewesen, dem auch der Vogel, welcher Ibis heißt, geheiligt war, er selbst aber, der Gott, habe Theuth geheißen. Dieser habe zuerst Zahl und Rechnung erfunden, dann die Meßkunst und die Sternkunde, ferner das Brett- und Würfelspiel, und so auch die Buchstaben. Als König von ganz Ägypten habe damals Thamus geherrscht in der großen Stadt des oberen Landes, welche die Hellenen das ägyptische Theben nennen, den Gott selbst aber Ammon. Zu dem sei Theuth gegangen, habe ihm seine Künste gewiesen und begehrt, sie möchten den anderen Ägyptern mitgeteilt werden. Jener fragte, was doch eine jede für Nutzen gewähre, und je nachdem ihm, was Theuth darüber vorbrachte, richtig oder unrichtig dünkte, tadelte er oder lobte. Vieles nun soll Thamus dem Theuth über jede Kunst dafür und dawider gesagt haben, was weitläufig wäre alles anzuführen. Als er aber an die Buchstaben gekommen, habe Theuth gesagt: ‚Diese Kunst, o König, wird die Ägypter weiser machen und gedächtnisreicher, denn als ein Mittel für den Verstand und das Gedächtnis ist sie erfunden.‘ Jener aber habe erwidert: ‚O kunstreichster Theuth, einer versteht, was zu den Künsten gehört ans Licht zu gebären; ein anderer zu beurteilen, wie viel Schaden und Vorteil sie denen bringen, die sie gebrauchen werden. So hast auch du jetzt als Vater der Buchstaben aus Liebe das Gegenteil dessen gesagt, was sie bewirken. Denn diese Erfindung wird der Lernenden Seelen vielmehr Vergessenheit einflößen aus Vernachlässigung des Gedächtnisses, weil sie im Vertrauen auf die Schrift sich nur von außen vermittels fremder Zeichen, nicht aber innerlich sich selbst und unmittelbar erinnern werden. Nicht also für das Gedächtnis, sondern nur für die Erinnerung hast du ein Mittel erfunden. Und von der Weisheit bringst du deinen Lehrlingen nur den Schein bei, nicht die Sache selbst. Denn indem sie nun vieles gehört haben ohne Unterricht, werden sie sich auch vielwissend zu sein dünken, obwohl sie doch unwissend größtenteils sind und schwer zu behandeln, nachdem sie dünkelweise geworden sind statt weise'" (*Phaidros* 274c–275b).

Auch Phaidros hört gerne Geschichten: Sokrates habe allerdings angekündigt, dass es ihm um die Wahrheit ginge. Wenn er nun aber nur Geschichten erzähle, dann kann er vieles vorbringen und sich ausdenken, was kein Mensch überprüfen kann. Sokrates entgegnet ihm, dass es keine Rolle spielt, wer etwas erzählt und wie er es erzählt. Früher hätte man offenbar mit großer Naivität sogar den Bäumen und den Steinen gelauscht, aber die Jüngeren wie Phaidros glaubten nicht mehr an solche Dinge – als ob es nicht egal sei, wer spricht, wenn er nur die Wahrheit sagt. Letztlich geht es also um die Sache und nicht darum, wie diese vorgebracht wird, was Phaidros reumütig eingesteht. Und er fügt hinzu, dass er auch für richtig hält, was der König gesagt hat, als er befürchtete, dass das Gedächtnis durch die Buchstaben eher geschwächt als gestärkt wird.

Wir können davon ausgehen, dass Platon sich die Geschichte ausgedacht hat. Sie ist auf typische Weise konstruiert. Thamus zählt zuerst einige Fertigkeiten auf: Zahl, Rechnung, Messkunst, Sternkunde, dann kommen sonderbarerweise Brett- und Würfelspiel hinzu, die wohl nur der Unterhaltung, aber nicht der Wissenschaft dienen können. Schließlich kommt er zu den Buchstaben, um die es geht – wohlgemerkt nach dem Vergnügen. Platon will uns damit offenbar sagen, dass die Buchstaben auch zum Spiel verwendet werden können.[22] Daraufhin spricht Theuth über den Nutzen, den diese Erfindungen haben: Die Buchstaben, so meint er, dienen dem Gedächtnis und der Erinnerung.

Hier sind einige Unterscheidungen von Interesse: Erstens ist der eine der Künstler und Erfinder, der andere kann die Fertigkeit beurteilen.

22 Das klingt an dieser Stelle noch relativ überzogen. Tatsächlich entbrannte um diese Frage eine Forschungsdebatte – ich komme unten noch darauf zurück.

Gedächtnis und Erinnerung werden zweitens nicht gestärkt, sondern geschwächt, weil man mehr vergisst und meint, man muss sich nicht so viel merken. Damit geht drittens der Unterschied zwischen dem Wissen der Sache selbst und dem bloßen Schein ohne echten Unterricht im Dialog einher. Das führt nun viertens entweder zur Vielwisserei oder zum „Dünkelwissen", nicht aber zu Einsicht und Wissenschaft. Die Erinnerung kann allenfalls für einen selbst gestärkt werden, wenn man das, was man weiß und wirklich gelernt hat, für sich aufschreibt.

Heute wird zuweilen die Meinung vertreten, wir müssten gar nicht mehr so viel wissen, wir müssten nur lernen, an welcher Stelle wir nachsehen müssen, um das zu erfahren, was wir gerade brauchen. Inzwischen bietet das Internet so viele Informationen über alle Themen, dass wir dort offenbar alles, was gewusst wird und wissenswert ist, nachsehen können. In der Pädagogik favorisiert man auch das so genannte „Problemorientierte Lernen". Die Lernenden sollen sich ihr Problem unter bestimmten Vorgaben selbst suchen und interaktiv die Möglichkeiten eruieren, um dieses zu lösen und es am Ende zu präsentieren. Die Lehrenden moderieren das Ganze nur noch, geben den Problemhorizont vor und liefern nur wenige Informationen. Dass so etwas Sinn macht, ist keine Frage. Motivierung, Kreativität und Selbständigkeit werden so angeregt und gefördert. Der Lernumfang wird dadurch allerdings erheblich eingeschränkt. Die Grundfrage bleibt: Was müssen wir wirklich wissen, um die Fülle an Informationen zu überblicken und sinnvoll ordnen zu können?

In dieser Frage steckt noch ein weiteres Problem, auf das die Geschichte ebenso aufmerksam macht: Gibt es einen Unterschied zwischen dem „Wissen" und dem „Einsehen"? Thamus spricht eine sokratische Gedankenfigur an, die wir schon aus der *Apologie* kennen, wenn er sagt, die Leute meinen oftmals, etwas zu wissen, kennen sich aber tatsächlich nicht wirklich aus. Der Inhalt kann falsch oder richtig sein; wenn wir keine Begründung für das haben, was wir zu wissen glauben, ist daran nicht viel. Falsche Meinungen zu haben, „dünkelweise" zu sein, ist besonders arg. Aber selbst wenn das Wissen, das wir haben, korrektes, also wahres Wissen ist, kann es irrelevant für das Leben und die Lebensführung sein. Und noch eine weitere missliche Möglichkeit gibt es: Wir wissen viel Wahres, aber die einzelnen Wissensbestandteile hängen gar nicht miteinander zusammen – „Vielwisserei" nennen das Thamus wie Sokrates.

5.2 Die Wissensvermittlung und das Verhältnis zum Vorwissen

Wenn jemand keine Ahnung von einer Sache hat, aber viel darüber redet, fällt das denen, welche Sachkenntnis haben, schnell auf. Die Schwierigkeit für den Faselkopf liegt darin, sich seinen ganzen unzusammenhängenden Wust merken zu müssen. Da setzt die Erinnerung durch das Geschriebene an: Im Kopf brauchen wir eine gewisse Ordnung für die Zusammenhänge, auf dem Papier kann alles quer durcheinander gehen. Geschriebenes dient also der Fixierung des Richtigen wie des Falschen. Der Unterschied liegt allein darin, dass das eine begreifbar ist. Dazu muss ich es aber erst eingesehen haben! Phaidros moniert, dass Sokrates nur eine Geschichte erzählt. Wenn etwas geschrieben oder gedruckt ist, hat es für uns offenbar einen höheren Grad an Glaubwürdigkeit. Wir lassen uns dadurch verführen, etwas als ernsthaft anzusehen, was in Wirklichkeit nur Worte sind, wenn auch geschriebene. Papier ist geduldig, heißt es.

Dass alles, was geschrieben wird, falsch ist, wäre natürlich eine überzogene Ansicht. Das Gespräch zwischen Sokrates und Phaidros lotet die Probleme mit dem Geschriebenen aber noch in ganz andere Richtungen aus: Etwas zu schreiben oder zu sagen, kann auf völlig unterschiedliche Ohren und Köpfe treffen. Es hängt ja immer von den Voraussetzungen ab, die jemand mitbringt, um einen bestimmten Sachgehalt aufzufassen. Wenn jemand etwas zu mir sagt, höre ich auch, *wie* er es sagt. Beim Geschriebenen fällt das weitgehend weg; die Möglichkeit von Missverständnissen ist also viel größer.

Sokrates hat ein Idealbild vor Augen, wie ein Wissensgehalt vermittelt werden kann: Ein einzelner wendet sich einem anderen einzelnen zu, kennt diesen und spricht zu ihm so, dass dieser es verstehen kann. Wenn er bemerkt, dass der andere nicht ganz verstanden hat, erläutert er den Sachverhalt so lange, bis beide dasselbe denken. Auch hier liegt eine Schwierigkeit vor: Ich kann einem anderen das Verstehen nicht eintrichtern – „Einsehen“ muss jeder immer selbst und für sich.

Sokrates vermittelt diese Einsicht nach und nach: Er ist der Meinung, dass sich das Problem mit den Schriften so ähnlich auch bei Gemälden findet. Auch ein Bild, wenn man etwas an diesem nicht versteht, antwortet nicht auf Fragen. Bilder deuten sich selbst nicht aus. Man sieht immer nur dasselbe; schlimmer freilich noch, wenn das Bild gar nicht als Bild erkannt wird (vgl. auch *Politeia* 598b ff.). Und so enthält auch ein Text immer das Gleiche, auch wenn man Fragen an ihn hat. Diese werden nicht beantwortet. Und wenn man etwas falsch versteht, kann die Schrift sich nicht schützen und sich helfen. Der Autor, heißt es dann, sei ein Tropf gewesen, der nichts von der Sache versteht, über die er schreibt. In Wirklichkeit hat man nur nicht richtig hingesehen oder nachgedacht. Ein Text spricht zu jedem gleich, zu dem, der weiß, was drin steht, genauso wie zu dem, der keine Ahnung davon hat. Die Menschen haben aber ganz unterschiedliche Vorstellungen, Vormeinungen, ein verschiedenes Vorwissen usf. Jeder versteht das, was er liest, anders und so versteht auch jeder die Schriften anders, obwohl der Autor doch nur *eine* bestimmte Meinung von dem hatte, was er niederschrieb.

Sokrates bringt ein Beispiel: Ein Landwirt, der etwas auf dem Feld aussät, muss sich vorher überlegen, welchen Samen er auf welchen Boden streut. Er muss genau darauf achten, dass dabei alles in der rechten Weise geschieht, sonst bekommt er keine zufriedenstellende Ernte. Die Griechen hatten einen Festbrauch. Sie bepflanzten im Sommer kleine Töpfe mit schnell wachsenden Pflanzen oder Blumen, so genannte „Adonisgärtchen". Diese verblühten ebenso schnell, wie sie gewachsen waren. Was schnell weitergegeben wird, dringt eben nicht, so will uns Sokrates sagen, zum Wissen durch, sondern ist so schnell weg, wie man es in sich hinein gepaukt hat. So kann es auch einem Schriftstück gehen, wenn es an den falschen Leser gerät, für den es möglicherweise gar nicht gedacht war. Auch dieses wird wie die Blumen in den Adonisgärtchen schnell verblühen.

Die Art, schnell Wissen zu vermitteln und in Reden glänzend mit dem Ziel der Überredung vors Volk zu bringen, ist die der Sophisten und Rhetoren. Es ist damit die sophistische Variante des Redens überhaupt. Die Sophisten meinen nichts wirklich im Ernst, sondern wollen nur überreden und spielen dann mit den Worten. Sie wollen schnell überzeugen. Aber so schnell sie ihre Sache auch vermitteln, ob sie vor Gericht reden oder, um ihre Schüler auszubilden, so schnell welkt auch der Gehalt an Wissen dahin, der möglicherweise in den besprochenen Gegenständen steckt. Sie vermitteln damit gar kein Wissen. Denn echtes Wissen nützt uns wirklich, es überzeugt nicht bloß von irgendwelchen Inhalten, deren Begründung wir nicht beurteilen können. Man *meint* das eben nur, ist „dünkelweise" geworden, wie Sokrates sich ausdrückt. Der Hinweis auf die Brett- und Würfelspiele noch vor den Buchstaben in der Geschichte von Thamus und Theuth hat schon auf diese Deutung verwiesen. Mit dem Selbsterinnerten, für das die Buchstaben ebenfalls gut sind, können wir später auch wieder spielen oder aber ebenso mit ernsthaftem Interesse uns Vergessenes wieder ins Gedächtnis rufen.

Ganz anders verhält es sich beim mündlichen Gebrauch der Sprache. Dann hat man den Adressaten seiner Rede direkt vor sich. Platon nennt die mündliche Rede die lebende und beseelte, von der die schriftliche nur ein Schatten ist. Diese Rede nämlich weiß, zu wem sie spricht; und wenn sie in der richtigen Weise gehalten wird, dann wird sie sich auch zum Hörenden verhalten wie der Same beim Landwirt zum richtigen Boden. Sie kann dann aufgehen und blühen und würde nicht gleich wieder verwelken. Sie weiß, wann sie schweigen muss und wann sie sich vertiefen muss, je nachdem, was der Hörer schon kennt oder verstanden hat. Auch kann sie sich helfen, wenn etwas nicht verstanden oder wenn es missverstanden wird; sie kann sich also ausdeutend erklären. Durch die unmittelbare Orientierung an ihren Adressaten, weiß sie entsprechend die Wahrheit besser zu vermitteln. Im anderen Fall könnte man sie genauso gut „ins Wasser schreiben" (*Phaidros* 276c). Besonders groß ist offenbar der Schaden, wenn es bei den Gegenständen solcher Reden um das Gerechte, das Schöne und das Gute geht.

Ebenso wie beim Landmann gibt es auch bei der mündlichen Redekunst Vorschriften für ihren rechten Gebrauch. Sokrates fasst diese Prinzipien der rechten Unterredung mit dem Ausdruck *dialektike*, die Dialektik, also die Kunst, miteinander zu reden, zusammen. In ihr geht es darum, wie man etwas so vermitteln kann, dass der andere einen versteht, damit er eine Einsicht in die Dinge bekommt. Würde man hierbei irgendeinen Unsinn reden; der andere würde es sofort merken! Die Dialektik ist die Kunst davon, über bestimmte und wichtige Dinge zu reden. Im Gespräch kann der Urheber einer Rede seinem Gesagten „beispringen", und so ist sowohl der Rede und ihrem Gegenstand als auch dem Redenden und dem Hörenden geholfen.[23] Auch das wird von Sokrates im *Phaidros* alles als ein „Spiel" bezeichnet (*Phaidros* 276de) – auch wenn er das als ernsthaftes Spiel ansieht.

Ganz ähnlich problematisch ist das bei jenen Reden, die in der Öffentlichkeit vor vielen Leuten gehalten werden. Auch hier kann der Redner nie mit ihren Seelen, das heißt mit ihren Ansichten vertraut sein, ge-

23 Vgl. zum Begriff der Dialektik aus dem *elenchos* bei Platon das dritte und vierte Kapitel in Stemmer 1992; vgl. auch Benson 2009.

schweige denn auf diese oder jene eingehen. Diese sind meistens ganz verschieden. Kunstmäßig eine Rede zu halten, erfordert aber, so Platon im *Phaidros*, eine ganze Reihe von Voraussetzungen. So fasst Sokrates zusammen:

„Nämlich ehe nicht jemand die wahre Beschaffenheit eines jeden Dinges kennt, worüber er redet und schreibt, und es an sich vollständig zu erklären imstande ist, und nachdem er es erklärt, es auch wieder in seine Unterarten bis zum Unteilbaren zu teilen, und ebenso auch mit der Seele Natur bekannt, die einer jeden angemessenen Art der Rede herauszufinden versteht, und sie dann so ordnet und ausschmückt, daß er bunten Seelen auch bunte und wohllautreiche Reden gibt, einfachen aber einfache, eher werde er noch nicht vermögend sein, so weit es die Sache erlaubt, mit Kunst das Geschlecht der Reden zu behandeln, weder um zu lehren, noch um zu überreden, wie unsere ganze vorherige Rede gezeigt hat" (*Phaidros* 277bc).

Ernst Heitsch schreibt in seinem Kommentar zu dieser Stelle über die Schriftlichkeit im *Phaidros*, dass Texte „als Mittel der Vermittlung nicht eindeutig und sicher" (Heitsch 1997, 192) sind; das Gleiche gilt für die öffentlich gehaltene Rede. „Eindeutigkeit und Sicherheit" sind nur für den Fall zu garantieren, wenn „der Sprecher sich auf einen bestimmten Partner einstellen und auf dessen Reaktionen entsprechend reagieren kann" (ebd.). Die schriftliche Mitteilung kann dagegen nur gelingen, „wenn der Empfänger an und für sich schon Bescheid weiß und nur erinnert zu werden braucht" (ebd., 193). Ein Leser, auch wenn er versteht, kann sich letztlich nur auf die eigene Autorität und Einsicht verlassen (vgl. auch Sier 2014, 330–337).

5.3 Wissen und Gedächtnis

Das Raffinierte an der Geschichte, die Sokrates erzählt, liegt darin, dass beide Ansichten über die Schrift, die des Theuth und die von Thamus, etwas Richtiges treffen. Natürlich entlasten wir unser Gedächtnis, wenn wir etwas notieren und aufschreiben können. Auf der anderen Seite werden wir aber auch unsere Gedächtnisfähigkeiten vernachlässigen und uns immer weniger merken und einprägen wollen und können. Das hat auch Auswirkungen auf das Wissen insgesamt. Wissenschaft und wissenschaftlicher Fortschritt ist ohne die Möglichkeit, etwas aufzuzeichnen, gar nicht möglich. Gerade heute aber in der Informationsflut kann man sich schnell etwas zusammenlesen und sich einbilden, etwas zu wissen und verstanden zu haben. So gibt es auf der einen Seite diese Wissensflut, andererseits aber auch das Problem, dass man immer weniger Zeit hat, sich um wirkliches Verstehen zu bemühen, um das, was Platon „Einsicht" nennt.

Die Sache ist seit Platon nicht wirklich besser geworden. Alle paar Jahre verzweifacht sich unser positives Wissen, das in den Büchern niedergelegt ist, und die Abstände, in denen die Wissenschaft unser Wissen verdoppelt, werden immer kleiner. Aber in welcher Form liegt dieses Wissen vor? Es ist verstreut: in Büchern, Forschungszeitschriften, in den Köpfen vieler tausend Menschen usw.

Aristoteles hatte fast das gesamte Wissen seiner Zeit gesammelt. Einiges ist uns wahrscheinlich nur durch seine rege Lese- und Sammelleidenschaft erhalten geblieben. Seine Bibliothek, die wohl 250 Jahre in einem Keller vor sich hin faulte, ist später von Sulla nach Rom geschafft worden. Aber auch in der Neuzeit hat Gottfried Wilhelm Leibniz wohl das gesamte Wissen seiner Zeit in sich vereinigt. Und im 20. Jahrhundert behauptet man immerhin noch von Theodor W. Adorno, er hätte einen vollständigen Überblick über das Wissen zur Musik gehabt. Jetzt aber leben wir in einer Zeit der radikalen Spezialisierung. Die Kenntnisse einzelner Menschen beschränken sich auf immer kleiner werdende Bereiche. Zwar kennen sich die Spezialisten in ihren jeweiligen eingeschränkten Forschungsbereichen ganz exzellent aus. Sie wissen darüber mehr als irgendein Mensch vor und neben ihnen, aber sie überblicken darüber hinaus kaum noch den Forschungsbereich ihrer unmittelbaren Fachkollegen. Es gibt also ein immer spezielleres Wissen um die Einzelheiten in der Welt.

Vieles von dem, was wir gelernt haben, was wir wissen, ja was wir überhaupt wissen können, liegt in schriftlicher Form vor. Wir sind daran gewöhnt, das, was wir lesen, in unterschiedlichster Weise zu verarbeiten. Wir können es lernen, uns bemühen, es zu verstehen, wir können uns davon unterhalten lassen oder Informationen daraus gewinnen, über etwas Technisches, das Tagesgeschehen usf. Wir gehen aber allgemein davon aus, dass wir, wenn wir meinen, einen Text verstanden zu haben, ihn auch richtig verstanden haben. Platon hatte an dieser Ansicht grundsätzliche Zweifel: Denn was heißt hier „richtig"? Wie die Sache der Autor versteht? Wie sie tatsächlich beschaffen ist? Wie wir sie auffassen?

Platon war der Ansicht, dass wir in den meisten Fällten nur meinen, etwas, das wir gelesen haben, auch wirklich zu verstehen. Wir bemerken das, wenn wir uns mit anderen unterhalten, die den gleichen Text gelesen haben, ihn aber ganz anders auffassen. Dann streiten wir uns entweder und jeder beharrt auf seiner Meinung oder wir nähern uns an, machen Zugeständnisse, hören zu, überlegen noch einmal oder wiederholen die Lektüre. Was aber passiert in einem solchen Fall? Es scheint uns dann aufgehen zu können, dass es nicht nur eine Lesart von schriftlichen Texten gibt, sondern dass diese Art der Sprachbenutzung oftmals sehr vieldeutig ist. Das liegt an der Sprache, wie sie der Autor verfasst hat, an dessen Meinungen und Intentionen, aber auch an uns selbst, also an unseren Meinungen und an unserem Wort- und Sprachverständnis.

Es gibt kaum einen Satz, den wir nicht ganz unterschiedlich verstehen können, wenn wir diesen in einen anderen Kontext stellen. Der Sinn eines Satzes hängt also von seinen impliziten Voraussetzungen ab, sowohl wie er gesagt oder geschrieben wird als auch davon, wie er gehört, gelesen oder verstanden wird. Die Voraussetzungen können unterschiedlich sein, also wird sich auch der Sinn verschieben. Die Annahmen, welche einem einzigen Satz zugrunde liegen, sind extrem variabel. Dass beim Verstehen von gehörten oder gelesenen Sätzen immer die beste Übereinstimmung herrscht, wäre gar zu schön. Es ist im Gegenteil genau das der Fall, was Platon im *Phaidros* beschrieben hat: Wir missverstehen meistens die Intention eines Textes oder verstehen sie zumindest in unserer jeweiligen Form. Der Autor eines Textes kann sich gegen solche Interpretationen in einzelnen Fällen kaum, wenn er etwas näher erläutert, weil er ein Missverstehen für möglich gehalten hatte, im Ganzen aber gar nicht wehren.

Zu einem unmittelbaren Gespräch gibt es dennoch einen Unterschied. Zwar finden sich dort auch Missverständnisse, und es kommt sogar vor, dass etwas ganz falsch verstanden wird – darin steckt sogar eine „Kritik der Mündlichkeit" (Erler 2006, 87–89) –, beim Gespräch haben wir aber gerade die Möglichkeit, etwas, das nicht richtig verstanden wurde – man kann das an den verschiedensten Ausdrucksformen bemerken –, zu erläutern. Wir können es in einem auf den Einwand bezogenen neuen Anlauf ausdeuten und es damit richtig stellen. Und je mehr ich mein Gegenüber kenne, umso mehr kann ich auf ihn eingehen und weiß, wann er verstanden hat, was ich ihm sagen wollte bzw. was ich gemeint hatte.

Die modernen Naturwissenschaften und überhaupt unser gesamter kultureller Austausch, die Tradierung von Wissen und seine Vermittlung sind ohne Schriftlichkeit und schriftlicher Verbreitung natürlich nicht möglich (vgl. auch Wieland 1999, 23). Die Schriftlichkeit ist ein Vehikel, generell zu jeder Zeit und speziell für die Wissenschaften, weil es in diesen wie nirgends sonst um Einsicht und Verstehen geht. Aber weder die bloße Quantität, an der heute vielfach die Qualität des Wissenden gemessen wird, noch die einfache Aneinanderreihung von Wissensinhalten, genügen den Ansprüchen des Verstehens. Das ist die Botschaft Platons: Wissen, das einfach so und unabhängig von der Form mitgeteilt werden kann, die bloße Information, ist gewissermaßen irrelevant.

Wie aber ist die Einsicht zu vermitteln? Hier, wie in allen wichtigen Dingen, ist eine unmittelbare Belehrung durch Bücher oder einen, der vor größeren Gruppen redet, gar nicht möglich. Einsehen muss man immer selbst! Jeder einzelne muss den Gegenstand, der die Einsicht bildet, gedanklich hervorbringen; alles Vorsagen in Klassenzimmern, Vorlesungen und Büchern ist da nur bloßes Gerede. Erst wenn man den Gedanken unmittelbar und selbst nachvollzogen hat, wenn man ihn selbst gedacht und auf diese Weise begriffen hat, hat man die Einsicht vollzogen. Das einsichtsvolle Wissen ist etwas ganz anderes als das lehrbare und lernbare, beschreibbare und vortragbare Wissen. Das gilt ebenso für jedes mündlich vermittelte Wissen (vgl. Erler 2006, 87 f.).

Die Stelle im *Phaidros* vermittelt in ihrem Zusammenhang eine wichtige Einsicht: Es geht „darum, jenes Beziehungsgefüge deutlich zu machen, innerhalb dessen der Wissende, der Lehrende und der Lernende mit ihren jeweiligen Intentionen sowie der Inhalt des Wissens selbst und die ihm zugeordneten sprachlichen Äußerungen mitsamt ihren schriftlichen Dokumentationen aufeinander verwiesen sind“ (Wieland 1999, 25). Niemand kann im Ernst nämlich annehmen, dass ein Gegenstand des Wissens wie eine Art Besitz sich in unserem Belieben derart befindet, dass wir ihn anderen übergeben könnten und er nichts von seiner Eigenart verliert (vgl. ebd., 23 f., 27).

Die Frage stellt sich immer wieder neu: Wie ist Einsicht zu vermitteln? Eigentlich müssen wir schon vorher wissen, um was es geht, wenn wir wirklich verstehen wollen, und wenn wir dabei auch sicher sein wollen, dass wir verstanden haben. Wenn wir das aber schon wissen, wenn wir also Einsicht haben, können wir fragen, warum wir dann überhaupt noch belehrt werden müssen. Aber damit wird die Crux des schriftlich fixierten Wissens offenbar: Um mit schriftlichen Erzeugnissen umgehen zu können, muss ich vorher schon viel wissen. Erst dann kann ich es bewerten und einordnen. Platon meint darüber hinaus nicht nur den Bereich des Wissens, der unmittelbar vermittelt werden kann, wie z.B. Kenntnisse über Techniken oder Naturzusammenhänge u. dgl., sondern wichtig ist ihm vor allem der Bereich des praktischen Wissens, also das Wissen vom Guten, vom guten Leben und vom guten Handeln. Aber auch hier haben die Menschen verschiedene Ansichten, und ganz besonders häufig meint man, all das, was dafür wichtig ist, schon zu wissen. Schleiermacher hat diesen Umstand mit „dünkelweise" übersetzt.

5.4 *Phaidros* und die ungeschriebene Lehre

Die Schriftlichkeitskritik im *Phaidros* stellt eine Schlüsselstelle dar. Das wird sofort durch die Frage ersichtlich: Warum hat Platon seine Dialoge geschrieben, wenn er davon überzeugt war, dass er damit kein Wissen vermitteln kann? Daraus entstehen noch weitere Probleme: Was ist das überhaupt für ein Wissensbegriff, den Platon vertritt? Denn offensichtlich ist, dass die Fragen und Antworten in seinem Werk wiewohl eine Methode, so keine Einsicht, keine letztgültigen und nicht einmal recht vorläufige Ergebnisse vermitteln (vgl. auch Kutschera 2002/1, 47–50).

In dieser Schwierigkeit steckt eine geradezu sokratische Ironie. Wer meint, ein bisschen etwas von Platonischer Philosophie verstanden zu haben, denkt an die Ideenlehre Platons, daran, dass die sogenannte wirkliche Welt nur ein Abbild der höheren Ideenwelt ist, und dass die menschliche Seele durch ihre Vernunft in der Lage ist, die höhere und göttlichere Einsicht in das Reich der Ideen erlangen zu können. Solche „Wahrheiten" stehen aber nirgends bei Platon, weder führt er sie explizit aus, noch werden sie als Einsichten oder Ergebnisse der Dialoge deklariert. Es gibt allerdings Hinweise: Immer wieder (vgl. Erler 2006, 86, 108 f.) bricht Platon Argumentationszusammenhänge einfach ab, verschweigt uns den Hintergrund, der das Verstehen erleichtern würde, stellt fest, dass ein Ergebnis nur vorläufig sei oder dass Sokrates aus dem Gesprächsdilemma auch keinen Ausweg weiß (Aporie[24]).

---

24 Vgl. zur Bedeutung aporetischer Ergebnisse insbesondere Erler 1987. Die platonische Aporie (Ausweglosigkeit) bezieht sich immer nur auf den dargestellten Argumentationsweg. Sie ist also erstens nicht grundsätzlich zu verstehen, und zweitens enthält sie immer das positive Moment, falsche Meinungen zurückzuweisen, sie befreit insofern vom nicht-bewussten Nichtwissen (vgl. hierzu Sheffield 2014, 296 f.).

Liegt bei all dem nicht nahe, dass er eine höhere Einsicht hat, die er uns verschweigt? Darüber hinaus gibt es eine Reihe von Stellen bei Aristoteles, worin dieser Platons Lehre als Prinzipienlehre referiert (Steinthal 2007, 291, 293).[25] Zusammen mit einer späteren Überlieferung meint man, die „wirkliche" und „ungeschriebene Lehre" Platons rekonstruieren zu können. Die These vertritt die sogenannte „Tübinger Schule", die vor allem mit den Namen der Platonforscher Konrad Gaiser, Hans Krämer und Thomas Szlezák verbunden ist.[26] Aus unserer *Phaidros*-Stelle geht klar hervor: Platon misstraute schriftlichen Darstellungen seiner Lehre, weil sie falsch verstanden werden würde; er hat sie nur mündlich innerhalb seiner Akademie seinen Schülern in unmittelbarer Unterweisung anvertraut (vgl. Steinthal 2007, 294; Blößner 2007, 249).

Doch wie soll man die Dialoge im Licht einer Theorie interpretieren, die nicht nur nicht erhalten ist, sondern selbst in ihrer Rekonstruktion aus den schriftlichen Zeugnissen ein hohes Maß an Unsicherheit aufweist (vgl. Tarrant 2000, 19 ff.), zumal Platon selbst offenbar der Meinung war, dass eine solche Theorie, über die er nicht geschrieben hatte und nie schreiben wollte (vgl. *Siebter Brief*, 341bf.), nicht schriftlich darstellbar wäre (vgl. auch Wieland 1999, 41; Kutschera 2002/3, 149 ff.).

Es gibt bei Aristoteles zudem Hinweise darauf, dass Platon in der mündlichen Unterredung innerhalb der Akademie ebenso einen „offenproblematisierenden Lehrstil pflegte" (Steinthal 2007, 292). 1804 hat Friedrich Schleiermacher die These vertreten, dass als Lehre Platons nur

25 Die sogenannte „Prinzipienlehre" Platons von der „Eins und der unbestimmten Zwei", einer Art Minimalmetaphysik, aus der sich alles bei Platon luzide rekonstruieren lassen soll, ist Dreh- und Angelpunkt der „Tübinger Schule" um Gaiser, Krämer und Szlezák. In einer Kritik von Giovanni Reales Buch (1993; vgl. auch Reale 1996, 71–77; vgl. Halfwassen 2004, 273 ff.) setzt sich Wolfgang Wieland damit grundlegend auseinander (vgl. Wieland 1999, 326–330). Alle Zeugnisse über die ungeschriebene Lehre sind von wenigen Stellen bei Aristoteles abhängig, die zudem „Unsinn" enthalten (Kutschera 2002/3, 152) und von „kolossaler Dämlichkeit" (ebd., 154) geprägt sind. Dennoch hält Kutschera die Existenz einer platonischen Prinzipienlehre für möglich (vgl. ebd., 154 ff.), wenn auch nicht als „Ableitung des ganzen Ideenkosmos", sondern als „realistisches Projekt" der „Begründung der Mathematik" (ebd., 162).

26 Vgl. für einen kurzen Überblick der Apologien zur ungeschriebenen Lehre Platons Krämer 1996, 249–275, sowie Szlezák 1996, 127–130 und Reale 1996, 75–77; sowie Krämer 1990 (vgl. auch Frede 2004, 164 ff.; sowie die pointierte Kritik bei Bordt 2004, 51–53).

seine Schriftzeugnisse gelten dürfen, also das „sokratische Gespräch" in den Dialogen. Damit verschob Schleiermacher die Unterscheidung von „mündlich" und „schriftlich" zugunsten der Differenz „zwischen Mitteilen und Verstehen" (Blößner 2007, 249).

Außer den „Tübingern" sind die meisten modernen Interpreten der Meinung, dass es eine solche ungeschriebene Lehre entweder nicht gibt oder dass sie für das, was uns Platon in seinen Dialogen sagen will, irrelevant wäre. Ausgehend von der These, dass die platonischen Dialoge keine ungeschriebene Lehre enthalten und keine unmittelbare Hinweise auf eine solche geben, könnte es Platon allein um die Dialogform gegangen sein. Er will gar kein philosophisches System aufstellen (vgl. Frede 2006, 43), sondern nur die Möglichkeiten des Umgangs mit philosophischen Problemen eruieren und aufzeigen. Dazu bedient er sich folgender Techniken:

- Des *elenchos*: der Widerlegung einer Meinung ohne positives Ergebnis einer überprüften und richtigen Ansicht.
- Der Maieutik: des dialogischen Fragens, um die Ansicht des Gesprächspartners auf das zu lenken, was er wirklich denkt, das, was sozusagen in der Konsequenz seiner Überzeugungen steckt. Dies bewusst zu machen, kann zuletzt dazu führen, dass die Ursprungsansicht aufgegeben wird.
- Der Aporie: der sogenannten Ausweglosigkeit, in die sich Sokrates wie sein Gesprächspartner tatsächlich oder scheinbar mit ihren Untersuchungen hineinmanövrieren.
- Der Ironie: der Brechung von scheinbar sicheren, allgemein verbreiteten und scheinbar realistischen Meinungen dadurch, dass diese der Lächerlichkeit preisgegeben werden.
- Des Mythos: dem Erzählen einer Geschichte.[27]

Die These, dass es bei Platon kein philosophisches System gibt, lässt sich noch dahingehend aufspalten, als es Platon entweder in seiner kritischen Haltung um die Inhalte geht, die sich durch die Untersuchungen von Sokrates ergeben, oder dass es ihm nur um die Methode geht, wie wir

27 Ein Mythos ist zunächst nichts anderes als eine Geschichte. Die Mythen, welche Platon in seinem paganen Werk erzählt, stellen ein eigenes Problem dar, welches im Sammelband von Janka u.a. 2014 sehr gut aufgearbeitet ist. Schon die attischen Tragiker sahen es als selbstverständlich an, alternative Deutungen der überlieferten Mythen zu geben. Außerdem war die Religion immer auch Staatskult; wer sich gegen die Religion aussprach, gefährdete die öffentliche Ordnung.

philosophische Untersuchungen anstellen sollen – dafür hatte Gregory Vlastos argumentiert. Darüber hinaus können einzelne Aspekte der Dialoggestaltung besonders berücksichtigt werden, wie z. B. der Rahmengestaltung der Dialoge.[28]

Es geht auch in Platons Schriftlichkeitskritik nicht darum, die Bedeutung schriftlicher Zeugnisse überhaupt zu nivellieren, so, dass jeder Text missverständlich sein *muss* (vgl. Wieland 1999, 17), sondern um den „Verzicht auf seine [„das Medium Schrift"; GF] (naive) Verwendung als vermeintlich verlässliches Mittel, eigene Einsichten zu vermitteln" (Blößner 2007, 251). Erler spricht von einem „Appellcharakter" der „Aussparungsstellen" bei Platon, die „dazu auffordern, ungelöste Probleme zu diskutieren und Leerstellen wo möglich zu ergänzen" (Erler 2006, 86).

Der Leser ist aufgefordert, sich selbst seine eigenen Gedanken zu machen; ihm wird geholfen, indem falsche Meinungen als solche entlarvt werden (*elenchos*), indem er darin bestärkt wird, die Lösungen selbst suchen zu können (*maieutike*), indem ihm gezeigt wird, dass er sich nicht von der scheinbar fest stehenden Wirklichkeit in die Irre führen lassen muss (*eironeia*), vor allem aber, indem ihm Techniken des Nachdenkens und Dialogführens an die Hand gegeben werden, eine Lösung zu finden bzw. überhaupt die Fragen in der richtigen Weise zu stellen. Dem Vorwurf, nur theoretische Belanglosigkeiten zu sezieren, würde Sokrates jederzeit dadurch begegnen, dass sich alle der von ihm gestellten Fragen zuletzt aus dem Kontext der Lebensführung ergeben und in diese zurückfließen.

Wenn schriftliche Mitteilungen die Seelen ihrer Leser nicht zwangsläufig zur Einsicht führen, so wählt Platon einen Weg, durch schriftliche Zeugnisse – seine Dialoge – seine Leser auf die Instanz zu verweisen, in welcher allein die Erkenntnis stattfinden muss: nicht im Äußeren, im geschriebenen Text, nicht in der Vermittlung durch Autorität in der Rede oder einem Gesprächspartner, sondern allein in der eigenen Seele, indem dort „durch einen abspringenden Feuerfunken plötzlich entzündendes Licht in der Seele sich erzeugt" (*Siebter Brief* 7, 341cf.). Die darin vermittelte Erkenntnis ist das Eigentliche, das Ernsthafte jeder philosophischen Bemühung – und es spielt nicht die entscheidende Rolle, woher die Erkenntnis stammt.

---

28 Platon hat ganz unterschiedliche Rahmenhandlungen gewählt. Die Rahmen werden meist auch nicht geschlossen. Die Dialoge werden z. B. von Sokrates erzählt (z. B. *Politeia*) oder von jemand anderem (*Sophistes*); der Leser wird mitten in das Gespräch geworfen und sozusagen zu dessen Zeugen (*Gorgias*) usf.

Da wir aber glauben, dass das schriftlich Niedergelegte eine besondere Fähigkeit hat, uns zur Erkenntnis zu bringen, entwickelt Platon seine Schriftkritik. Texte, und eben auch Platons eigene Dialoge – da er eben die Schwächen schriftlicher Mitteilung kennt –, berücksichtigen das zwar ganz ernsthaft, die Buchstaben selbst aber dienen nur dem Spiel: „Schreiben ist weitgehend Spielerei" (Heitsch 1997, 210) – und wenn es einem damit wirklich ernst ist, gerne auch „zum (erfreulichen) Spiel" (Blößner 2007, 251). Durch das Spiel hält der Autor nicht nur den Leser, sondern auch sich selbst in kritischer Distanz zu seinem Text.

Platon weist auf solche Umstände normalerweise direkt oder indirekt hin: Im *Phaidros* sagt Sokrates zum Schluss, dass er und Phaidros nun genug über das Reden gescherzt hätten (vgl. *Phaidros* 278b). Damit durchbricht Sokrates die dramatische Fiktion des Dialogs, spricht zum Leser und tut quasi so (vgl. Blößner 2007, 251), als wenn er als Figur des Gesprächs wüsste, dass er, Sokrates, gerade nur die Erfindung seines Autors Platon ist.

Weiterführende Literatur

Hugh H. Benson, „Plato's Method of Dialectic", in: Benson 2009, 85–99.

Norbert Blößner, „Schrift(kritik)", in: Schäfer 2007, 248–253.

Dorothea Frede, „Dialektik in Platons Spätdialogen", in: van Ackeren 2004, 147–167.

Dorothea Frede, „Platons Dialoge als Hypomnemata – Zur Methodik der Platondeutung", in: Schiemannn u. a. 2006, 41–58.

Jens Halfwassen, „Platons Metaphysik des Einen", in: van Ackeren 2004, 236–262.

Hans Krämer, „Platons ungeschriebene Lehre", in: Kobusch u. a. 1996, 249–275.

Giovanni Reale, „Die Begründung der abendländischen Metaphysik: *Phaidon, Menon*", in: Kobusch u. a. 1996, 64–80.

Frisbee Sheffield, „Das Wechselspiel von Erzählung und Argumentation im Mythos von Penia und Poros in Platons *Symposion*" in: Janka u. a. 2014, 283–301.

Kurt Sier, „Der Mythos von Theuth und Thamus: *Phaidros* 274c–275c", in: Janka u. a. 2014, 323–337.

Hermann Steinthal, „Ungeschriebene Lehre (agrapha dogmata)", in: Schäfer 2007, 291–296.

Thomas Alexander Szlezák, „Mündliche Dialektik und schriftliches ‚Spiel': *Phaidros*", in: Kobusch u. a. 1996, 115–130.

6. Phaidon und die Unsterblichkeit der Seele

Kurz vor seiner Hinrichtung im Athener Staatsgefängnis bespricht sich Sokrates mit Simmias und Kebes über die Unsterblichkeit der Seele, die er in drei Beweisgängen zu belegen sucht. Platon komponiert den Dialog aus dem Kontrastverhältnis des sokratischen Vertrauens und der Skepsis seiner Gesprächspartner. Gleichzeitig entwickelt er parallel zur Hauptdebatte einen funktionalen Seelenbegriff, der bis heute seine Aktualität nicht eingebüßt hat. Ein besonderes Problem ergibt sich aus dem Verhältnis der Seele und ihrer vielfältigen Funktionen (Aufrechterhalten des lebenden Organismus, Wahrnehmen, Streben und Handeln, Denken, Lernen, Erkennen usf.) zu ihrem Vollzugsorgan: dem Leib.

6.1 Die Beweise für die Unsterblichkeit (*Phaidon* 70d–107a)

Einer der wichtigsten platonischen Dialoge ist der *Phaidon.*[29] Die Szene, die Platon beschreibt, ist zentral für seine ganze Philosophie und dafür, wie er überhaupt zu ihr gekommen ist. Es ist das letzte Gespräch des Sokrates. Er sitzt im Gefängnis und wartet darauf, dass ein Schiff aus Delos vom Apollonheiligtum nach Athen kommt. Während das Schiff – es handelt sich um eine rituelle Handlung – unterwegs ist, dürfen in Athen keine Hinrichtungen vollzogen werden. Sokrates hat, nachdem er zum Tode verurteilt wurde, noch eine Gnadenfrist bekommen, die er freilich nutzt, sich mit seinen Schülern und Freunden – vor allem Simmias und Kebes dienen ihm dabei als Widerpart – zu unterreden.

Welches Thema ist aber für die letzten Stunden geeigneter als die Unsterblichkeit der Seele? Für ihre Dauerhaftigkeit einen Beweis zu finden, durchzieht fast den ganzen Dialog, auch wenn man die Betrachtung hierüber immer wieder unterbricht, um weitschweifige oder damit unmittelbar verwandte Fragen zu untersuchen. Es vermischen sich dabei der Be-

29 Vgl. den hervorragenden einführenden Kommentar von Frede 1999, 2005.

weischarakter und die Beweiskraft der vorgebrachten Argumente mit der Zuversicht des Sokrates auf ein Leben nach dem Tode.

Sokrates geht gleich zu Beginn des Dialogs so weit zu behaupten, es sei eine der Hauptaufgaben der Philosophie, auf den Tod vorzubereiten. Dieser ist – die Ansicht kennen wir schon aus der *Apologie* – gar nichts Schlechtes. Der Tod ist – und das ist im *Phaidon* neu – sogar etwas Gutes, da er die Seele vom Leib befreit. Kebes, einer der Dialogpartner im *Phaidon* dagegen erwidert, dass manche glauben, nach dem Tod sei gar nichts. Es müssen also Beweise gefunden werden, die belegen, dass die Seele nach dem Tode weiterlebt.[30]

6.1.1 Erster Beweis

Es gibt, so Sokrates, einen Kreislauf der Dinge. Alles entsteht nämlich aus seinem Gegenteil. Das gilt zunächst begrifflich, ist aber auch aus den Tatsachen erklärbar. Etwas könne nämlich nur schneller werden, wenn es vorher langsamer war. Aus dem Langsamen also entsteht das Schnelle wie aus dem Größeren das Kleine und natürlich umgekehrt. Ganz genauso ist es beim Leben. Dieses entsteht aus dem Sterben. Wenn die Seele stirbt, wie wir es beobachten, muss sie auch wieder auferstehen. Es folgt: Die Seele muss nach dem Tode weiterleben (vgl. auch Karfík 2011).

Wir werden einen solchen Beweis heute kaum mehr gelten lassen. Zwar verstehen wir das Argument, dass alles aus seinem Gegenteil entsteht. Daraus aber auf die Unsterblichkeit zu schließen, geht nicht an, weil die Seele ja tot ist – schon weil sie zur Voraussetzung ihres Weiterlebens erst einmal tot sein müsste, was ihre Unsterblichkeit gerade ausschließen würde. Denn es hat noch nie jemand die Erfahrung gemacht, dass jemand, der tot war, wieder lebendig geworden ist, und das notwendigerweise. Eine jenseitige Existenz, wie sie gläubige Menschen annehmen, ist dagegen etwas anderes: Wir verstehen dabei „Leben" nicht im selben Sinne. Das Ganze ist aber nicht nur ein Beweis aus dem Gegenteil, sondern auch aus dem *Werden* der Dinge. Wir beobachten den Wechsel, und wie eines

30 Vgl. für die Einordnung der unterschiedlichen Themenbereiche des *Phaidon* die hervorragende Einleitung von Müller 2011; zur Wirkungsgeschichte des Dialogs vgl. Kobusch 2011.

aus einem anderen wird, z.B. unsere Energie aus der Nahrung, und übertragen das auf andere Gegenstandsbereiche.

Die Unsterblichkeit der Seele ist damit also nicht bewiesen. Wir beobachten zwar immer wieder, dass das Leben aus Totem, etwas, das nicht lebt, entsteht. Das geht aber nicht von selbst, sondern setzt schon etwas Lebendiges voraus, z.B. einen Baumsamen, der aufkeimen kann, oder zwei Lebewesen, die sich paaren. Allein aus Totem entsteht nichts. Die Antike dachte da noch anders. Bei Vergil in der *Georgica* wird beschrieben, wie die Bienen aus Pferdekadavern entstehen. Die Unsterblichkeit unserer Seele kann auf diese Weise jedenfalls nicht belegt werden. Für das tatsächliche Beweisziel, die Unsterblichkeit der Seele, folgt aus dem „Beweis" sehr viel eher: Wie die Seele entstanden ist, so geht sie auch zugrunde.

Sokrates bringt noch ein Flankenargument, das den ersten Beweis erweitert.[31] Seine beiden Gesprächspartner, Simmias und Kebes, lassen sich durch diesen ersten Versuch nämlich keineswegs überzeugen. Selbstverständlich ist Sokrates selbst klar, dass der erste Durchgang kein Beweisgang ist:

Sokrates meint, wenn man beweisen könnte, dass die Seele schon vor der Geburt gelebt haben muss, stünden die Chancen dafür, dass sie nach dem irdischen Tod weiterlebt, nicht schlecht (vgl. auch Gerson 2011). Gerade das könne er aber beweisen. Sokrates greift dabei auf ein Argumentationsstück zurück, das Platon bereits im Dialog *Menon* ausführlich diskutiert hat (vgl. *Menon* 82b–84b). Sokrates hatte darin behauptet, dass die Seele schon alles weiß, bevor sie geboren wird. Mit der Geburt tritt aber ein totales Vergessen ein, eine vollständige Amnesie. Während unseres Lebensvollzugs wird unsere Seele durch ein eigenartiges Auffassen bestimmter Momente der Wirklichkeit wieder an das alte Wissen erinnert (*anamnesis*). Sokrates führt das im *Menon* an einem Sklaven vor, der noch nie etwas von Mathematik, und insbesondere nichts von geometrischer Konstruktion gehört hat. Durch geschicktes Fragen bringt er den Sklaven dazu, ein Quadrat der Fläche nach zu verdoppeln. Weil dem Sklaven das gelang, folgert Sokrates, muss er sich wohl an ein früheres Leben, in dem er das alles wusste, erinnert haben. Denn Erfahrung in diesen Dingen hatte er keine.

31 Für Ebert 2004, 163 ff. ist das ein eigener Beweis; vgl. auch die ausführliche Darstellung bei Frede 1999, 47–63; sowie Kahn 2009, 122–124.

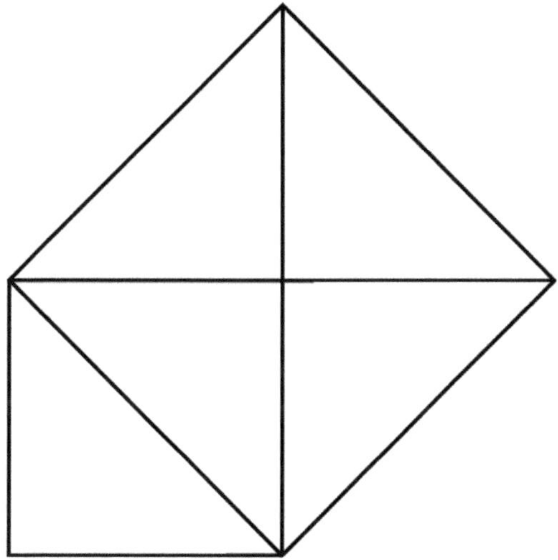

Der Sklave wusste also zunächst nichts davon, dass man, um die Fläche eines Quadrats zu verdoppeln, nur ein Quadrat über dessen Diagonale zu schlagen braucht. Die Konstruktion ist gleichzeitig der Beweis dafür, dass das zweite Quadrat tatsächlich die doppelte Größe des ersten hat. Die Dreiecke sind alle gleich groß, haben also alle die gleiche Kantenlänge. Das kleine Quadrat besteht aus zwei Dreiecken, das große aus vier, ist also zweimal so groß. Dem „Beweis" für die Anamnesislehre, die Lehre von der Wiedererinnerung, wird freilich vorgeworfen, dass der Sklave die Einsicht nicht aus Wiedererinnerung, sondern durch die suggestive Fragetechnik von Sokrates erwirbt. Dennoch ist bemerkenswert, dass wir bei solchen geometrischen Beispielen tatsächlich die Konstruktion auf einmal verstehen, auch wenn wir zunächst keinen blassen Schimmer haben, wie wir die Fläche eines Quadrats verdoppeln können. Aus der geometrischen Figur wird das hinreichend anschaulich.

Im *Phaidon* zeigt Sokrates über solche mathematische Zusammenhänge hinaus, dass wir bestimmte Dinge schon wissen müssen, um überhaupt etwas wahrnehmen zu können. Wir legen Vorstellungen an unsere Erfahrungen an, die wir nicht von diesen abgezogen oder abstrahiert haben können. So könne das *Gleiche*, das *Ähnliche* oder die *Identität* nicht aus der Erfahrung stammen (Sokrates verdeutlicht das im *Phaidon* vor allem an der Gleichheit). Denn wir erkennen erst etwas, wenn wir diese Kategorien unserer Erfahrung zugrunde legen, diese also auf konkrete Wahrnehmungen übertragen. Wir müssen also schon bestimmte Erkenntniskategorien voraussetzen: Zwei Bäume in bestimmter Hinsicht als identisch zu erfassen, kann uns nur gelingen, wenn wir die Kategorie der Identität der Erfahrung, die wir machen, schon zugrunde legen. Denn das Bild des einen Baumes ist dem anderen allenfalls ähnlich. Aber schon für das Erfassen von Ähnlichkeit müssen wir die Kategorie der Ähnlichkeit schon voraussetzen. Die meisten vertreten heute dabei die Abstraktionshypothese: um ein Verfahren der Abstraktion durchführen zu können, müssen wir allerdings ebenso Voraussetzungen der Reduktion, dem Absehen von Unterschieden oder Ähnliches annehmen. Aus der unmittelbaren Erfahrung von Bildwerten sind Identität, Gleichheit, Verschiedenheit, Negation, Ähnlichkeit, Anzahl, Möglichkeit, Notwendigkeit, Zufälligkeit, Kausalität, Bestimmung, Subsumption nicht abzuleiten. Das Gleiche gilt bei Platon auch für das Schöne, das Gute und das Wahre.

Woher aber wissen wir von diesen Dingen, wenn wir sie im Leben nicht erfahren haben können, da wir ja *durch* diese erst erfahren. Sokrates meint, wir kennen sie schon vor dem Leben, vor unserer Geburt, und während des Lebens erinnern wir uns dann wieder an sie, wenn wir durch sie erkennen.

Weil wir uns an alles *wiedererinnern*, nennt man diese Lehre die Anamnesislehre. Sokrates folgert, dass das Leben des Menschen das eigentliche Leben, das nämlich vor der Geburt und nach dem Tode stattfinde, nur unterbricht. Die Voraussetzung für eine solche Kontinuität von Erinnerung aber ist die Unsterblichkeit der Seele.

Im Grunde vertritt Kant für die Neuzeit erkenntnistheoretisch etwas ganz Ähnliches, wenn er daraus auch keine Folgen für die Unsterblichkeit der Seele zieht. Diese ist bei ihm erkenntnistheoretisch nicht zu belegen, weil wir gerade keine empirische Erfahrung davon haben – was der Diskussion bei Platon ja keineswegs widerspricht. Für Kant ist es die Aufgabe des Verstandes, die durch unser sinnliches Vermögen auf uns einströmenden Erscheinungen zu ordnen. Das Klassifikationssystem dafür sind die Verstandeskategorien, die unabhängig von den sinnlichen Erscheinungen schon im Verstand vorliegen. Das garantiert ihm die Möglichkeit von Erkenntnis. Denn die sinnlichen Erscheinungen sind kontingent, d. h. sie unterliegen dem Zufall der empirischen Erfahrung, die einmal so und dann wieder anders aussieht. Aus ihnen ist nichts abzuleiten, was Erkenntnis in irgendeiner Form begründen könnte.

Dass wir für unsere Erfahrungen einen bestimmten Referenzrahmen annehmen müssen, hat eine hohe Plausibilität und gehört für Platon – und wahrscheinlich schon für Sokrates – zu den Grundeinsichten. Die Rahmenbedingungen dafür, dass wir überhaupt etwas als etwas Bestimmtes identifizieren können, liegen in den formalen logischen Kategorien der Identität, der Verschiedenheit sowie der Negation. Etwas Ähnliches als ähnlich zu erfassen, setzt voraus, bestimmte Aspekte von zwei Dingen oder Vorstellungen in begrifflicher Hinsicht als identisch aufzufassen; ihre jeweilige Konkretion aber ist verschieden, so dass die Einzelelemente Eigenschaften an sich haben, die nicht identisch sind. Daraus folgt vieles, wohl aber sicher nicht die Unsterblichkeit der Seele.

6.1.2 Zweiter Beweis

Nach einer kleinen Unterbrechung setzt Sokrates zum zweiten Beweis über die Unsterblichkeit der Seele an, denn Simmias und Kebes sind durch die bisherigen Argumente keineswegs überzeugt. Im *Phaidon* finden sich viele Stellen, in denen der Glaube an die Unsterblichkeit an alte Geschichten gebunden ist, an die niemand mehr recht glauben kann. Wir haben daher keinen Grund, die Zeit Platons der unseren gegenüber als unaufgeklärt zu bezeichnen.

Sokrates führt aus, dass wir viele Dinge über den Leib erkennen. Er meint damit die Wahrnehmung durch unsere Sinnesorgane: die Haut mit ihrem Tastsinn, das Auge mit seinem Sehsinn, das Ohr mit dem Hörsinn, die Nase mit dem Geruchssinn und die Zunge mit ihrem Geschmackssinn. Nun wissen wir alle, dass wir uns auf unsere Sinne nie ganz verlassen können. Sie täuschen uns häufiger, und deswegen sollten wir eher vorsichtig sein, aus ihnen Erkenntnisse abzuleiten.

Anders ist es dagegen, wenn wir mit dem Verstand erkennen. Die Dinge, die wir durch das Denken erkennen, sind, so Sokrates, ewig und wahr und überall gültig, wie etwa die logischen Gesetze oder auch die

Naturgesetze. Diese Zusammenhänge, meint Sokrates, werden mit der Seele erkannt. Und weil es ewige Dinge sind, richtet sich die Seele dabei offenbar auf das Göttliche aus, das sich in der Welt findet. Die Götter aber, folgert Sokrates, sind unsterblich und so werden es auch die Dinge sein, die mit ihnen zusammenhängen. Das sind neben den ewig gültigen Erkenntnissen vor allem die Seelen. Die Seele muss, wenn sie etwas Unsterbliches – etwas Göttliches – erkennen will, selbst unsterblich sein. Der zweite Beweis folgt damit aus der Erkenntnis (vgl. auch Strobel 2011).

In diesem Beweis schwingt in gewisser Weise die griechische Naturreligion mit. In dieser Vorstellung ist die gesamte Natur (Flüsse, Winde, Bäume, Berge, Meere usf.) von göttlichen Kräften durchdrungen und durchlebt. Die Personifikationen und Zusammenstellungen verschiedener natürlicher Erscheinungen im Hinblick auf zwölf Hauptgötter (die sich auch ändern) und eine Unzahl Unter- und Halbgötter ist eine Erscheinung, welche zuerst durch Hesiod und Homer kanonifiziert wurde.

Im fünften Jahrhundert v. Chr. hat diese Religion bereits einen Hang zum Monotheismus, ohne dass dieser theologisch in irgendeiner Form ausformuliert würde. Bei Platon und Aristoteles gibt es für diese These aber immerhin Belege. Bei Platon ist häufiger von „dem Gott“ die Rede, ohne Angabe, wer damit von den griechischen Göttern gemeint ist, und bei Aristoteles finden wir in der *Metaphysik* den „ersten Beweger“, der die Welt ins Rollen gebracht hat. Dass es Götter und etwas Göttliches überhaupt gibt, ist schon damals öfter bestritten worden, vor allem von sophistischer Seite, allerdings nicht sehr laut. Ein Angriff auf die Staatsreligion ist eine unmittelbare Attacke gegen den Staat selbst. Wenn es aber Götter gibt, so überragen diese zwar den Menschen in seinen Fähigkeiten, die griechischen Götter aber sind sehr menschenähnlich. Wenigstens sind sie unsterblich und die Vernunft des Menschen offenbar auch, wenn wir Platon und Aristoteles darin folgen wollen.

6.1.3 Dritter Beweis

Der dritte Beweis des Sokrates ist der komplexeste. Sokrates führt aus, dass es Ideen gäbe: solche des Guten und des Schönen, aber auch des Geraden, Ungeraden usf. Diese Ideen sagen wir ja von den Dingen aus, und Sokrates versteht das so, dass die Dinge Anteil an den Ideen haben. Nehmen wir etwas Gerades, eine Zahl: die Vier. Die Vier, wie wir sie auch drehen und wenden, sie bleibt eine gerade Zahl. Sie kann also niemals am Ungeraden Anteil haben. Wenn das Ungerade an sie herankommt, ist es keine Vier mehr. Es muss sich dann um eine ungerade Zahl handeln, eine Fünf oder eine Drei. Die Vier hat also immer Anteil am Geraden, niemals aber am Ungeraden.

Daraus lässt sich der allgemeine Satz folgern, dass gegensätzliche Ideen nicht gleichzeitig an ein und derselben Sache bestehen können. Und wenn eine Idee zur Wesenheit einer Sache gehört, kann sie keinen Anteil an der entgegengesetzten Idee haben.[32]

Der Begriff für die Seele, *psychê*, ist für den Griechen gleichzeitig der Begriff für das Leben. Alles was lebt (Pflanzen, Tiere und Menschen und nach Platon und Aristoteles auch der Kosmos), hat eine Seele, und nur weil es eine Seele hat, lebt es auch. Die Seele ist in dieser Hinsicht kein Substanzbegriff in dem Sinn, dass sie eine materielle Grundlage hat – das ist sie erst in einem zweiten wörtlichen Sinn, nach dem „Substanz" als „Zugrundeliegendes" aufgefasst wird. Der Begriff von der Seele erklärt vielmehr ihre Funktion, dass es so etwas wie Leben überhaupt gibt. Weil die Begriffe für „Leben" und „Seele" als identisch aufgefasst werden können, hat dieser dritte Beweis für den Griechen zunächst eine *prima-facie*-Beweiskraft, welche wir heute nicht mehr so ohne Weiteres nachvollziehen können.

Die Seele hat nach griechischer Auffassung Anteil am Leben, sie ist sogar das Prinzip des Lebens: Beseelt heißt immer auch: belebt! Die Seele kann nicht sterben, weil sie Anteil an der Beseeltheit hat, und somit den Tod, das Gegenteil des Lebens, gar nicht an sich heranlassen kann. Der Beweis gründet auf der Ideenlehre Platons (und die damit verbundene Lehre vom Ausschluss gegensätzlicher Ideen) und auf der Vorstellung der Griechen, dass für das Leben die Seele verantwortlich ist.

Von der platonischen Ideenlehre werden wir noch hören. Im *Phaidon* führt Sokrates diese als etwas von ihm immer wieder Vorgebrachtes ein, das, wie er selbst sagt, etwas abgeschmackt klingt, ihm aber die beste Erklärung für die Möglichkeit von Erkenntnis ist.

Ganz ähnlich, aber ohne unmittelbaren Rekurs auf die Nichtvereinbarkeit gegensätzlicher Ideen argumentiert Platon in der *Politeia* (608d–611a):

---

32 Vgl. zur Diskussion um diesen dritten Beweisgang Frede 2011.

Alles stehe gewissen Gegensätzen gegenüber, aufgrund derer es eine Erhaltung und Förderung, aber ebenso eine Verderbnis und Zerstörung gebe; so wird der Leib durch Krankheit zerstört, Eisen durch Rost, Holz durch Fäulnis. Das Schlechte zerstört damit immer das Gute. Bei der Seele ist das Schlechte die Ungerechtigkeit. Da diese die Seele nur schlecht macht, nicht aber zerstört (wir sterben schließlich nicht an ihr), muss die Seele unzerstörbar und damit unsterblich sein. Glaukon ergänzt sogar noch, dass die Ungerechten besonders lebenslustig daherkommen (ebd. 610e).

6.1.4 Der Unsterblichkeitsbeweis im *Phaidros* (*Phaidros* 245b–246a)

Im *Phaidros* findet sich eine weitere Stelle, an der die Unsterblichkeit der Seele thematisiert wird. Dort wird die Seele als etwas Selbstbewegtes definiert (vgl. auch *Nomoi* 894e–896d). Das heißt, etwas lebt deswegen, weil es durch die Seele den Antrieb in sich selbst hat, im Gegensatz zu Dingen, die ihren Antrieb von außen erfahren, wie die körperlichen Dinge. Das Selbstbewegte muss aber anfangslos und ewig sein, sonst wäre es nicht selbstbewegt. Es hätte dann seinen Antrieb von außen erfahren. Nur das Selbstbewegte hat den Grund seiner Bewegung in sich selbst und ist nicht von außen bewegt. Da die Seele das Selbstbewegte ist, dieses aber ewig sein muss, kann auch die Seele gar nichts anderes als ewig sein, also unsterblich.

Sokrates genügen die Beweise, die er im Gespräch mit Simmias und Kebes vorgebracht hat, so dass er am Ende des Dialogs mit Zuversicht auf ein Leben nach dem Tod hoffen kann. Platon liefert auch nach seinem eigenen Verständnis keine absoluten Beweise für die Unsterblichkeit der Seele, sondern er lässt Sokrates sein bisheriges Leben und Handeln, das er nur noch im Angesicht des Todes führen kann, rechtfertigen. Sein Tod wäre vergeblich, wenn sich sein lebenslanges Handeln als Irrweg erweisen würde. Da er aber angesichts des Todes zuversichtlich ins Jenseits gehen kann, erfährt auch sein Leben den Sinn, den er diesem immer zugemessen hat.[33] Die Konsequenz, die wir für die Interpretation der Unsterblichkeits-

33 Die durchweg anregende Lesart Erlers (Erler 2004, 61–66), der *Phaidon* ergänze den Logos durch eine therapeutische Bearbeitung affektiver Seelendispositionen, welche die Aufnahme und die Konsequenzen aus den Beweisgängen ermögliche, stößt an ihre Grenzen, wenn Erler tatsächlich anzunehmen scheint, dass die Beweise für die Unsterblichkeit der Seele rational vollständig überzeugend sind.

beweise ziehen müssen, ist eine existentielle und keine logisch argumentierende. Am Ende des Dialogs steht der erschütternde Bericht Platons, wie Sokrates den Schierlingsbecher trinkt und stirbt.

6.2 Das Problem mit der Seele

Das Problem, das Sokrates im Gefängnis und im Angesicht des Todes bedrängt, ist die Dichotomie des menschlichen Lebens als Leib und als Seele. Die Seele erhält bei Platon den absoluten Primat – insbesondere, weil diese der Sitz des Denkens, der Vernunft und der oberen Seelenvermögen ist. So finden sich im *Phaidon* eine ganze Reihe ausgesprochen leibfeindlicher Äußerungen, wie z. B. dass uns der Leib nur zu schaffen macht (*Phaidon* 66a–d), dass der Philosoph den Leib verachtet (ebd. 65cd), und danach trachtet, zu sterben (ebd. 67e), dass der Leib eine „Feste" ist, aus der man sich „nicht leicht selbst losmachen und davongehen dürfe" (ebd. 62b), dass die Seele „eingekerkert wie ein Schaltier" sei (*Phaidros* 250c), oder gar dass der Leib das „Grab der Seele" (*Gorgias* 493a) sei (vgl. Müller 2011, 4 f.). Diese Leibfeindlichkeit hat sich die Jahrhunderte über in der Geistesgeschichte teilweise, d. h. auf Seiten der Akademie, fortgesetzt und ist wohl erst durch das Christentum und die Tradierung der platonischen Philosophie durch Augustinus zum Teil wieder bereinigt worden – aber eben auch nur zum Teil. Was die irdische Existenz angeht, besteht die Leibfeindlichkeit im Christentum fort, und auch teilweise in ihren säkularen neueren Varianten.[34] Dagegen spricht das Christentum von „leiblicher Auferstehung". Was immer damit gemeint ist, so steckt darin wohl keine platonische Leibfeindlichkeit mehr.

Allerdings muss auch hervorgehoben werden, dass der *Timaios* Seelenkrankheiten kennt, welche dem Körper schaden (vgl. *Timaios* 87e–89d). Um weder dem Körper noch der Seele Schaden zuzufügen, hilft nur: „Weder die Seele ohne den Körper noch den Körper ohne die Seele in Bewegung zu setzen, damit beide, auf ihre Verteidigung bedacht, gleich-

34 Die zweitausend Jahre Christentum in Europa und der gesamten westlichen Zivilisation haben uns derart geprägt, dass wir aus der Vorstellungswelt, die damit verbunden ist, gar nicht heraus kommen können. Wer wissen will, wie der westlich zivilisierte Mensch das geworden ist, was er ist, kommt am genauen Studium der christlichen Lehren nicht vorbei.

gewichtig und gesund werden" (*Timaios* 87b). Die psychosomatischen Wechselwirkungen waren Platon also offenbar sehr bewusst.

Auf die Trennung von Leib und Seele kommt Platon immer wieder in ganz unterschiedlichen Kontexten zu sprechen. Die generelle Kritik geht gegen diejenigen, „welche von nichts anderem glaubend, daß es sei, als von dem, was sie recht herzhaft mit beiden Händen greifen können, das Handeln und das Werden, und alles Unsichtbare gar nicht mit unter dem, was ist, wollen gelten lassen" (*Theaitetos* 155e; vgl. auch *Phaidon* 81b). Diese unsichtbaren Gegenstände umfassen alles, was ausschließlich mit der Vernunft aufgefasst werden kann: die Erkenntnis, die Wahrheit, das Gute usf. Ebenso gehören dazu die Triebe, die Begierden, die Strebensvermögen (also der *thymoeides*, das sogenannte „Muthafte" im Menschen) und alles Fühlen. Die Instanz, in der all das stattfindet, das Gefäß, in das solche Gegenstände aufgenommen werden und aus dem diese wieder herausfließen, nennt Platon Seele. Wenn es die Seele nicht gäbe, gäbe es auch diese Gegenstände des Fühlens, des Strebens und des Denkens nicht.

Dem Bereich des Unsichtbaren gegenüber steht alles Körperliche, das „handfest" ist (vgl. auch *Sophistes* 246a). Der Mensch erscheint dann zwangsläufig zusammengesetzt aus seinem Erleben und Denken auf der einen Seite und seinen körperlichen Merkmalen und den daran stattfindenden Vorgängen auf der anderen. Das Problem, das wir seitdem als eines von Leib und Seele fassen, liegt darin, dass die beiden Bereiche getrennt voneinander erscheinen und dennoch irgendwie aufeinander verwiesen sein müssen.[35]

Das Denken hat mit physiologischen Vorgängen nichts zu tun, weil seine Gegenstände ganz anderer Art sind. Am Körper, an der sinnlichen Wahrnehmung, an den Gegenständen der Welt findet sich keine Frage nach der Wahrheit. Erkenntnis ist kein kausaler Vorgang, der zwangsläufig zusammenbringt, was gerade vor einem liegt. Das, was einem gerade zufällig vor Augen steht, kann gar nicht zu einer Einsicht führen. Wir müssen uns etwas dabei denken. Schon die Einsicht in ein einfaches logisches Gesetz, z. B. den *modus barbara*, lässt sich kausal nicht rekonstruieren, weil wir für die Konstatierung eines kausalen Zusammenhangs schon Voraussetzungen im Denken machen müssen. Platon weist mit seiner Ideenlehre im *Phaidon* genau auf diesen Umstand hin, insbeson-

35 Zum „Dualismus" bei Platon vgl. Bordt 2011, Müller. 2009, 263–266.

dere, weil es dabei nicht um die Idee des Guten geht wie in der *Politeia*, sondern um die einfachsten Denkbedingungen.

So evident das scheint, so muss doch ein Zusammenhang zwischen den beiden Bereichen, in denen der Mensch ist, denkt und lebt, bestehen: Eine Verletzung ruft Schmerz hervor. Das eine ist die Wunde, das andere der fühlbare Eindruck, das Erleben des Schmerzes. Seelische Beeinträchtigungen mindern unsere körperliche Leistungsfähigkeit, genauso wie z. B. übermäßiges Essen wiederum unser seelisches Wohlbefinden beeinträchtigt. Unser gesamtes Erleben ist durch Medikamente, Alkohol, andere Drogen u. dgl. beeinflussbar. Der eminente Zusammenhang zwischen Körper und Geist, zwischen Leib und Seele – oder wie man es sonst bezeichnen will: Körper und Bewusstsein oder Materie und Geist – ist ebenso wenig zu leugnen. Und natürlich brauchen wir unser Gehirn zum Denken (vgl. *Phaidon* 96b).

Die Sachlage hat sich gegenüber der Zeit Platons heute etwas verschärft, wirklich geändert hat diese sich nicht! Heute glauben viele an den vollständigen Kausalzusammenhang allen Geschehens, von Handlungen genauso wie bei kognitiven oder emotionalen Prozessen. Die These, welcher dieser schier absurden Konsequenz zugrunde liegt, ist eine ontologische: Sie besagt, dass die Wirklichkeit ausschließlich aus kausalen Zusammenhängen besteht. Es gibt keine anderen Verknüpfungen von Ereignissen als die physisch-kausale. Tatsächlich aber ist die „materiale Kausalität" eine einfache – und extrem wichtige und unverzichtbare! – Erklärungs*methode.* Aus ihr folgt jedoch nicht, dass die ganze Welt kausal geordnet ist. Wer das behauptet, berücksichtigt nicht, dass diese Vorstellung eine menschliche Konstruktion ist, deren Voraussetzungen vor allem im Denken zu suchen sind.

Diese Dichotomie zweier Bereiche, welche nicht aufeinander zurückgeführt werden können, auf der einen Seite das Denken und Erleben auf der anderen Seite die Welt, welche uns relativ geordnet gegenübertritt, stellt den Menschen vor erhebliche Probleme. Weil wir uns verorten und sozusagen einen geistigen Standpunkt einnehmen müssen, den aber nur gegenüber der Welt und ihrem Geschehen am Zusammenhang der Dinge und sozusagen in Bezug auf die physische Realität interpretieren können, geht ein Riss mitten durch unser Menschsein. In der Philosophie sind seit Platon zahlreiche Versuche unternommen worden, entweder den einen Bereich auf den anderen zurückzuführen oder eben einen Dualismus anzunehmen. Aber diese drei Lösungsmöglichkeiten sind absolut unbefriedigend. Bei der Rückführung wird der jeweils andere Bereich so weit reduziert, dass diesem keine ernsthafte Realität mehr zukommt. Der Dualismus dagegen kann die Wechselwirkungen zwischen den beiden Bereichen nicht erklären. Einzig Baruch de Spinoza hat im siebzehnten Jahrhundert eine plausible Vermittlung zwischen dem Denken und den natürlichen Vorgängen konstruiert, in welcher die Bereiche eigenständig und doch auf einer höheren Ebene unmittelbar miteinander verbunden sind; das System ruht auf einer Reihe von metaphysischen Voraussetzungen auf, denen wir heute nicht mehr uneingeschränkt zustimmen würden.

Bei Platon liegen starke Tendenzen für eine dualistische Lösung des Leib-Seele-Problems, also der Frage nach einer Bestimmung des Verhältnisses von Psychischem und Physischem, vor, weil er nicht müde wird, die Unabhängigkeit des Denkens und seinem Anspruch auf Wahrheit gegenüber den Abläufen in der Natur zu betonen. Diese Ausrichtung seines Denkens wird dadurch gebrochen, als er außerdem eine Neigung zeigt, die Wirklichkeit und die Wahrheit viel mehr auf die Seite des Denkens zu stellen, was wir als Phänomenalismus deuten können. Die Wirklichkeitsaspekte werden damit auf die Seite des psychischen Erlebens hin vereinseitigt und reduziert und die materielle Wirklichkeit der uns umgebenden Welt vernachlässigt.

Dennoch sind Platons Lösungsvorschläge nicht nur einseitig: Gegenüber den Materialisten betont er die Eigenständigkeit des Denkens und seiner Ansprüche. Seine Erklärungen aber führt er als zu prüfende Vorschläge ein und nicht als unbezweifelbare Antworten. Es zeichnet Platon aus, dass er die Spannung aushält, welche sich aus dem Menschsein selbst ergibt: der Zwischenstellung des Menschen als physisches und denkendes Wesen. In der Gestalt von Sokrates und dessen unerschütterlicher Haltung unmittelbar vor seinem eigenen Tod führt Platon uns ein Beispiel vor, wie wir seine Denk- und Interpretationsversuche nicht nur denken, sondern auch leben können, auch wenn mit dem Vorbild „Sokrates" viel von uns verlangt wird – und vielleicht sogar Unmögliches, weil Übermenschliches (vgl. Erler 2011, 24 ff.).

6.3 Das Problem mit der Unsterblichkeit

Da der Dreh- und Angelpunkt des philosophischen Lebens in der Gestalt des Sokrates liegt und dieser vom athenischen Staat für seine philosophische Tätigkeit hingerichtet wurde, stehen alle Passagen von der Unsterblichkeit der Seele bei Platon in besonderer Verbindung zu ihm (Erler 2006, 66, 139) und seiner Zuversicht auf ein Leben nach dem Tod, die er naheliegenderweise ganz besonders im *Phaidon* ausdrückt. Dabei stellt Platon die Frage nach der Unsterblichkeit der Seele in den Kontext der damaligen Vorstellungen von Jenseitsgerichten und der damit verbundenen Belohnung bzw. Strafe (vor allem *Gorgias* und *Politeia*), von Jenseitsreisen (*Phaidon* und *Politeia*) bzw. Seelenreisen (*Phaidros*) und von der Wiedergeburt (*Phaidon, Timaios, Menon* und *Nomoi*; vgl. Alt 2014; Dalfen 2014). Die Thesen, die damit jeweils verbunden sind, lassen sich nicht in einen eindeutigen Zusammenhang bringen, vielmehr widersprechen sich diese im Grunde untereinander vehement. Platon hat unterschiedliche Traditionen, vor allem die Orphik, Pythagoreismus und die in Attika verbreiteten Mysterienkulte verarbeitet und zusammengewoben (vgl. Erler 2006, 55; Ebert 1994).[36]

Für seine Vorstellung vom Jenseits gibt Sokrates ganz unterschiedliche Quellen an, z. B. eine „alte Rede" (*Phaidon* 70c) oder weise Männer und Frauen (*Menon* 81a). Glaukon, so kommt in der *Politeia* heraus, hat noch nie von einem Jenseits gehört (*Politeia* 608d), obwohl für Sokrates eine unmittelbare Gewissheit dafür angenommen werden darf. Vor allem im *Phaidon* und im *Phaidros* soll die Lehre vom Glauben an ein Jenseits argumentativ abgesichert werden (Erler 2006, 140). Dabei gehen allerdings die unterschiedlichen „Aspekte der Seele, z. B. Seele als Lebensprinzip, als Geisteskraft oder als Instanz ethischer Verantwortlichkeit, ineinander über" (ebd. 141). Platon passt diese Unterschiede den jeweiligen Themen der Dialoge an; während im *Phaidon* die Unerschütterlichkeit der Überzeugung vom rechten Leben von Sokrates im Vordergrund steht, ist es in der *Politeia* die Gerechtigkeit und im *Phaidros* die dynamische Kraft des Eros.[37]

Schon in der Antike wurde darüber diskutiert, ob die Unsterblichkeit tatsächlich eine individuelle Eigenschaft der Seele ist (vgl. ebd. 142). Die meisten Stellen in Bezug auf Sokrates persönlicher Überzeugung lassen daran aber wohl keinen Zweifel.

---

36 Auch Simmias und Kebes werden als Pythagoreer eingeführt (*Phaidon* 61d; zur Bedeutung des Pythagoreismus im *Phaidon* vgl. Frede 1999, 3 ff.).

37 Vgl. für die verschiedenen Aspekte der Seelenkonzeption Platons, die sich nicht zu einem harmonischen Begriff integrieren lassen v. a. Müller 2009, 142–154.

Eine andere Frage besteht darin, welcher Teil der Seele unsterblich ist. Nachdem die unteren Seelenteile eng mit dem Leib verknüpft sind – dagegen vor allem der zweite Beweis im *Phaidon* von der *Vernünftigkeit* auf die Unsterblichkeit schließt und in der *Politeia* ganz allgemein die *Vernunft*, also der obere Seelenteil, die Leitung über alles haben sollte –, hat Szlezák daraus gefolgert, dass nur der obere Seelenteil unsterblich sein kann (1976).[38]

Platon gibt sich im *Phaidon* mit einer existentiellen Lösung für die von ihm aufgeworfenen Fragen zufrieden: Sokrates stirbt noch im Verlauf des Dialogs und so schickt er ihm die Zuversicht mit auf den Weg, dass das Leben irgendwie weitergeht. Doch seine Gesprächspartner, Simmias und Kebes, sind keineswegs von seinen Argumenten überzeugt. Der Diskussionsverlauf weitet das Thema zudem immer weiter aus: auf naturphilosophische Betrachtungen über das Werden und das Vergehen, auf die Wiedererinnerungslehre aus dem *Menon*, auf Wahrnehmungs- und Erkenntnisprobleme, für deren Lösung er den Primat der Vernunft betont, auf Betrachtungen über das Leben insgesamt und seine Voraussetzungen sowie auf die Ideenlehre, die hier als begrifflicher Rahmen einer möglichen menschlichen Erkenntnis dient. Die Themen zeigen eine Vertiefung des Problems fernab der zu gewinnenden Zuversicht auf ein Leben nach dem Tod.[39]

Alle Themenbereiche werden durchzogen von der Vorstellung, dass sich im Tod die Seele vom Leib trennt (*Phaidon* 67cd; *Gorgias* 524b). Die Zusammensetzung der beiden Elemente während des Lebens wird gewissermaßen dualistisch aufgelöst. Die Vorstellung wird so dominant vertreten, dass Zweifel aufkommen, wie ernst Platon den Dualismus meint, denn selten argumentiert er so eindeutig in eine Richtung. Ebenso vehement lässt er allerdings Simmias und Kebes den Ausführungen widersprechen. Zwar gibt Kebes am Ende vor, überzeugt zu sein. Er sagt wenigstens, ihm fielen keine neuen Argumente mehr ein. Glauben kann er es aber zuletzt doch nicht. Er verweist gleich auf Simmias, dessen Zweifel er

38 An diese Ansicht hat sich bei Papadis (1989) und Holtermann (1998) eine Diskussion angeschlossen. Irwin (1997, 84–93) hat allerdings gezeigt, dass z. B. die Handwerker innerhalb der Staatsordnung der *Politeia*, die vor allem vom untersten Seelenteil beherrscht werden, generell auch nicht auf den obersten verzichten können.

39 Zur Charakterisierung der Argumente als „Beweise“ vgl. Müller 2011, 8–10; speziell in Bezug auf den dritten Beweisgang vgl. Frede 2011, 154 ff.

unbedingt hören möchte. Simmias spricht darauf relativ zurückhaltend nur von der Größe der Frage und der Schwäche der menschlichen Vernunft, es bleiben bei ihm aber offensichtlich erhebliche Vorbehalte in Bezug auf die Ausführungen über die Unsterblichkeit der Seele. Und Sokrates? Er gibt Simmias unumwunden Recht: Alles hängt an den Voraussetzungen, man muss diese noch genauer überprüfen. Das sind Platons typische aporetische Wendungen, die hier wegen des bevorstehenden Todesfalls aber nicht mehr Deutlichkeit verlangen können.

Die Nebenthemen des Dialogs stehen zumeist in einem erkenntnistheoretischen, dann aber auch in einem pädagogischen und damit bei Platon immer auch in einem moralischen Zusammenhang. Der Leib hängt im Wesentlichen mit den untersten Vermögen der menschlichen Seele zusammen, dieser hemmt also den Geist (*nous*) und die Vernunft (*logos*). Da moralisches Verhalten bei Platon als wesentlichstes Merkmal die Freiheit von Irrtümern aufweist, hindern in erster Linie die körperlichen Triebe den Menschen daran, Gutes zu tun und glücklich zu werden. Alles Üble wird vom Leib ausgelöst und damit ist er die Ursache von allem Bösen (vgl. Schäfer 2007, 64).

Das Nicht-Wissen, von dem die Lebensführung nach Sokrates ausgeht, erreicht angesichts des Todes den existentiellsten und unüberbietbaren Höhepunkt: Der mühsame Weg der Prüfung um die besten Überzeugungen erstreckt sich auch darauf, was mit unserer Seele nach dem Tod geschieht (vgl. *Phaidon* 85c). Die Eschatologie ist damit eine Frage des Lebens. Der Irrtum über die gute Handlung – und dass niemand freiwillig Übles tut, ist noch eine Überzeugung Platons in den *Nomoi* (688a–689d, 731c–732b) – führt dazu, dass wir unser Leben verfehlen. Der Makel setzt sich zwangsläufig über den Tod hinaus fort. Die schlecht verwaltete Seele, welche ihr inneres Gleichgewicht verloren hat, steht nach dem Tod nackt und vom Leib unverdeckt vor den Totenrichtern (vgl. *Gorgias* 523c–525a). Ihre Gestalt ist durchgepeitscht, krumm und voller Schwielen (*Gorgias* 524ef.), weil sie sich während des Lebens zu sehr mit dem Leib verknüpft hat und sich bei der Ablösung verrenkt (*Phaidon* 81c). Die guten Seelen kommen auf die Insel der Seligen, die bösen in den Tartaros (*Gorgias* 524a), wo diese, sofern sie nicht schon im Leben durch Strafe gebessert wurden (ebd. 478a–481b), „die ärgsten, schmerzhaftesten, und furchtbarsten Übel erdulden auf ewige Zeit" (ebd. 525c). Was in diesen frühen Texten so einfach und klar gestaltet ist (auch wenn sich Platon nicht recht zwischen den verschiedenen Überlieferungen zum Leben nach dem Tod, der Seelenwanderung oder der Wiedergeburt entscheiden mag), wird im zehnten Buch der *Nomoi* (*Nomoi* 892a–899d) vollständig verwirrt. Dort geht Platon offenbar von zwei Seelen, einer guten und einer bösen, aus (vgl. Schäfer 2007, 65 f.).

Weiterführende Literatur

Karin Alt, „Zu einigen Problemen in Platons Jenseitsmythen und deren Konsequenzen bei späteren Platonikern", in: Janka u.a. 2014, 137–156.

Michael Bordt, „Philosophieren als Sterben-Lernen: Anthropologischer Dualismus (62c–69e; 80e–84b)", in: Müller 2011, 33–45.

Joachim Dalfen, „Platons Jenseitsmythen: Eine ‚Neue Mythologie'?" in: Janka u.a. 2014, 355–371.

Michael Erler, „Die Rahmenhandlung des Dialogs (57a–61b, 88c–89a, 102a, 115a–118a)", in: Müller 2011, 19–32.

Michael Erler, „‚Sokrates in der Höhle'. Argumente als Affekttherapie im *Gorgias* und im *Phaidon*", in: van Ackeren 2003, 57–68.

Dorothea Frede, *Platons „Phaidon". Der Traum von der Unsterblichkeit der Seele*, Darmstadt 1999, ²2005.

Dorothea Frede, „Das Argument aus den essentiellen Eigenschaften (102a–107d)", in: Müller 2011, 143–157.

Lloyd P. Gerson, „The Recollection Argument Revisited (72e–78b)", in: Müller 2011, 63–74.

Terence H. Irwin, „The Parts of the Soul and the Cardinal Virtues (Book IV 427d–448e)", in: Höffe 1997, 119–140.

Charles Kahn, „Plato on Recollection", in: Benson 2009, 119–132.

Filip Karfík, „Das Argument aus den Gegensätzen (69e–72d)", in: Müller 2011, 47–62.

Theo Kobusch, „Wirkungsgeschichte des platonischen *Phaidon*", in: Müller 2011, 175–187.

Jörn Müller, „Dualismus (Leib-Seele-Relation)", in: Horn u.a. 2009, 263–266.

Jörn Müller, „Psychologie", in: Horn u.a. 2009, 142–154.

Jörn Müller, „Ethos und Logos. Platons *Phaidon* im Spiegel der wissenschaftlichen Interpretation", in: Müller 2011, 1–17.

Benedikt Strobel, „Das Argument aus der Ähnlichkeit", in: Müller 2011, 75–96.

Christian Schäfer, „Böse/Übel/Schlechte, das (kakon)", in: Schäfer 2007, 63–67.

7. Platon und die Funktionen der Seele

Schon im *Phaidon* sind wir mit dem funktionalen Verständnis der Seele, wie Platon es entworfen hat, konfrontiert gewesen. In der *Politeia* formuliert Platon dieses Verständnis weiter aus. Er differenziert eine dreiteilige Struktur der menschlichen Seele und untersucht innerhalb dieses Schemas, an welcher Stelle sich die Gerechtigkeit findet, um daraus den gerechten Menschen zu bestimmen, denn dieser, so die Überzeugung von Sokrates, wird gleichzeitig immer auch der glückliche Mensch sein. Eine besondere Schwierigkeit ergibt sich bei den oberen Seelenvermögen, im Vernunftgebrauch. Deswegen wird dieser Bereich im sechsten Buch weiter differenziert. Die Bestimmung seelischer Vermögen durch Platon hat Schule gemacht und ist noch lange, wenn auch immer wieder unter anderen Vorzeichen, weiter verfolgt worden.

7.1 Die Seelenteile (*Politeia* 434d–441c)

Auf der Suche nach der Gerechtigkeit im Menschen hatte Sokrates vorgeschlagen, zuerst nicht die gerechte Seele zu bestimmen, sondern die gerechte Stadt. Im Großen nämlich könnten wir besser sehen (vgl. *Politeia* 367c–368b). Der gerechte Staat erwies sich als Klassengesellschaft eines Erwerbsstandes, eines Wächterstandes und eines Philosophen- und Herrscherstandes. Die gewonnenen Erkenntnisse werden im vierten Buch wieder auf die Seele des Einzelnen übertragen (vgl. ebd. 434de). Zudem ist es wahrscheinlich, dass sich die Eigenschaften der Staaten durch die Eigenschaften ihrer Bürger bestimmen (ebd. 435e).

Zunächst wird festgestellt, dass die Gerechtigkeitsbegriffe des Staates und der Seele eine gewisse Ähnlichkeit aufweisen müssen. Es zeigt sich, dass der Staat gerecht sei, „sofern drei ihm innewohnenden Arten von Naturen jede das Ihrige verrichteten; besonnen aber und tapfer und weise durch eben jener drei Arten anderweitige Zustände und Eigenschaften" (*Politeia* 435b). Diese Dreiteilung der seelischen Kräfte auch im einzelnen Menschen vollständig nachzuweisen, erscheint Sokrates grundsätzlich eine sehr schwere Aufgabe zu sein, die eine weit ausholende Untersuchung zur Folge hätte, deren Ergebnis wahrscheinlich nicht sehr genau ausfiele. Vielleicht, so meint er, lässt sich die Untersuchung aber auch überschaubar gestalten, so dass ein hinreichendes Maß an Genauigkeit erreicht werden kann.

Zuerst fragt er nach der Wirkungsweise der Eigenschaften. Selbst wenn man die Dreiheit der Seelenfunktionen nachweisen könne, bleibe schwierig zu bestimmen, ob wir alle Tätigkeiten und Bewegungen der Seele mit allen drei Bereichen unternehmen, oder ob jeder Bereich für besondere Tätigkeiten zuständig ist. Den Maßstab zur Lösung dieses Problems findet Sokrates in dem allgemeinen Grundsatz, dass Gleiches nicht in derselben Weise Gegensätzliches tun bzw. erleiden kann. Zwar kann jemand stehen und die Arme bewegen, oder ein Kreisel kann sich drehen und gleichzeitig am selben Ort verweilen; wir unterscheiden dann die Bewegungen aber danach, was sich in welcher Art bewegt. Wenn die Seelenbewegungen also in verschiedene Richtungen gehen können, wird es sich um Teile der Seele handeln, die voneinander unterschieden werden müssen. Den Ausführungen (*Politeia* 436bc; 436ef.) liegt klarerweise der Satz vom Widerspruch zugrunde: Ein Satz und seine logische Negation können nicht gleichzeitig und in derselben Hinsicht gültig sein.[40]

7.1.1 Das Vernünftige und das Begehrende

Zunächst trennt Sokrates die Bereiche des begehrenden Teils und des vernünftigen Seelenteils voneinander ab: Gewähren, Trachten und Ansichziehen sind vom Abschlagen, Ablehnen und Vonsichstoßen zu unterscheiden, weil sie in Bezug auf dasselbe Entgegengesetztes bezeichnen. Hungern, Dursten und überhaupt die Begierde, das Wollen und das Wünschen scheinen somit zu *einer* Klasse von seelischen Tätigkeiten zu gehören. Zur Charakterisierung dieses seelischen Vermögens spielt es keine Rolle, dass wir bei kaltem Wetter Warmes zu trinken begehren oder dass wir generell nur Bekömmliches zu trinken und zu essen wollen. Glaukon fasst das so zusammen: „So … geht jede Begierde auf dasjenige allein an

40 Das Wissen um dieses Prinzip vom Widerspruch bzw. Satz vom ausgeschlossenen Dritten liegt bei Platon bekanntlich vor; vgl. Erler 2006, 135 f.; vgl. auch *Euthydemos* 286c, 293b–d, 296d–297a, *Euthyphron* 10d–11a, *Gorgias* 473b, *Parmenides* 127de, 128d, 137b–166c, *Protagoras* 332d–333b.

und für sich, worauf sie ihrer Natur nach geht; auf das So-oder-so desselben aber nur das Hinzukommende" (*Politeia* 437e).

Bei der Erkenntnis, einem weiteren Seelenvermögen, sei das nun ganz ähnlich: Auch dort gibt es verschiedene Sachbereiche, auf die sich besondere Erkenntnisvermögen jeweils beziehen: „Die Erkenntnis überhaupt ist Erkenntnis eines überhaupt Erkennbaren, oder wie man das nennen will, worauf die Erkenntnis sich bezieht; eine gewisse und irgendwie beschaffene Erkenntnis aber nur eines gewissen und irgendwie beschaffenen Erkennbaren" (*Politeia* 438c). Jede Form der Erkenntnis ist auf eine bestimmte Weise geartet, die ihrer jeweiligen Funktion entspricht. Ganz umständlich versucht Sokrates dann klar zu machen, dass Erkenntnis von etwas nicht die Sache selbst ist, indem es z. B. die Eigenschaften der Sache übernimmt. Die Kenntnis vom Gesunden und Kranken, die Heilkunst, ist also nicht selber krank oder gesund.

Die Begierden, welche vorher umschrieben wurden, sind dagegen immer das, was sie sind. Der Durst ist Durst. Zwar ist er Durst nach Getränk, aber als Durst ist er nicht ein als auf ein bestimmtes Getränk Gehender, sondern ganz allgemein das, was er eben ist. Die Seele, wenn sie durstig ist, begehrt zu trinken. Nach was sie dabei greift, ist nicht entscheidend. Dahingehend gibt es im begehrenden Teil der Seele auch keinen Widerstand gegen das Durstigsein. Die Seele, welche Durst hat, hat nichts Verschiedenes an sich, das in eine andere Richtung gehen könnte.

Wenn jemand Durst hat, steht ihm aber auch die Möglichkeit zur Verfügung, nichts zu trinken. Nach dem Satz vom Widerspruch kann dasselbe Seelenvermögen also nicht gleichzeitig trinken wollen und das Trinken vermeiden wollen. Der Widerstand muss dann von einem anderen Vermögen her kommen. Also ist in der „Seele zwar das zu trinken Befehlende", ebenso „in ihrer Seele aber auch das Verhindernde, und zwar als ein anderes und welches über jenes Befehlende Gewalt hat" (*Politeia* 439c). Dieses „Verbietende" entsteht „durch Überlegung, das Treibende und Ziehende aber ist da vermöge eines leidenden und krankhaften Zustandes" (ebd. 439cd). Sokrates schließt also:

> „Nicht mit Unrecht also ... wollen wir dafür halten, daß diese ein Zweifaches und voneinander Verschiedenes sind und das, womit die Seele überlegt und ratschlagt, das Denkende und Vernünftige der Seele nennen, das aber, womit sie verliebt ist und hungert und durstet und von den übrigen Begierden umhergetrieben wird, das Gedankenlose und Begehrliche, gewissen Anfüllungen und Lüsten Befreundete" (*Politeia* 439d).

7.1.2 Das Strebende

Neben dem Vernünftigem und dem Begehren nennt Sokrates eine dritte Art grundsätzlichen Seelenvermögens: den „Mut und das, womit wir uns ereifern“ (*Politeia* 439e). Die Frage besteht dahingehend, ob wir dieses Vermögen einem der beiden anderen, schon unterschiedenen, zuordnen oder von beiden abtrennen müssen. Für Glaukon scheint der Fall zu sein, dass es zum Begehrlichen gehört, woraufhin Sokrates eine eigenartige Geschichte von einem Leontinos erzählt, der wusste, dass beim Scharfrichter Leichname lägen und diese unbedingt sehen wollte, sich aber dafür schämte und lange mit sich rang. Als er doch hinging, soll es zu seinen Augen gesagt haben: „Da habt ihr es nun, ihr Unseligen, sättigt euch an dem schönen Anblick“ (ebd. 440a). Offenbar stritt hierbei der Eifer mit den Begierden. So etwas geschehe uns durchaus öfter, dass wir mit uns hadern wegen irgendeines Begehrens in uns, das uns keine Ruhe lässt. Dadurch werde der Eifer zu einem „Verbündeten der Vernunft“. Ebenso zürnen wir nicht, wenn wir bestraft werden, sobald wir der Ansicht sind, dass es zu Recht geschieht, auch wenn wir dabei Hunger und Durst erleiden. Wenn wir dagegen Unrecht erleiden mussten, sind wir bestrebt, das zu rächen, auch wenn uns dabei hungert und dürstet und friert usf.

In diesen Beispielen erscheint das Mutartige (*thymoeides*) als etwas Vernünftiges. Doch Glaukon plädiert sogleich dafür, dass es sich um eine dritte Art von Seelenvermögen handeln muss. Erstens spiele die Erziehung eine Rolle, zweitens aber könne man schon an den Kindern sehen, dass sie voller Eifer sind, auch wenn viele von ihnen später nur wenig oder gar keine Vernunft ausprägen. Verschieden ist derjenige, welcher über das Bessere und Schlechtere nachdenkt, von demjenigen, der sich gedankenlos ereifert.

Der Staat wurde als gerecht bestimmt, wenn darin jeder seiner drei Klassen das Seine tut. Gerecht wird derjenige Mensch sein, in dem die Vernunft herrscht und „für die gesamte Seele Vorsorge hat“, wenn das Eifrige in ihm mit der Vernunft verbündet ist und dieser gehorcht, und zuletzt, wenn beide über die Begierden herrschen (*Politeia* 441d–442a). Die Gerechtigkeit, welche gesucht wurde, besteht dann nicht in

> „äußeren Handlungen in bezug auf das, was dem Menschen gehört, sondern an der wahrhaft inneren Tätigkeit in Absicht auf sich selbst und das Seinige, indem einer nämlich jegliches in ihm nicht Fremdes verrichten läßt noch die verschie-

denen Kräfte seiner Seele sich gegenseitig in ihre Geschäfte einmischen, sondern jeglichem sein wahrhaft Angehöriges beilegt und sich selbst beherrscht und ordnet und Freund seiner selbst ist und die drei in Zusammenstimmung bringt, ordentlich wie die drei Hauptglieder jedes Wohlklangs, den Grundton und den dritten und fünften, und wenn noch etwas zwischen diesen liegt, auch dies alles verbindet und auf alle Weise einer wird aus vielen, besonnen und wohl gestimmt, und so erst verrichtet, wenn er etwas verrichtet, es betreffe nun Erwerb des Vermögens oder Pflege des Leibes oder auch bürgerliche Geschäfte und besondere Verhandlungen, daß er in dem allen diejenigen für gerechte und schöne Handlungen hält und erklärt, welche diese Beschaffenheit unterhalten und mit hervorbringen, und für Weisheit die diesen Handlungen vorstehende Einsicht“ (*Politeia* 443de).

Wer sich in der beschriebenen Weise verhält, ist nach Ansicht von Sokrates nicht nur vernünftig, sondern auch gerecht, zuletzt aber auch glücklich.

Die Sprache, die Bilder und die Umständlichkeit, mit denen Sokrates die unterschiedlichen Seelenteile bestimmt, irritieren zuweilen. Dennoch sollte bei allem Befremden klar geworden sein, worin sie sich unterscheiden, und, dass Platon in erster Linie einen funktionalen Begriff von der Seele und ihren Eigenschaften entwickelt. Es gibt heute freilich ein Bestreben, alles zusammen zu mengen, und davon auszugehen, dass die Funktionen allesamt von einheitlichen neuronalen Verschaltungen bestimmt und geregelt werden. Platon hätte so etwas als völlig abstrus abgelehnt. Denn dadurch würden die Unterschiede völlig verwischt. Das Denken entspricht aber nun einmal nicht dem Wollen, dem Wünschen und dem Begehren; es hat eine ganz andere Binnengrammatik, auch wenn für unseren Vollzug erst einmal nur phänomenale Gründe für die Trennung verschiedener seelischer Tätigkeiten sprechen.

7.2 Die Seelenvermögen (*Politeia* 580c–583a)

Was Platon sucht, ist der Gerechte. Dieser könne nur in einer Gemeinschaft der Gerechten leben. Eine Gemeinschaft der Ungerechten gibt es im eigentlichen Sinne gar nicht, denn ein Haufen von treulosen Gesellen wäre wiederum keine Gemeinschaft. Neben dem Beweis, dass der Vernünftige und Gerechte immer auch der Glücklichste ist, lässt Platon seinen Sokrates dahingehend ergänzend argumentieren, dass der Unvernünftige, der die rechte Seelenordnung nicht beachtet, der Unglücklichste sein muss.

Als Gegenbeispiel zum Gerechten dient Platon der Tyrann: Dieser ist nicht nur von seinen Begierden getrieben, was ihn innerlich unfrei und zum Sklaven seiner selbst macht, sondern er unterliegt auch äußerlich ständig den Bedrohungen, die ihm aus seinem Tun erwachsen. Er muss also notwendigerweise auch der Sklave der Menge sein, und sich von diesen alles vorschreiben lassen, was er zu denken, zu wollen und zu tun hat. Der Gerechte könne also nicht im Tyrannen gefunden werden. Dieser scheine vielmehr der Ungerechteste, in der Folge aber wohl auch der Unglücklichste zu sein, denn seine Herrschaft ist ständig bedroht durch die anderen Ungerechten der ungerechten Gemeinschaft. So lebt der Tyrann in ständiger Furcht, Klagen, Seufzen, Qual und Schmerz (vgl. *Politeia* 577c–580c).

Während der dritte Beweis auf die Lust geht, deren echte und wahre Art nur der Weise innehaben kann (*Politeia* 583b–588a), beruht der zweite auf der Seelenteilung. Zunächst geht Sokrates noch einmal auf die Dreiteilung des Staats und der Seele ein. Er unterscheidet das *logistikon*, womit der Mensch lernt, den *thymoeides*, womit er sich ereifert, und das *epithymetikon*. Letzteres bildet den Oberbegriff für alles, was der Mensch, meistens im Übermaß, begehrt, vor allem in Bezug auf Speisen, Trank, Liebesdingen, Geld und dergleichen.

Für jedes Seelenvermögen zeigt sich eine eigene Art von Lust, wie sich für den Staat und die Seele eine eigene Art der Regierungsweise offenbart. Das *epithymetikon* ist das Eigennützige und das Geldliebende. Die Lust ist der Gewinn, weil man mit Hilfe des Geldes die Gegenstände der Begierden zu erwerben und die Begierden damit zu befriedigen sucht. Der *thymoeides* zeigt sich im Machthaben, Siegen und Berühmtsein. Die Lust dazu ist das Ehrliebende und das Streitlustige. Das *logistikon* dagegen geht nur immer darauf aus, die Wahrheit zu wissen, die Wahrheit darüber, wie es tatsächlich mit allen Dingen steht. Dieses kümmert sich auch nicht so sehr um Geld und Ruhm usw. Die Lust daran ist lernlustig und weisheitsliebend (*philomates* und *philosophon*). Es ergibt sich, dass der erste Teil der Seele das Geldliebende und Eigennützige umfasst, der zweite das Ruhm- und Ehrsüchtige und der dritte das Wahrheitsliebende.

Wenn jeweils ein Teil in der Seele der Menschen herrscht, so scheint es auch drei Sorten von Menschen zu geben: Den Weisheitsliebenden, den Streitlustigen und den Eigennützigen. Jeder hält das Verhalten der beiden anderen für falsch. Der Ehrgeizige und Streitlustige verachtet den eigennützigen Kaufmann, insofern dieser seinen Gewinn nicht dazu einsetzt, seinen Ruhm zu mehren. Der Chremast ist in deren Augen ein gemeiner Kerl mit seiner Geldgier. Die Tätigkeit des Weisen mit seiner ewigen nichtsnutzigen Lernerei hält der Streitlustige für „leeren Dunst und Possenspiel". Der Kaufmann hingegen meint, das Geldschaffen sei viel schöner und wichtiger als Ruhm und Weisheit, und so verachtet er den Ruhm und das Lernen, wenn es nichts einbringt. Für den Lernbegierigen dagegen sind die anderen beiden Tätigkeiten nur Mittel zum Zweck, weswegen er von „notwendigen Lüsten" spricht, die niemand brauchen würde, wenn die Not des Lebens nicht wäre. Ein besonderes Vergnügen könnten die beiden anderen Typen, verglichen mit seiner Tätigkeit, nicht erlangen. Ihm geht es darum, „... immer die Wahrheit zu wissen, wie sie sich verhält, und immer lernend mit etwas derart umzugehen" (*Politeia* 581e).

Die Schwierigkeit besteht nun darin, zu „erkennen, welche Aussage die richtigste ist" (ebd. 582a). Welches ist die schönste Art der Lebensweise, mit welcher die höchste Lust verknüpft? Für Platon kann es nur einen Maßstab geben, die Sache zu beurteilen: Es müssen „Erfahrung (*empeiria*), Einsicht (*phronesis*) und Vernunftgründe (*logos*)" angeführt werden. Nun hat der Eigennützige keinerlei Erfahrung mit der Lust des Weisheitsliebenden, da er dessen Kunst und Lebensweise für seine Kunst nicht kennen muss. Der Weisheitsliebende aber kennt die Lust am Geld weitaus besser, da auch er ein wenig Geld braucht, um sich zu ernähren und seinen Lebensunterhalt zu schaffen. Er kennt aber seine eigene Kunst natürlich viel besser, als sie der Kaufmann kennen kann. Dieser braucht vielmehr gar nichts von ihr zu wissen. So hat der Weisheitsliebende insgesamt mehr Erfahrung in beiden Künsten.

Mit dem Ruhm haben alle drei Erfahrung, denn es wird der Reiche wie der Weise geehrt, und nicht nur der Tapfere und Machtvolle. Was aber die wahre Lust ist, vermag nur der Weisheitsliebende zu sagen. Er kennt alle drei Arten der Lebensweisen am besten und er kommt mit Einsicht zu seiner Erfahrung, denn das Werkzeug des Beurteilens, die Vernunft, ist vorwiegend das Werkzeug des Weisheitsliebenden und des Weisheitsbegehrenden. Wenn das Urteilsvermögen vom Reichtum abhinge, so wäre nur der Eigennützige und Geldliebende in der Lage, die angenehmste Lebensart zu bestimmten. Wenn es nach Ehre und Ruhm ginge, wäre der Ruhmvolle und Ehrliebende am ehesten in der Lage, über die angenehmste Lebensart zu urteilen. Wenn es dagegen, wie von Platon vorausgesetzt, nach Erfahrung, Einsicht und Vernunft geht, dann kommt als einziger der Weisheitsliebende als derjenige in Betracht, der das alles beurteilen kann.

Denn das sind gerade seine Werkzeuge, auf die es ankommt. Was dieser lobt, scheint also insgesamt die richtige, und das heißt hier die angenehmste Lebensweise zu sein.

Von den drei Arten der Lust, ist also derjenige Teil der Seele der angenehmste, mit dem wir lernen. Und bei demjenigen, bei welchem dieser Teil der Seele herrscht, müssen wir zu dem Schluss kommen, dass er der Glücklichste wäre, der Zweitglücklichste aber wäre der Ruhmsüchtige, da er dem Weisheitsliebenden am nächsten stehe, der Unglücklichste aber wäre der Eigennützige.[41]

7.3 Ist der Philosoph notwendigerweise glücklich?

Platon liebt offenbar solche Rangfolgen als Einteilung verschiedener Lebensweisen. Dass die philosophische Lebensweise immer die erstrebenswerte ist, stellt sich zwangsläufig ein, da diese sich *per definitionem* an der Vernunft orientiert, und nur diese das höchste menschliche Vermögen, alle anderen Fähigkeiten und auch noch sich selbst beurteilen kann.

Allerdings gibt Platon auf die Frage keine Antwort, ob die Seele dreigeteilt ist und sich aus ihren Vermögen zusammensetzt oder ob es eine Seele mit drei Untervermögen ist (vgl. *Politeia* 611a–612a und 443e). Er plädiert wohl eher für die Einheit der Seele, denn irgendwie müssen die verschiedenen Vermögen miteinander verbunden sein. In den beiden vorgebrachten Textstücken aber spricht vieles dafür, dass es sich um drei fast voneinander unabhängige Instanzen der Seele handelt.[42]

41 Die Betrachtung der Seele bei Platon als Theorie von funktionalen Fähigkeiten auf unterschiedlichen Ebenen zu betrachten, verhindert ontologische Spekulationen um die „Dreiteilung“ der Seele, in der die irrationalen und rationalen Teile miteinander streiten. Platon lässt uns auch völlig im Stich, wie diese wechselseitige Beeinflussung der Seelenteile untereinander vonstatten geht; und ebenso bei einer Beantwortung der Frage, wie wir uns eine solche Seele vorzustellen haben. Über Schwierigkeiten der Dreiteilung und ihrer teilweise Revision in den *Nomoi* vgl. Bobonich 2002 und Gerson 2003 (vgl. auch *Nomoi* 644d–645c im Verhältnis zu 863b–864b); die Analogie der Dreiteilung Seele und Staat diskutiert Blößner 1997, 152 ff.; vgl. zum ontologischen Status der Seele bei Platon auch Müller 2009, 150 f.; generell lesenswert ist dazu immer noch Graeser 1969.

42 Zur „Seelenteilung“ vgl. insbesondere Müller 2009, 145–147, der biologische, kognitive, ethische und dynamische Funktionen der Seele unterscheidet.

Daraus entsteht ein weiteres Problem: Die aus der Seelenvorstellung abgeleiteten Menschentypen orientieren sich hauptsächlich an ihrem dominierenden Seelenteil, seinem Vermögen und Streben (vgl. Irwin 1997). Aber wie soll ein Kaufmann sein Geld mehren, wenn er keinen Anteil an der Vernunft hat, auch wenn ihm zugegebenermaßen deren instrumentelle Facette ausreicht? Gleiches gilt für den Ruhmsüchtigen und Ehrgeizigen. Wenn wir bedenken, dass auch die Wissenstatbestände der einzelnen Erkenntnisbereiche immer Teil der Vernunft und ihrer Ordnung sind, so sind sowohl der Erwerbende wie der Ruhmmehrende auf die Vernunft und seinen Verstand hochgradig angewiesen. In welchem Verhältnis die unterschiedlichen Seelenvermögen in diesen Fällen stehen, erklärt uns Platon nicht (vgl. Erler 2006, 136).

Dennoch machen diese Überlegungen im Anschluss an Platon auf einen wichtigen Punkt aufmerksam: Menschen, egal an was sie sich gerade orientieren, sind darauf angewiesen, ihr Streben bzw. ihr Seelenvermögen auf ein allgemeines Ziel auszurichten. Die Abstufung, welche Platon bei den verschiedenen Arten des Strebens vornimmt, ist keine der konkreten Zielbestimmung, sondern betrifft sehr allgemein eine Art Gesamtstreben in Bezug auf die ganze Lebensführung des Menschen. Die Handlungen selbst finden dagegen immer sehr konkret im Umgang mit ganz bestimmten Dingen, einem bestimmten Geschäft, einer konkreten politischen Aktion oder einem klar bestimmten Erkenntnisziel statt (vgl. Höffe 1997, 84–93).

Die philosophische Lebensweise ist, was das allgemeine Ziel angeht, am wenigsten klar bestimmt. Ihre höchsten Gegenstände sind die „Ideen“ – ein Konstrukt Platons, um einen Begriff für das Gute, das Schöne, das Gerechte usf. zu bezeichnen. Nur die Orientierung an diesem Erkenntnisideal, das unerreichbar ist, weil selbst nach Platon die Ideen nicht erkennbar sind, unterscheidet die Philosophie von den anderen Lebensorientierungen. Wer viel Geld hat, hat sein Ziel, nach dem er gestrebt hat, erreicht (wenigstens äußerlich; innerlich ist dieses Streben gerade unersättlich); ebenso beim Berühmten und Geehrten. Wann aber erreicht der Philosoph sein Ziel, so dass er Grund hätte, glücklich zu sein?

Wir ersehen daraus, dass die Lebensweise, welche uns Platon empfiehlt, nicht in einer konkreten Zielbestimmung ihr Ende findet, sondern eine lebenslange Bemühung darstellt. Die Gegenstände dieser Bemühung sind das Gerechte und das Wahre. Diese Ziele sind aber nicht konkret festzustellen, sondern nur in einer dauernden Überlegung und Unterredung hervorzubringen. Es stellt sich die Frage, ob sich das lohnt. Wenn wir davon ausgehen, dass es diese Ideale der platonischen Bemühung um Wissen gibt, ist durchaus nachvollziehbar, dass wir versuchen sollten, diese zu bestimmen.

Aber ist deren Bestand gesichert? Das erscheint eher zweifelhaft. Sonst könnten auch die anderen Lebensweisen nicht darauf setzen, dass das Streben des Philosophen unnütz und leer sei. Platon selbst gibt die Konkretionen seines Erkenntnisideals auch nirgends an. Er macht aber sehr deutlich, dass wir, um überhaupt solche Lebensweisen, Orientierungen, Wissensgegenstände und Erkenntnisbereiche als sinnvolle Begriffe zu kennen, auf die Ebene der höchsten Erkenntnisgegenstände nicht verzichten können. Jede Erklärung greift zu kurz, unterbietet das Mögliche an Wissen, wenn sie sich nur an einzelne Konkretionen aus dem Tatbestand der Welt wie den Kontostand oder die Internet–Likes hält; und die Voraussetzungen im Denken nicht beachtet.

7.4 Die Erkenntnisfunktion der Seele – Das Liniengleichnis (*Politeia* VI 509c–511e)

Für die Funktionalisierung der seelischen Kräfte ist eine berühmte Stelle aus der *Politeia* weiter sehr aufschlussreich. Sokrates unternimmt im sechsten Buch eine Art Grundunterscheidung zwischen Denkbarem und Sichtbarem, die auch in anderen Kontexten und Dialogen (vor allem im *Phaidon*) eine wichtige Rolle spielt. Sein Gesprächspartner Glaukon soll sich eine Linie (A–B) im Geist vorstellen, die in zwei Teile geteilt ist (A–C und C–B). Die beiden übrig gebliebenen Teile soll er dann noch einmal im gleichen Verhältnis zerschneiden (aus A–C wird A–D und D–C; und aus C–B wird C–E und E–B). Das Sichtbare (A–C) stellt die erste Hälfte vor, das Denkbare die andere (C–B). Dabei ist das Sichtbare wieder in zwei Linien zerteilt. Die eine Linie steht für die „Bilder“, wie Sokrates den Abschnitt nennt. Diese sind einfach nur Schatten, die Erscheinungen im Wasser und auf den glatten, glänzenden Flächen und dergleichen (A–D, nach der unten stehenden Zeichnung). Der nächste Abschnitt steht für die Dinge, die Tiere, die Kunstwerke und die Gegenstände, die wir um uns herum wahrnehmen (D–C).[43] Das Vorstellbare steht im gleichen Ver-

43 Zum Problem der Unterscheidung von den Wissensformen der Dinge und ihrer Abbilder vgl. Wieland 1999, 204 f.

hältnis zum Erkennbaren wie die nachgebildeten Dinge zu dem, von dem sie nachgebildet wurden.

Die anderen beiden Teile umfassen das Denkbare. Sokrates erklärt:

„Sofern den einen Teil die Seele genötigt ist, indem sie die nachgeahmten Erscheinungen des vorherigen Abschnitts als Bilder gebraucht, zu suchen von Voraussetzungen aus, nicht zum Anfange zurückschreitend, sondern nach dem Ende hin, den andern hingegen zwar auch von Voraussetzungen her, aber zu dem keiner Voraussetzung weiter bedürfenden Anfang hingehend, und indem sie ohne die bei jenem angewendeten Bilder mit den Begriffen selbst verfährt" (*Politeia* 510b).

Da Glaukon das, wie wir alle auch, nicht recht versteht (vgl. Ebert 1974, 180–193), erläutert Sokrates den, wie er sagt, letzten Abschnitt noch gesondert, damit wir es uns im Zusammenhang besser vor Augen führen können. Nehmen wir z. B. die Mathematiker, die mit geometrischen Figuren, den drei Winkelarten (spitze, rechte, stumpfe) und weiteren solchen Gegenständen, umgehen. Sie setzen das, was sie über diese Figuren wissen, bei all ihren Operationen immer schon voraus, weil sie denken, dass die ersten Voraussetzungen ausreichend klar und bewiesen sind; dass jeder, der sich mit solchen Dingen beschäftigt, über diese schon Bescheid weiß. Zuerst gehen die Mathematiker immer vom Sichtbaren aus, von Anschauungen und optisch wahrnehmbaren Konstruktionen. Wenn sie dann aber beginnen zu rechnen, und mit den Grundlagen ihrer Berechnungen umgehen, werden ihre Operationen meist abstrakt und unanschaulich. Sie beziehen sich offenbar nicht mehr auf das, was wir unmittelbar sehen können. Ebenso kommen sie auf ihre Ergebnisse nicht dadurch, dass sie einfach hinschauen, also aus dem Sichtbaren heraus, weder insofern es sich dabei um Dinge handelt noch insofern es deren Abbilder sind. Was sie erkennen, stammt in Wirklichkeit allein aus dem Bereich des Denkbaren. Allerdings handelt es sich dabei offenbar um die Gegenstände und den Umgang mit ihnen. Diese Hypothesen und Axiome sind also keine wahrheitsentscheidenden Sätze (vgl. Wieland 1999, 209 f.).

Sokrates unterscheidet dabei drei unterschiedliche Gegenstandsarten: a) ein gedachtes Dreieck (C–E), b) ein gemaltes Dreieck (D–C) und c) ein Spiegelbild des gemalten Dreiecks (A–D). Die Seele mit ihren wahrnehmenden und denkenden Möglichkeiten geht dabei aber nicht an den Ursprung der Dinge zurück, sondern bedient sich nur der Voraussetzungen im Denken, um die Dinge zu erkennen. Die Dinge in A–D sind also nur Abbildungen der Dinge in D–C. Diese können wir uns hell und klar vorstellen und verdeutlichen, die anderen dagegen nicht.

Die gegenüberliegende, d.h. die dialektische Seite der Vernunft, welche für das Unsichtbare des Denkens steht, ergreift die Dinge dagegen unmittelbar, ohne Vermittlung durch die Anschauungen.[44] Während wir für die Gegenstände der Wissenschaften also Voraussetzungen oder Axiome annehmen, schafft die dialektische Fähigkeit ihre eigenen Voraussetzungen, die selbst der wahrhafte Anfang aller wissenschaftlichen Annahmen sind. Diese Seite der Vernunft ist dann auch in der Lage, die Ideen direkt zu erfassen

„... mittels des dialektischen Vermögens, indem sie die Voraussetzungen macht, nicht zu Anfängen, sondern wahrhaft zu Voraussetzungen macht, gleichsam als Zugang und Anlauf, damit sie, bis zum Nichtvoraussetzungshaften an den Anfang von allem gelangend, diesen ergreife, und so wiederum, sich an alles haltend, was mit jenem zusammenhängt, zum Ende hinabsteige, ohne sich überhaupt irgendeines sinnlich Wahrnehmbaren zu bedienen, sondern nur der Ideen selbst an und für sich, und so bei Ideen endigt“ (*Politeia* 511bc).

Glaukon versucht, das, was er verstanden hat, noch einmal zusammen zu fassen: Die dialektische Wissenschaft ist also die Fähigkeit, Sicheres über das Seiende und das Denkbare zu erkennen.[45] Die eigentliche Wissenschaft, was wir geläufig so nennen, setzt sich dagegen mit den Dingen nur auf der Grund-

---

44 Hier ist sehr deutlich zu sehen, dass der griechische Vernunftbegriff, wie ihn Platon verwendet sowohl die Instanz, die Fähigkeit, vernünftige Operationen durchzuführen und Schlüsse zu ziehen, sowie die unterschiedlichen Bereiche, welche Gegenstand des Denkens sein können, umfasst.

45 Genau genommen stellt die Dialektik bei Platon nur die Forderung dar, eine eigene und selbstreflexive Methode der Erörterung und Untersuchung im Reich der Ideen konzipieren zu müssen, eine Methode, welche in der Lage ist, die eigenen Voraussetzungen zu klären (sonst wäre sie Verstandeserkenntnis im Bereich der Wissenschaften), ohne dass Platon näher ausführt, was darunter zu verstehen ist. Wichtig ist dabei zudem offenbar ein kommunikationstheoretisches Element, denn die Dialektik ist nichts, was man ausschließlich für sich allein betreibt, sondern eine Unterredung mit anderen. Aus der „Methode“ der Dialektik, also dem adäquaten Umgang mit den Ideen, ist in der „Tübinger Schule“ (vgl. Krämer 1966; Gaiser 1986) viel gemacht worden (ein kurzer Überblick findet sich in Erler 2006, 158), so dass zuweilen der Eindruck entsteht, man wüsste sehr genau, was Platon in der Akademie mit seinen Schüler geredet hat. Tatsächlich ist das Verfahren in den Texten Platons nur marginal konturiert. Das ist schon aus der Tatsache heraus verständlich, dass die Ideenlehre – und die Ideen sind der Inhalt der Dialektik – bei Platon nicht klar fassbar ist und von Platon selbst immer nur als „zweitbeste Fahrt“ eingeführt wird (vgl. auch Staudacher 2007, 81–87).

lage von den Voraussetzungen auseinander, welche die Dialektik zur Verfügung stellt. Wir haben in diesem Bereich keine Möglichkeit, ihre Grundlagen und Annahmen vom Ursprung her zu reflektieren. Zwar bedienen wir uns auch in der eigentlichen Wissenschaft des Verstands und nicht nur der Sinne, echte Vernunfterkenntnis, die ihre Annahmen ausweisen kann, haben wir in diesem Bereich aber eben nicht. Der Verstand ist nur ein Vermögen, das zwischen der bloßen Vorstellung und der Vernunfterkenntnis liegt.

Sokrates ist mit dieser Deutung Glaukons ganz einverstanden und ergänzt jeden Bereich durch den Zustand der Seele, der mit den Vermögen einhergeht: Die Vernunfteinsicht (*noesis*) ist das oberste Vermögen als dialektische Fähigkeit, die Ideen wirklich einzusehen. Die Verstandesgewissheit (*dianoia*) entspricht dem zweiten Vermögen, mit dem wir wissenschaftlich arbeiten, der Glaube (*pistis*) geht auf die Auffassung der Dinge, und die Abbilder erkennen wir nur noch nach Wahrscheinlichkeit (*taxon*). Am meisten Anteil an Wahrheit und Gewissheit hat freilich die Vernunft. Das Ganze wird häufig so verdeutlicht (wobei die Längenangaben hier nicht berücksichtigt sind):

Sichtbares (Vorstellbares)		Denkbares (Erkennbares)	
Bilder	Tiere, Naturdinge, Kunstwerke,	Gegenstände der Wissenschaften (Voraussetzungen, Axiome)	Gegenstände der Dialektik (Ideen)
A	D	C	E B
Wahrscheinlichkeit	Glaube	Verstandesgewissheit	Vernunfteinsicht

7.5 Die Bedeutung des Liniengleichnisses

Das Liniengleichnis steht zwischen zwei weiteren Gleichnissen, dem Sonnengleichnis und dem Höhlengleichnis (vgl. Annas 1981, 242 ff.). Schon der Vergleich der einzelnen Elemente mit der Mathematik zeigt an, dass Platon hier einem pythagoreischen Einfluss unterliegt. Die Welt und unser Denkvermögen gehorchen beide gleichermaßen einer mathematisch rekonstruierbaren Systematik.[46]

46 Das Liniengleichnis steht im Kontext einer Erläuterung der Idee des Guten und wird damit zumeist im Zusammenhang damit interpretiert (vgl. in diesem Punkt ausführlich Bordt 2004, 93–127).

Das Sonnengleichnis ist eine einfache und anschauliche Metapher. Diesem zufolge sehen wir zwar mit dem Gesichtssinn, letztlich aber immer nur über das Medium des Lichts, das zuletzt von der Sonne her kommt. Es muss also eine Grundähnlichkeit zwischen dem Auge und der Sonne bestehen. Die beiden Einrichtungen sind sozusagen aufeinander abgestimmt. In einem bekannten Gedicht aus der Einleitung in den didaktischen Teil der *Farbenlehre* hat Goethe das so ausgedrückt: „Wär' nicht das Auge sonnenhaft, / Wie könnte es das Licht erblicken?" (vgl. auch *Timaios* 45c).

Die Sonne ist das Urbild und spendet für die Augen gleichzeitig das Licht, ohne das wir nichts sehen könnten. Das Gleiche gilt als Analogie auch für das Denken. Auch das muss sozusagen ein Urbild haben, das ihm auf der einen Seite angepasst ist, und ihm auf der anderen Seite die Fähigkeit, nämlich die Vernunft, mitgibt, es aufzufassen. Wenn sich die Vernunft verfinstert, können wir auch nichts mehr erkennen. Beim Sonnengleichnis geht es allerdings weniger um die Vernunftfunktion, als eher um das, für was die Sonne steht, nämlich für das Gute. Erkenntnis und Wahrheit, auf die sich das Denken richten, sind zwar gut, sie sind aber nicht das Gute.

Das Höhlengleichnis ist das komplexeste Gleichnis und eine umfassende Analogie für die unterschiedlichen Seelenzustände des Menschen, einerseits im Hinblick auf deren qualitative Differenz, andererseits für den pädagogischen Auftrag, Erkenntnis über das Gute, trotz der damit verbundenen Gefahren, zu suchen: In einer Höhle wohnen Menschen, die so gefesselt sind, dass sie sich nicht rühren, sondern nur geradeaus sehen können. Die Höhle ist nach oben zum Licht hin offen. Hinter ihnen brennt ein Feuer, das ihre Schatten und die Schatten von den oben vorbeigetragenen Gegenständen an die Wand wirft, auf die sie starren. Die Menschen haben also ihr ganzes Leben lang nur Schatten gesehen. Sollte sich einer dieser Menschen befreien können und an den Ausgang der Höhle gelangen, würde er nicht mehr nur die Schatten, sondern, sobald sich seine Augen und sein Verstand daran gewöhnt haben, zuerst die Gegenstände und schließlich die Sonne sehen, die er auch als das erkennen wird, das für Tag und Nacht und den Wechsel der Jahreszeiten verantwortlich ist. Sollte dieser eine Sehende irgendwann in die Höhle zurückkehren müssen, wird er das nur widerwillig tun, die anderen aber werden ihm nicht glauben und ihn am liebsten umbringen wollen.

Auf unsere Situation übertragen sehen auch wir nur Schatten. Denjenigen aber, welche die Wahrheit der Dinge sehen, wollen wir nicht glauben. Die oberste Erkenntnis ist das Erkennen der Idee des Guten, welches die Ursache vom Richtigen, Schönen, Wahrhaften und aller Vernunft ist und gleichzeitig die Voraussetzung für gutes Handeln. Die Erkenntnis, welche wir durch das wahrhafte Sehen erreichen, betrifft den Bereich des Denkens. Das ist nun aber immer ein Ganzes, d.h., es kann nicht stückweise oder aufbauend vermittelt werden, sondern nur indem man sich die Mühe macht, zum Höhleneingang aufzusteigen. Dann wird einem aber mit einem Schlag alles klar, auch wenn man vielleicht eine Weile braucht, bis man sich an die neuen Verhältnisse gewöhnt hat.

Das Liniengleichnis steht im Kontext der Lehre von den Ideen. Es macht deren Bedeutung, ihren Ort, die Methode ihrer Untersuchung und damit den Wissensbereich identifizierbar, in dem wir die Ideen finden. „Das Liniengleichnis bietet ... eine Gliederung der Erkenntnisweisen und ihrer Gegenstandsbereiche" (Erler 2006, 157). Problematisch ist dabei die Tendenz Platons, den verschiedenen Wissensformen auch ganz unterschiedliche Gegenstandsbereiche zuzuordnen (vgl. Ebert 1974, 186f.; Wieland 1999, 203ff.). Die *Politeia* unternimmt den Versuch, den Vorzug der gerechten Lebensweise gegenüber der ungerechten zu belegen. Die entworfenen Ordnungen verlangen dabei immer wieder einen höchsten Ordnungsmaßstab für die gesamte psychische Konstellation. Die staatliche Ordnung fungiert dem gegenüber nur als ein Beispiel für Ordnungsschemata. Die Gleichnisse unternehmen einen Versuch, diesen höchsten Ordnungsmaßstab zu bestimmen.

Als höchstes menschliches Vermögen nimmt die Vernunft eine Sonderfunktion ein, weil sie nicht nur die Ordnung der anderen Teile zu regeln hat, sondern auch ihren eigenen Kosmos. Sie ist zunächst nur ein formales operatives Instrumentarium. Zugleich aber stellt sie die Möglichkeit bereit, neue Bereiche im Denkbaren zu erschließen. Platon weist immer wieder darauf hin, dass jede Form der Erkenntnis auf diese höchsten Einsichtsfunktionen angewiesen ist, weil sonst die Voraussetzungen, die wir in den Wissensbereichen machen müssen, unausgewiesen bleiben. D.h., ebenso wie wir einen mathematischen Sachverhalt nur einsehen können, wenn wir die Bedeutung und den Zusammenhang der notwendigen Voraussetzungen kennen, können wir auch eine Lebensweise nur dann beurteilen, wenn wir die dafür notwendigen Maßstäbe kennen, die in der Idee des Guten liegen. Ohne die Kenntnis der prinzipiellen Voraussetzungen bleibt jede echte Einsicht verwehrt – egal in welchem Bereich. Das legt aber ebenso nahe, dass der stufenweise Aufbau sozusagen durchschritten werden muss. Wir fangen nicht bei der höchsten und unbezweifelbaren Erkenntnis an, um daraus alles abzuleiten. Der Wissensbegriff Platons ist wesentlich flexibler. Wissen meint bei ihm keine perfekte Erkenntnis, auf die Descartes hinauswollte (vgl. Annas 1981, 200). Entscheidend ist ebenso die korrektive Funktion des Aufbaus, damit wir unsere Urteile nicht als endgültige nehmen, soweit sie sich nur auf die Bilder beziehen (vgl. Schäfer 2010, 60 f.).

Alle drei Gleichnisse versinnbildlichen den höchsten Punkt der Einsicht im Sinne des Gesamtthemas der *Politeia*, der Gerechtigkeit (vgl. Schäfer 2010, 65 f.). Die Sonne als Urbild, die Bestimmung des Ortes der Vernunfteinsicht (Linie E–B) als Grundlage aller weiteren Voraussetzungen für Wissenschaft und Einsicht und die Kenntnis der tatsächlichen Verhältnisse in der Natur gegenüber den Höhlenbewohnern laufen immer auf dieses Kulminationszentrum jeder Erkenntnis hinaus: Während das Sonnengleichnis gewissermaßen einen einführenden Charakter hat, geht das Liniengleichnis auf die mathematische Struktur des Kosmos ein, auf die grundlegenden Ordnungsfunktionen, welche für die Natur und die Vernunft dieselben sind. Zwar nehmen die mathematischen Operationen nur den Bereich der Verstandesgewissheit ein (vgl. Wieland 1999, 214 f.), sie dienen aber dennoch auch dem dialektischen Verfahren als Vorbild von Voraussetzung und Methode, und sie haben einen hinführenden Charakter zu den obersten Vernunftvermögen (vgl. Erler 2006, 158 f.; Mittelstraß 1997, 236 f.). Das Höhlengleichnis symbolisiert dagegen den Auf- und Abstieg durch die Höhle als Erziehung des Selbst.[47]

Die Gleichnisse (Sonne, Linie, Höhle) sind Gegenstand umfassender Forschungsdebatten. Beim Liniengleichnis wird über die Länge der Linien ebenso diskutiert wie über die Analogieverhältnisse zwischen den Linienabschnitten (vgl. Tornau 2007, 29–32, 41 f.; Thurner 2007, 284 f.), ob sich die Linien nicht überschneiden müssten, weil das Sichtbare auch immer zum Vorstell- und damit zum Denkbaren werden kann, ob das Liniengleichnis eher erkenntnistheoretisch oder ontologisch zu interpretieren ist (vgl. Staudacher 2007, 77–79), wie der Verstandes- und der Vernunftbereich genauer voneinander zu trennen sind und welche Be-

47 Zum Problem des Aufstiegs und Abstiegs der Philosophenseele vgl. insbesondere Vlastos 1973, 3–34.

deutung die Mathematik in dem Schema zukommt (vgl. Meixner 2007, 111–113).

7.6 Der Begriff der Seele als Funktionszentrum des Lebens

Zentral ist für uns, wie Platon sich das Denken als Funktion der Seele vorstellt.[48] *Psychê* steht zunächst als Lebensbegriff im Vordergrund. Alles, was lebt, hat auch eine Seele: Pflanzen, Tiere, Menschen. Wie wir heute, waren auch die Griechen nicht in der Lage, das Phänomen des Lebens selbst zu erklären. Der Begriff *psychê* stand bei ihnen für den gesamten Organisationsprozess des Lebens in all seinen Ausprägungen, für die Funktionen: Stoffe aus der Umwelt aufzunehmen, Stoffwechselprozesse intern durchzuführen, eine innere Organisationsstruktur aufzubauen, sich fortzupflanzen, Sozialgemeinschaften auszubilden, wahrzunehmen, zu fühlen, auf Umweltreize zu reagieren, sich zu bewegen, zu denken, zu sprechen, zu wissen und zu erkennen.

Platon und Aristoteles nahmen eine Art Stufung für die unterschiedlichen Seelenvermögen an. Das unterste Vermögen nannte man das *epithymetikon.* Es umschrieb sämtliche vegetative Funktionen wie Hunger haben, Verdauung, die Tag-Nacht-Zyklus-Regelung, den Sexualtrieb usf. Diese Funktion teilen wir mit allen anderen Lebewesen, etwa mit den Pflanzen. Zur zweiten Stufe *thymoeides* gehören sämtliche Strebensfunktionen, Triebe, Wollen, Gefühle, aber auch Wahrnehmen usw. Der dritte Seelenteil, *dianoetikê* bzw. *logistikon,* umfasst das Denken und die Vernunft. Die menschliche Seele besteht daher aus drei Funktionskreisen, die nicht nebeneinander liegen, sondern sich gegenseitig beeinflussen.[49]

Innerhalb dieser Seelenordnung werden mehrere Unterteilungen vorgenommen, vor allem, was den Einfluss bestimmter Teile auf die anderen

48 Für eine kurze Charakterisierung von Funktion bei Platon vgl. Strobel 2004, 114 f.; vgl. auch Frede 2004, 161; vgl. auch Müller 2009, 142 f.; zur Seelenlehre Platons vgl. die umfangreiche Studie von Wolfram Brinker 2007.

49 Brinker hat 2007 eine umfassende und sehr detaillierte philologische Untersuchung zur Bedeutung des *thymos* vorgelegt. Der mittlere Seelenteil nimmt demzufolge eine Sonderstellung bei Platon ein, der sich insgesamt aber an der tradierten Begrifflichkeit orientiert. Da die Vernunft nach Platon immer das Gleiche verlangt und die unteren Vermögen ohnehin unablässig ihre Befriedigung fordern, erscheint der *thymos* als Kampfplatz der seelischen Strebungen, in dem der Ausgleich für Platon gelingen muss (vgl. vor allem Brinker 2007, 13–34).

angeht. Sollte ein Mensch sich in erster Linie von seinem Magen treiben lassen, dann werden ihm die anderen Seelenteile bzw. die Fähigkeit zu den daraus entspringenden Handlungen kurzerhand abgesprochen. Der mittlere Teil, das Mutartige (*thymoeides*) erscheint noch einmal unmittelbar zweigeteilt: Auf der einen Seite wirkt es aus sich heraus – sozusagen unbewusst –, auf der anderen Seite wird ein oberer Teil direkt der Vernunftorientierung unterstellt. Unsere Weisen des Strebens können wir zwar nicht unmittelbar beeinflussen, deren Wirksamkeit allerdings schon, wenn wir sie für unvernünftig halten. Weil Aristoteles diese funktionale Seelenordnung nicht nur vollständig übernommen, sondern sogar noch weiter ausdifferenziert hat, wirkt diese in allen philosophischen Strömungen seit damals weiter nach.

Die funktionale Sicht, die Ordnung in Stufen, der Vergleich mit anderem organischen Leben haben aber auch eine noch größere Wirksamkeit entfacht. Wir sind kaum in der Lage, diese Art des Denkens abzustreifen, auch wenn dabei nicht mehr jede Differenzierung eine Rolle spielen mag.

7.7 Die Weiterentwicklung der Vorstellung von der funktionalen Seelenordnung

Die Seele eines Lebewesens umfasst nach der Vorstellung von einer funktionalen Seelenordnung die gesamten Körperfunktionen, zu denen ein Lebewesen fähig ist. Gleichzeitig verbirgt sich hinter ihr aber auch ein Entwicklungsprogramm. Die Seelenteile entfalten sich nämlich nach und nach, um dann erst die in ihnen angelegten Möglichkeiten zu verwirklichen. Jede Seele hat also auf der einen Seite eine Wirklichkeit, die dadurch beschrieben ist, dass sie in der Welt vorhanden ist. Auf der anderen Seite ist sie durch die in ihr angelegten Möglichkeiten gekennzeichnet, die sich erst noch entfalten müssen. Dieses universale Prinzip, das jeder Seele spezifisch zukommt, heißt nach Aristoteles *Entelechie* (darin steckt *telos*, das Ziel). „Seelenwesen", wie Pflanzen, Tieren und Menschen, sind ihre Ziele, das, was sie jeweils werden können, ihrer Möglichkeit nach vorgegeben. Die Möglichkeiten bestimmen das Aussehen der letzten Entwicklungsstufe.

Die Möglichkeit, ein Baum zu werden, steckt schon im Baumsamen, und ebenso verbirgt sich darin, was es für eine Art von Baum wird. Findet der Same eine bestimmte günstige Umgebung vor, wächst aus ihm ein Baum. Das Ziel des Samens ist es, zu einer ganz bestimmten Art von Baum heranzuwachsen. Zwar müssen für jede solche Entfaltung wiederum bestimmte äußere Bedingungen herrschen, zu seiner vollendeten Wirklichkeit wird das Seelenwesen (der Baum, der Mensch usf.) jedoch nach dem Programm seiner inhärenten *Entelechie.* Das Grundprinzip gilt dabei auch für den Menschen.

Nach Aristoteles liegt die zentrale Entelechie eines Menschen in seinem Vernunftgebrauch. Alle anderen Funktionen kommen ja auch den anderen Lebewesen zu. Der Mensch hat im Unterschied zu diesen einen Verstand, eine Vernunft, ein Denkvermögen. Deswegen definiert Aristoteles den Menschen als *zôon logon echôn*, ein Lebewesen, das *logos* hat.

Logos heißt im Griechischen noch viel mehr als nur Vernunft, nämlich Sprache, die Fähigkeit zur Sprache und vor allem die Fähigkeit zum Sinn, d. h. dazu, aus verschiedenem Vorgegebenen Sinneinheiten zu bilden, die Möglichkeit also zur Synthesis. Das umfasst sämtliche Funktionen, zu denen wir aufgrund der Vernunft fähig sind.

Das *thymoeides* ist ein Zwischenvermögen. Es gehorcht auf der einen Seite der Vernunft, wodurch es vermittelt selbst vernunftbesitzend und vernunftausübend (nämlich über die anderen Seelenteile) ist. Auf diese Weise kann man auch die Wahrnehmung bei den Tieren erklären. Diese ist zwar nicht im menschlichen Sinne bewusst, aber dass Tiere auch Wahrnehmungen verarbeiten, daran besteht kein Zweifel. Auf der anderen Seite ist *thymoeides* aber auch vom unteren Vermögen, den Trieben, abhängig und lässt sich durch diese bestimmen. Die Grenzen der verschiedenen Seelenteile, das bemerken wir an der Zwischenstellung des *thymoeides*, sind nicht ganz scharf.

Die *psychê* ist häufig als Hauch oder Atem bezeichnet worden, der beim Tod ausgehaucht wird. Darunter versteht man etwas Feinstoffliches, das sich irgendwo im Körper befinden muss. Den Sitz der Seele hat man schon zu den Zeiten der Vorsokratiker in den Atem gelegt, in das Herz, das Blut (bei hohem Blutverlust stirbt das Lebewesen) oder in den Kopf (vgl. auch *Timaios* 69a–72d).

Bei Platon dagegen ist die Seele etwas Immaterielles, das keinen Ort irgendwo im Körper hat. Mit dem Leib ist sie aber aufs engste verbunden und löst sich erst wieder von ihm ab, wenn das Lebewesen stirbt. Für Aristoteles ist die Seele die „erste Entelechie"; d. h. diese hat die Möglichkeiten in sich, sich zu entfalten; bei einer Pflanze genauso wie bei einem Menschen. Die damit verbundene Kraft kann man auch als eine Art von Energie auffassen.

Den Zusammenhang können wir uns heute nur sehr schwer vorstellen: Wie hängen Leib und Seele zusammen, wenn das eine materiell, das andere immateriell ist? Was ist das für eine Art von Energie, die auf den Körper wirken kann?[50] Wie wirken die drei Seelenteile zusammen, wenn Wirkung und Bewegung etwas ist, das sich in der Wirklichkeit findet? Wie kann die Seele eine Einheit sein, wenn sich nach Platon ihr vernünftiger Teil beim Tod von ihr trennen kann? Schon immer war es fraglich, ob die Seele eine eigene Substanz ist, eine metaphysisch-nichtmaterielle oder eine materiell-feinstoffliche. Der Streit darum tobte bereits in der Antike und im frühen Christentum (nach Tertullian ist die Seele feinstofflich, nach Augustinus rein geistig). Durchgesetzt hat sich, dass die Seele keinen Raum einnimmt und immateriell, dennoch aber eine Substanz, etwas „Zugrundeliegendes", ist.

Der Substanzbegriff ist zunächst auch nur ein Funktionsbegriff, der bezeichnet, was die Grundlage für ein Ding ist, ob materiell-stofflich oder immateriell-geistig. Descartes hat die Seele als denkendes Ding (*res cogitans*), das substantiell fassbar ist, gedeutet. Das hat sich in der deutschen Schulmetaphysik durchgesetzt. Die Frage nach der Seele war eine der drei Kardinalprobleme der damaligen Metaphysik, speziell der so genannten „rationalen Psychologie": Die Seele muss einheitlich sein, unsterblich und substantiell. Die anderen Fragen waren die der „rationalen Kosmologie" und der „rationalen Theologie", also die Probleme, ob die Welt einen Anfang hat, unendlich teilbar ist, ob es Freiheit gibt oder alles kausal determiniert ist, ob die Welt für ihren Anfang einen „ersten Beweger" braucht und ob es Gott gibt, ob seine Existenz beweisbar ist und ob er für das Leid in der Welt (physisch und psychisch, moralisch und metaphysisch) verantwortlich ist.

Kant hat – nach einem Wort Moses Mendelssohns – die Metaphysik „zermalmt", indem er festgestellt hat, dass diese ganzen metaphysischen Grundfragen für den Verstand und unser Erkenntnisvermögen prinzipiell nicht lösbar sind. Substantialität, Einfachheit und Unsterblichkeit sind Eigenschaften, die wir nur auf uns erscheinende Gegenstände anwenden

50 Die Scholastik, also die mittelalterliche Philosophie, hatte die Idee, vom *influxus physicus*, um die wechselseitige Beeinflussung von Seele und Leib an einem Begriff festzumachen. Weil es sich um zwei völlig verschiedene Bereiche handelt, konnten sich Descartes oder Malebranche das nicht anderes vorstellen, als so, dass dafür immer ein Eingreifen Gottes notwendig ist, der die beiden Bereiche aufeinander abstimmt.

können, nicht aber auf immaterielle Substanzen, bzw. reine Denkgegenstände. Die Seele ist nach Kant nur noch ein Gegenstand des inneren Sinns. Denn darin und in ihrer Verbindung zum Körper nehmen wir sie wahr, nie allerdings als Substanz oder als Gegenstand.

Nachdem Kant die Möglichkeit einer Substantialität der Seele folgenreich aufgehoben hat, verlegte man sich auf die Aktualitätshypothese der Seele und griff dafür allerdings auch wieder weitgehend auf antike Diskussionen zurück. Die Seele ist danach das Prinzip, nach dem sich Lebewesen nach und nach entwickeln. Über Herbert Spencer und Wilhelm Wundt ist der Begriff im Grunde immer hypothetischer geworden. Die heutige moderne Psychologie verzichtet weitgehend auf den Begriff der Seele, den sie nur noch im Namen trägt.

Dennoch gibt es innerhalb der Philosophie wieder eine Art Renaissance der Philosophischen Psychologie (vgl. Lorenz 2003). Diese versucht, den Begriff der Seele wieder in den Fokus der Aufmerksamkeit zu rücken. Das scheint obsolet, nachdem erstens die Psychologie eine eigenständige Wissenschaft geworden ist, welche den Begriff der Seele nicht mehr nötig hat, und nachdem zweitens die Philosophische Anthropologie, die Erkenntnistheorie und die Analytische Philosophie des Geistes die wesentlichen Themen der Philosophischen Psychologie übernommen zu haben scheinen. In diesem Zuge wurde der Begriff der Seele ersetzt durch neurophysiologische Metaphern, durch den „psychischen Apparat“, durch das „Ich“, das „Selbst“, das „Bewusstsein“ oder das „Subjekt“.

Nachdem Kant mit seiner Lehre vom Schematismus des Seelenbegriffs – dessen der Mensch sich letztlich nicht entledigen kann (und weswegen der Begriff umgangssprachlich bei aller Diffusität immer noch Verwendung findet) – die Seele als einfache und unsterbliche Substanz als möglichen Erkenntnisgegenstand verworfen hat, hat er im Vorgriff auf eine experimentelle und empirische Psychologie in den *Metaphysischen Anfangsgründen der Naturwissenschaft* sogar behauptet, dass die Seele niemals Gegenstand einer solchen Wissenschaft werden kann.

Es kann für die moderne Philosophie auch niemals darum gehen, den Begriff der Seele in manifester Form wieder zu rehabilitieren. Demgegenüber gilt es zu verstehen, welche Funktion der Begriff der Seele in der Antike hatte: die Einheitsbildung von Natur und Geist, die Ursache von Bewegung, die Teleologie in der Biologie, und wie sich die moderne Psychologie methodisch aus diesem Paradigma heraus entwickelt hat.

Die Trennung der Bereiche von Natur und Geist ist zunächst die Leistung René Descartes, der damit das neuzeitliche Denken überhaupt begründete. Die Entwicklung verschärfte sich im 18. und 19. Jahrhundert immer mehr zugunsten der Natur. Und doch bleibt sozusagen ein Rest einer natürlichen Unerklärlichkeit, welche zumeist unser inneres Empfinden thematisiert. Nichtwissenschaftlich lässt sich das schnell auf den Begriff bringen. Der an natürlichen Erklärungen interessierte Wissenschaftler darf so etwas aber niemals annehmen. Verschleiert wird der Begriff der Seele thematisiert in Beiträgen, welche von sich behaupten, das Geheimnis der Seele entschlüsselt zu haben, um dann vom „Bewusstsein“ und „neuronalen Korrelaten“ zu reden, ohne etwas über die Korrelationsarten zu sagen, so wie das z. B. bei Francis Crick oder Daniel Dennett der Fall ist.

Eine Seelensubstanz werden wir heute nicht mehr annehmen. Der Substanzbegriff selbst ist in der zeitgenössischen Diskussion schon völlig obsolet geworden. Sinn macht es aber, den Seelenbegriff wie bei Platon als Begriff für die Funktionen zu verwenden, die wir mit Denken, Fühlen, Wahrnehmen, Sprache – alles im weitesten Sinne des Psychischen genommen – umschreiben. Empirisch gewonnene Daten lassen sich generell nicht mit den psychischen Erscheinungen identifizieren. Der Mensch ist eine seelisch-körperliche Einheit, er lebt aber in beiden Bereichen und ist wechselseitig auf diese angewiesen. Das psychische Erleben schlägt sich ebenso in körperlichen Erscheinungen nieder wie umgekehrt. Unsere Sprache, die Ichbezüge, alle sozialen Beziehungen und unsere Weltauffassung sind gleichermaßen von physischen wie von psychischen Momenten durchdrungen. Es ist unsinnig, das eine vollständig auf das andere reduzieren zu wollen.

Dennoch lassen sich durch empirische Forschungen vor allem der Neurophysiologie und der Neuropsychiatrie über unsere Wahrnehmungs- und Denkleistungen natürlich wichtige Einsichten in die verschiedenen Funktionsbeziehungen machen. Die Grundfrage aber ist, welches Menschbild wir diesen Untersuchungen zugrunde legen. Das reduktionistische Bild vom Menschen als Maschine und vom Gehirn als rein informationsverarbeitenden Rechner ist wenig plausibel. Erkenntnistheoretische, wissenschaftstheoretische wie ethische Überlegungen sprechen ebenso massiv dagegen.

Der Sinn philosophischer Fragen ergibt sich daraus, dass jeder Forschende Rechenschaft ablegen muss über sein methodisches Vorgehen und die Voraussetzungen seiner Fragestellungen. Es gibt aber keine rein empirische Forschung. Empirische Fragestellungen werden nicht von der Straße aufgeklaubt, wie sie da liegen, es ergeben sich daraus nicht selbstverständlich bestimmte Fragestellungen, die wir empirisch überprüfen können, und die Daten, die eine solche Untersuchung liefert, interpretieren sich auch nicht von selbst. Gerade Platon hat schon auf diese Zusammenhänge aufmerksam gemacht (vgl. Kutschera 2002, 2/100).

Ein Menschenbild dagegen, welches davon ausgeht, dass das psychische Erleben, Wahrnehmen, Denken und Fühlen nicht wegerklärt oder auf Materielles reduziert werden kann, sondern annimmt, dass es sich dabei um einen eigenen Gegenstandsbereich handelt, führt zu differenzierteren Ergebnissen gerade auch innerhalb der empirischen Forschung; dabei müssen wir daran denken, dass dieser Bereich uns überhaupt erst zu Forschung, Erkenntnis und ihrer Anwendung fähig macht. Wir müssen also bedenken, dass der psychische und der physische Bereich aufeinander bezogen werden müssen. Da keine eindeutigen Identitäten bestehen, sondern nur funktionale Korrelationen, sind wir fast gezwungen, den empirisch engen Blick zu erweitern. Die Möglichkeiten der Philosophie sind in diesen Bereichen noch gar nicht ausgeleuchtet, und sicher nicht erschöpft. Es lassen sich daraus wohl ganz neue Erkenntnisse schöpfen. Offenbar aber sind wir in diesen Fragen wieder einmal kaum noch bei Platon angelangt.

Weiterführende Literatur

Wolfram Brinker, Platons Ethik und Psychologie. Philologische Untersuchungen über thymoeidetisches Erkennen und Handeln in den platonischen Dialogen, Frankfurt a.M. u.a. 2007.

Dorothea Frede, „Dialektik in Platons Spätdialogen", in: van Ackeren 2004, 147–167.

Andreas Graeser, Probleme der platonischen Seelenteilungslehre. Überlegungen zur Frage der Kontinuität im Denken Platons, München 1969.

Otfried Höffe, „Zur Analogie von Individuum und Polis (Buch II 367e–374d)", in: Höffe 1997, 69–94.

Terence H. Irwin, „The Parts of the Soul and the Cardinal Virtues (Book IV 427d–448e)", in: Höffe 1997, 119–140.

Uwe Meixner, „Erkenntnis (epistêmê, noêsis, nus, nôsis, phronêsis, mathêsis)", in: Schäfer 2007, 109–116.

Jörn Müller, „Psychologie“, in: Horn u.a. 2009, 142–154.
Jürgen Mittelstraß, „Die Dialektik und ihre wissenschaftlichen Vorübungen (Buch VI 510b–511e und Buch VII 521c–539d)“, in: Höffe 1997, 229–250.
Peter Staudacher, „Denken (noêsis, dianoia, doxa)“, in: Schäfer 2007, 77–81.
Benedikt Strobel, „Attribute der Formen und die Form des Guten. Gerasimos Santas über die metaphysische Theorie des Guten in Platons Phaidon“, in: van Ackeren 2003, 92–110.
Christian Tornau, „(Ab)Bild (eidôlon, eikasia, eikôn)“, in: Schäfer 2007, 29–34.
Martin Thurner, „Trennung (chôrismos)“, in: Schäfer 2007, 282–285.

8. Wahrnehmung und Erkenntnis – Vernunft und Sinn

Das Problem der Erkenntnis und die Frage danach, wie wir unser Wissen begründen können, ist eines der wichtigsten Themen in der Philosophie. Trotz ihrer grundlegend theoretischen Ausrichtung stehen diese bei Platon im praktischen Kontext zur Lebensführung. In einem ersten Schritt interpretiert Platon die Erkenntnis als etwas, das in unserem Inneren, in unserer Seele stattfindet. Echtes Wissen erhalten wir nicht in der Form von Wissen über die Sachverhalte in der Welt, weil sich diese ständig ändern. Die Referenz von Wissen geht aber darauf, etwas über die Welt zu sagen. Daher besteht ein wesentlicher Unterschied zwischen einem Sachverhalt und dem Feststellen, dass dieser Sachverhalt besteht; der Inhalt eines Sachverhalts ist also nicht identisch mit der in ihm festgestellten Welttatsache. Ein weiteres Problem ergibt sich aus der Begründung für ein Wissensurteil und der Klärung der Voraussetzungen, die wir für ein solches Urteil immer annehmen müssen.

8.1 Wandel des Sichtbaren – Gleichbleiben der Vernunft (*Phaidon* 79a–e)

Die Frage nach einem sicheren Weg zur Erkenntnis hat für Platon immer eine gleichermaßen theoretische wie praktische Seite. Denn die wichtigste Kenntnis ist die des Guten, des Gerechten und der rechten Lebensführung. Dabei ist Platon von der Überzeugung getragen, dass es solche Kenntnisse nicht in der empirischen Welt und nicht in der unmittelbar sinnlichen Wahrnehmung dieser Welt geben kann. Alles, was wir sehen können, ändert fortlaufend seine Gestalt, vieles sehen wir nicht sehr genau, unsere Sinne trügen uns manchmal und mit den anderen auch nur über einfache Beobachtungen einig zu werden, gelingt uns ebenso wenig gesichert. Das Sichtbare scheint also das Unsichere zu sein.

Dagegen gelten z. B. die Gesetze der Mathematik immer; das, was wir nach reiflicher Überlegung tun, gelingt meistens; und erkennen wir mit der Vernunft einen Zusammenhang, bleibt dieser relativ stabil, wenigstens so lange sich die Einsicht nicht auf sinnliche Wahrnehmungen bezieht oder eine Erwartung über den weiteren Verlauf der Welt.

Die Suche nach Erkenntnis und nach sicherem Wissen ist gewiss auch innerhalb der Bedürfnisstruktur des Menschen verankert, denn für unsere Überzeugungen und für das, was wir tun, betrachten wir die Sicherheit unserer Urteile als geradezu entscheidend. Wenn wir nicht wissen, wie ein Gelände beschaffen ist, trauen wir uns nicht zu, sicher durchzumarschieren. Wir brauchen für unsere Lebensführung ein gewisses Maß an Sicherheit. Und die Frage ist, wie wir diese im Wissen gewinnen können.

Der zweite Unsterblichkeitsbeweis im *Phaidon* lief darauf hinaus, dass die Seele, da sie das Vernünftige erkennt, Anteil am Vernünftigen und damit dem Göttlichen hat, das unsterblich ist, wodurch sie, da das Vernünftige eben eine ihrer wesentlichen Eigenschaften ist, selbst unsterblich wird. Schon hier unterschied Platon das Sichtbare, womit sich der Leib abgibt, und das Unsichtbare, das sich auf die Gegenstände der Seele, das Denken, Fühlen, Handeln usf. bezieht – die Differenz findet sich auch in der *Politeia* beim Liniengleichnis (vgl. *Politeia* VI 509c–511e) und im *Timaios* als Voraussetzung der ganzen Erzählung von der Entstehung der Welt (vgl. *Timaios* 27d–28a). Das Unsichtbare ist sich selbst immer gleich und verhält sich auch immer gleich. Dagegen verändert sich das Sichtbare ständig.

Diese Unterscheidung bezieht sich nicht nur auf die Gegenstände, mit denen Leib und Seele Umgang haben, sondern ebenso auf diese selbst: Der Leib ist sichtbar, die Seele dagegen können wir nicht sehen, sie ist unsichtbar und sie ist kein körperliches Objekt. Allerdings bedient sich die Seele des Leibes über die Sinne, um etwas zu erkennen, und des motorischen Apparats, um den Leib in eine Richtung zu bewegen. Der Leib ist dagegen nur auf das Sichtbare gerichtet. Der Wechsel der Verhältnisse, denen die sichtbaren Dinge unterworfen sind, wirkt sich auf den Leib natürlich aus. Er wird selbst schwankend und ändert, durch die Sinneseindrücke veranlasst, seinen Zustand. Auch er ist sich, solange er auf die Sinne gerichtet ist, nie gleich. Offenbar denkt sich Platon den Zusammenhang zwischen Leib und Seele recht eng, denn er nimmt an, dass es durch die Zustandsänderungen des Leibes passieren kann, dass auch die Seele zu schwanken beginnt, wie die leiblichen und körperlichen Dinge. Genau das geschieht aber, wenn die Seele sich irrt, wenn sie also von den schwankenden, sich ändernden und nie gleichbleibenden sichtbaren Dingen verwirrt wird. Der Irrtum in den Überzeugungen der Menschen beruht darauf, dass diese sich zu sehr auf die äußere Welt beziehen. Wenn wir über einen Sachverhalt in der Welt urteilen, liegen wir immer dann falsch, solange unser Urteil nur von den schwankenden Weltverhältnissen abhängt, statt von den gleichbleibenden Kriterien der Vernunft.

Wenn die Seele allein durch sich selbst betrachtet, d. h. durch die Vernunft, sieht sie entsprechend auch auf die ihr gemäßen Dinge, die wie sie selbst immer gleich bleiben. Dadurch geht sie zum Reinen und Seienden, Unsterblichen und sich stets Gleichen über. Hier hat sie Ruhe vor dem Irrtum, und ist durch den Bezug zum immer Gleichen auch sich selbst gleich. Diesen Zustand der Seele nennt Platon Vernünftigkeit. Er folgert, dass die Seele dem Gleichbleibenden ähnlich ist, der Leib aber dem Schwankenden; das Vermögen, das ihr dazu verhilft, ist die Vernunft.

Daraus folgt, dass die Seele, wenn sie dieselbe bleibt, nicht sterben kann. Sie kann als Gleichbleibende ja nicht in einen anderen Zustand, den des Todes, hinübergehen, sonst würde sie sich ändern. Uns interessiert an dieser Stelle Platons Differenzierung in einen Bereich, den die Seele erkennt, und einen, den wir mit dem Leib, also über die Sinne erkennen.

Der Begründungszusammenhang im *Phaidon* ist im Wesentlichen ein existentieller und kein erkenntnistheoretischer. Platon geht es darum, Sokrates nicht ohne die Zuversicht sterben zu lassen, die Unsterblichkeit der Seele beweisen zu können, oder zumindest einen *logos* zu finden, der diese nicht ausschließt, oder besser noch, eine begründete Hoffnung darauf zulässt. Für einen solchen Beweis wird er aber in der äußeren, materiell strukturierten Außenwelt nichts finden. Deswegen lässt Platon Sokrates die Welt so sehr abwerten, indem er behauptet, dort ließe sich keine Erkenntnis und kein sicheres Wissen finden.

Dennoch klingt die These, in der Welt und bezogen auf die Welt gibt es kein Wissen, sehr überzogen. Schließlich findet nicht nur unser Handeln in der Auseinandersetzung mit der Welt und ihren Gegenständen statt, über die wir ein Mindestmaß an Kenntnis haben müssen; und außerdem ist es fragwürdig, wenn wir unser Leben – und eben auch unsere

Seele – von der Welt abwenden, und nur noch unsere eigene Innenschau betreiben, zumal deren Inhalte wieder nur aus der Welt stammen können.

Bei der Frage nach der Erkenntnis geht es aber nicht nur darum, ob die Inhalte vernünftig sind oder sinnlich, sichtbar oder unsichtbar, sondern um Kriterien, wie wir diese absichern können. Wie lässt sich ein wahres Urteil von einem falschen unterscheiden, wenn wir doch von beiden jeweils überzeugt sein können? Wie können wir, wenn wir grundsätzlich Zweifel an Urteilen haben, dennoch mit einiger Sicherheit, Wahres und Falsches, Berechtigtes und Unberechtigtes, Richtiges und Unrecht auseinander halten? Die bloßen Anschauungen genügen dazu nicht. Die Kriterien für solche Unterscheidungen müssen in uns und unserem Denken liegen, weil die Dinge sich ja tatsächlich ständig ändern und uns verschiedene Seiten zeigen, weil wir wissen, dass wir uns jederzeit irren können. Sokrates hat also ganz recht, wenn er empfiehlt, die Maßstäbe für die Erkenntnis im Inneren zu suchen. Dass er sich in seiner Situation kurz vor seinem Tod nicht mehr für die Welt interessiert, sondern ausschließlich für seine Seele und deren Fortleben, können wir verstehen; er würde wohl auch verstehen, wenn wir diese Konzentration nicht aufbringen werden, sondern uns auch um die Welt kümmern mögen, also ein Interesse daran haben, auch dort den Weg der Erkenntnis und des Wissens zu gehen.

8.2 Was ist Erkenntnis? (*Theaitetos* 184b–210d)

8.2.1 Erkenntnis ist Wahrnehmung

Im *Theaitetos* bestand der erste Definitionsversuch des jungen Mathematikers zur Frage, was Erkenntnis sei, in der Bestimmung, diese sei Wahrnehmung. Sokrates hatte schon viel gegen diesen Satz vorgebracht, ab *Theaitetos* 184b – bevor Theaitet zur zweiten Definition übergeht, Erkenntnis bestehe in einer richtigen Vorstellung – setzt er aber dazu an, die Definition endgültig zurückzuweisen. Womit, so fragt ihn Sokrates, sieht der Mensch das Weiße und Schwarze und womit hört er das Hohe und Tiefe. Theaitet antwortet, dass das offensichtlich mit den Augen und den Ohren geschieht. Sokrates will es genauer wissen: Sehen wir wirklich *mit* den Augen oder nur *vermittelst* der Augen. Das letztere gilt freilich, wie Theaitet einräumt. Das wäre auch schlimm, sagt Sokrates, wenn unsere

Wahrnehmungen nirgendwo „in irgendeiner Form" zusammenfließen würden, sondern wie die Danaer im hölzernen Pferd nebeneinander liegen sollten (also wie die Griechen, als sie sich durch die List des Odysseus im Trojanischen Pferd versteckten, um die Stadt zu erobern). Offenbar spielt es da auch keine Rolle, ob wir den Ort, an dem die Wahrnehmungen zusammenkommen, Seele nennen möchten oder sonst irgendwie. Das können wir als Hinweis auf den verwendeten Funktionsbegriff der Seele lesen. Platon nimmt also keine substantielle Seele an. Sie ist unsichtbar und nichts, was in der physischen Welt vorhanden wäre. Die Seele ist als Ort des unkörperlichen Denkens selbst nicht als physisch zu charakterisieren.

Alles, was wir wahrnehmen, fassen wir vermittelst des Leibes auf: mit den Ohren die Gegenstände des Hörens, mit den Augen die Dinge des Sehens usf. Die Dinge des Tastens können wir aber nicht mit der Zunge oder der Nase aufnehmen. Jeder Sinn hat vielmehr seinen eigenen Gegenstandsbereich. Das klingt in dieser Form trivial, aber Sokrates meint, wir müssen uns darüber klar werden, dass wir, würde unsere Erkenntnis in den Sinnen liegen, nicht erkennen können, dass ein Ton nicht salzig und ein Geruch nicht grün sein kann. Wir nehmen dies alles zwar über die verschiedenen einzelnen Sinnesorgane auf, dass es sich dabei aber um qualitativ verschiedene Eindrücke handelt, können wir wiederum nicht über den Gesichtssinn oder den Tastsinn selbst wahrnehmen. Irgendwo müssen die qualitativ verschiedenen Eindrücke aufeinander bezogen und gleichzeitig voneinander abgetrennt werden. Das findet wiederum alles innerhalb der Seele statt.

Was aber ist das Vermögen, vermittelst dessen wir das Gemeinschaftliche und das Verschiedene, das Identische und das Ähnliche, das Sein und das Nichtsein sowie z. B. auch das Gerade und das Ungerade und ob etwas eins ist oder ob es mehrere sind, erkennen? Es muss sich, meint Theaitet, ebenso um die Seele handeln. Für die aufgezählten Qualitäten aber scheint – anders als bei den Sinnesorganen – die Seele kein Vermögen zu sein, das nur wieder ein Werkzeug ist, etwas vermittelst, das heißt durch sie wahrzunehmen, „... sondern die Seele scheint mir", sagt Theaitet, „vermittelst ihrer selbst das Gemeinschaftliche in allen Dingen zu erforschen" (*Theaitetos* 185de).

Einiges also wird vermittelst des Körpers, anderes vermittels der Seele durch sie selbst wahrgenommen. Einen Ton nehmen wir als Ton vermittelst des Ohres wahr, Weiches als Weiches vermittelst des Tastgefühls. Sein und Wirklichsein der Dinge sowie Ähnlichkeit und Unähnlichkeit, Gutes, Böses, Schönes, Hässliches usf. fassen wir mit der Seele und, wie die beiden sich ausdrücken: durch die Seele auf. Ersteres nehmen wir schon von Natur aus wahr, ebenso wie die Tiere. Das, was durch die Seele vermittelt wird, fassen wir erst nach und nach durch eine gewisse Übung, durch Mühe und Nachdenken, Unterricht usf. auf. Die Seele betrachtet nicht nur einige Eigenschaften der Dinge, sondern richtet sich auf die Gegenstände selbst, betrachtet diese, vergleicht sie und schließt aus den vorhandenen Eindrücken auf Urteile. Dazu bedient sie sich des Gedächtnisses und bezieht so gegenwärtige und vergangene Eindrücke aufeinander, stellt Verbindungen her und teilt ihre Schlüsse in unterschiedlichen Hinsichten z. B. des Nutzens, des Werthaltens usf. Man sieht hier sehr deutlich, dass Platon mit dem Begriff der Seele den ganzen Bereich des Mentalen umfasst: Vernunft, Verstand, Gefühl, Wahrnehmung, Nachdenken, logisches Schließen usf.

Das wahre Wesen der Dinge können wir nur beurteilen, wenn wir das alles berücksichtigen, wenn wir bedenken, wie der Erkenntnisprozess in uns vonstatten geht. Von Erkenntnis zu reden, ohne zu wissen, was in dieser Hinsicht wahr ist, macht dagegen keinen Sinn. In den Eindrücken allein stecken nun einmal keine Erkenntnisse. Allenfalls in den Schlüssen, welche die Seele daraus zieht, finden wir solche. Auch wenn in der Wahrnehmung eine unabdingbare Voraussetzung für Erkenntnis steckt (das klang im *Phaidon* noch anders), so dass wir sehen, riechen, hören, schmecken, frieren, schwitzen müssen, um etwas von der Welt aufzunehmen, liegt darin nicht schon Erkenntnis. Folglich kann jene durch diese nicht definiert werden. Erkenntnis muss demnach etwas anderes als Wahrnehmung sein.

8.2.2 Erkenntnis liegt in der richtigen Vorstellung

Das Ergebnis erfordert eine neue Untersuchung, welche Theaitet mit seiner neuen These beginnt, Erkenntnis sei richtige Vorstellung. Falsche Vorstellung kann keine Erkenntnis sein. Daraus ersehen wir, dass Erkenntnis dem Begriff nach Wahrheit beansprucht. Wie können wir diese Wahrheit jedoch absichern? Wann also ist eine Vorstellung tatsächlich und begründet wahr?

Das „Sich-Vorstellen“ (*doxazein*) ist ein weiter Begriff, den man auch mit „denken“, „urteilen“, „glauben“, „vermuten“ oder „annehmen“ übersetzen kann. Daher ergibt sich eine große Vieldeutigkeit, und es wird nicht ganz klar, was Theaitet eigentlich meint. Dass seine Definition die einfache Vorstellung durch Richtigkeit oder Wahrheit ergänzt, wird dann zum Problem. Die These verschiebt auch die ganze Diskussion in eine eigenartige Richtung. Freilich ist Wahrnehmung nicht schon Erkenntnis, das haben die beiden plausibel gemacht. Dass die Wahrnehmung aber gar nichts zur Erkenntnis beiträgt, ist wohl ebenso falsch. Es stellt sich die Frage, wie wir zu den Vorstellungen kommen, die wir haben. Dadurch kommt der Wahrnehmung wieder eine neue Relevanz zu, die vorher bestritten wurde.

Dass die beiden jetzt von der Vorstellung über einen Sachverhalt ausgehen, um zu klären, was Erkenntnis ist, verschiebt die ganze Fragestellung auf unser inneres Bewusstsein von dem, was wir wissen. Sokrates macht das an dieser Stelle besonders stark. Die gewinnbringende Differenzierung, die im Gespräch schon durchschien, dass z.B. verschiedene Abstimmungen vorliegen müssen, die von Auge und Farbe, von Auge und Seele, die Verarbeitung von Gegenstand bzw. Objekt des Wahrnehmens und Idee im Denken, scheint so erst einmal verloren. Die Gegenstände und unsere unterschiedlichen sinnlichen Wahrnehmungen sind aufeinander abgestimmt, weil wir sonst gar nichts wirklich erkennen könnten: Die Gegenstände, die wir mit unseren Sinnen erfassen, sind zu unbeständig, kontingent. Die Vorstellung, dass die sinnlichen Objekte verschieden seien und sich änderten, weil sie immer in Bewegung seien, ist dagegen zur Verschiedenheit und der Bewegung der sinnlichen Objekte im Denken inkommensurabel. Wenn sich die Veränderung auf die Denkinhalte überträgt, werden auch diese unbeständig, und es entsteht das Problem, wo die Sicherheit für die Vorstellung herrührt, welche diese zur wahren oder richtigen macht.

Erkenntnis muss Wissen sein. Beides, Erkenntnis und Wissen, ist immer richtig, sonst ist es eben keine Erkenntnis und kein Wissen. Auf der anderen Seite gibt es den Irrtum. Das war Theaitet sofort klar, als er zu seiner Definition schritt. Urteilen können wir auch falsch, Erkenntnis haben wir nur bei richtigen Urteilen und Vorstellungen. Was aber macht ein Urteil zu einem wahren? Wo liegt genau der Unterschied? Die bloße *doxa*, das Vermuten, die Meinung, besteht gerade darin, nicht zu wissen.[51]

51 Die Unterscheidung von Meinung und Wissen ist zentral für Platon (vgl. grundlegend Horn 1997; van Ackeren 2004; Hardy 2004, 246–249).

Sokrates rabuliert ein wenig sophistisch: Wenn wir etwas wissen, können wir uns nicht irren, denn Wissen und Irrtum gehen nicht zusammen. Irriges, falsches Wissen ist kein Wissen: Was also ist dann überhaupt eine falsche Meinung, wenn wir von dem, was wir meinen, nichts wissen, sonst könnte die Meinung nicht falsch sein – und im anderen Fall ist sie ja richtig, also Erkenntnis? Wie also können wir das Wissen vom Irrtum unterscheiden?

Die beiden entschließen sich, zu untersuchen, was das Falsche ist. Wie ist es beschaffen, dass wir es uns überhaupt vorstellen können? Es kann nicht ein Nichtseiendes sein, denn ein solches können wir uns überhaupt nicht vorstellen.[52] Sokrates macht also einen anderen Vorschlag:

> „Als eine verwechselte Vorstellung finde falsche Vorstellung statt, wenn jemand etwas Seiendes mit einem anderen Seienden in Gedanken vertauschend sagt, jenes sei dieses. Denn so stellt er immer Seiendes vor, aber eines statt des andern, und indem er das verfehlt, worauf er zielte, kann man mit Recht sagen, daß er Falsches vorstellt" (*Theaitetos* 189bc).

Die Seele, wenn sie denkt, schwankt oft zwischen verschiedenen Urteilen, darin, was sie für wahr und was sie für falsch halten soll. Wenn sie aber hin und her überlegt und sich sozusagen mit sich selbst beredet und dann zu einem Schluss kommt, dann sagen wir, jemand hat eine bestimmte Vorstellung. Wie aber ist diese als richtig aufzufassen? Das mit der Verwechslung ist nämlich zuletzt auch nicht überzeugend, da wir, wenn wir etwas verwechseln, beides kennen müssen, das, was wir verwechseln, und das, mit dem wir es verwechseln. Es handelt sich ja dann in beiden Fällen um ein Wissen. Es kann aber kein echtes Wissen sein, denn sonst könnten wir es nicht verwechseln. Das Ergebnis von gerade wiederholt sich: Es gibt gar keine Verwechslung, denn wenn wir die Vorstellung von etwas im Kopf haben, verwechseln wir sie nicht mit etwas anderem, welches wir auch im Kopf haben, wenn wir beides wissen.

Wir müssen beides wieder differenzieren: Wir können etwas Bestimmtes wissen, etwas, das wir verstehen. Wenn wir nun etwas sehen, und der Meinung sind, dass dieses Etwas gerade das ist, was wir kennen, dann unterliegen wir offenbar einem Irrtum, obwohl wir die eine Sache kennen. Es besteht also ein Unterschied zwischen einem Sachverhalt und dem Sachverhalt des Feststellens, dass der Sachverhalt besteht. Bei Platon

52 Platon bereitet hier schon die Grundfrage des *Sophistes* vor, wie wir überhaupt nichttrivial vom Seienden sprechen können (vgl. hierzu vor allem Frede 1996).

schimmert dieser enorm wichtige Umstand nur durch, wird also nicht expliziert. Aber auch heute noch beachten viele, auch Philosophen vom Fach, diesen Unterschied nicht hinreichend. Wir können den Umstand auch so ausdrücken: Wir fassen *etwas als etwas* auf. Wir stellen also einen Sachverhalt fest und identifizieren seinen Inhalt mit dem, was wir über diesen Sachverhalt wissen. Dann kann es aber auch sein, dass der Sachverhalt, von dem wir meinten, dass er besteht, gar nicht vorliegt. Wir irren uns also nicht über den Sachverhalt, den wir kennen, sondern darüber, dass er hier und jetzt besteht.

Was wir dabei jeweils tun, ist, dass wir die Dinge, die wir wissen, und die Dinge, die wir gerade sehen, zusammenbringen, wir leisten eine Synthesis. Wenn wir diese beiden Elemente nicht richtig zusammenstellen, unterliegen wir einem Irrtum. Die Gegenstände, an die wir uns dabei erinnern, sind entweder im Gedächtnis enthalten, oder wir wissen sie aus einem systematischen Zusammenhang heraus, wie der Mathematiker, der nicht alle Zahlen kennt und schon gedacht haben muss, um mit ihnen zu rechnen, sondern der das Verfahren kennt, wie diese generiert werden.

Um das zu verdeutlichen, stellt Sokrates zwei gleichnishafte Bilder auf: Wir stellen uns die Seele einmal als eine Wachstafel vor und das zweite Mal als einen Taubenschlag.

Im Fall der Seele als Wachstafel würden sich die Dinge, die wir wahrnehmen, in diese einprägen. Manche Menschen haben weiches, schmutziges oder feuchtes Wachs, andere haben sehr große Tafeln. Ist das Wachs feucht, drückt sich schnell etwas ein und verschwindet schneller wieder; ist es weich drückt es sich auch schnell ein, aber ist nicht sehr deutlich; ist es hart, würde der Eindruck zwar beharren, aber der Einschnitt ist nicht besonders tief usf. In allen Fällen lauert der Irrtum, weil wir jederzeit etwas miteinander verwechseln können, da unsere Eindrücke sich nicht immer gleich gut in unser Gedächtnis einprägen.

Das verschiebt die Betrachtung aber wieder, wie Sokrates feststellt: Zuerst nämlich suchte man den Irrtum und die falsche Vorstellung und fand sie weder in der Wahrnehmung noch in den Gedanken. Jetzt scheint der Irrtum in der Verbindung von Wahrnehmung und Gedanken zu liegen (vgl. *Theaitetos* 195c).

Stellen wir uns vor, jemand meint, dass sieben und fünf zusammengezählt elf ergibt: Wie passt das zu den Eindrücken? Dieses Problem versucht Sokrates mit dem Gleichnis vom Taubenschlag zu erläutern: Wir stellen uns eine große Voliere vor, die wir nach und nach mit allen möglichen Vögeln füllen. Das sind die Eindrücke, die wir haben. Diese sitzen zusammen in Gruppen zu mehreren an unterschiedlichen Stellen des Käfigs, andere flattern herum usf. Nun sagen wir, dass derjenige mit dem Taubenschlag die Vögel, also die unterschiedlichen Kenntnisse, besitzt. Sie liegen ihm sozusagen bereit. Damit hat er aber noch keine Erkenntnis, weil er die einzelnen Vögel dazu unmittelbar betrachten, sie in die Hand nehmen und aus der Voliere herausnehmen muss. Welchen Vogel er gerade packt, steht völlig in seinem Belieben. Wenn er den Vogel betrachtet, weiß er sozusagen auch, was er weiß.

Die Vögel im Käfig sind nicht die Eindrücke in der Wachstafel. Diese waren einzelne Wahrnehmungen, an die wir uns erinnern. Die Vögel stehen eher für ganze Wissenskomplexe, z.B. für die Rechenkunst, also den Unterschied zwischen dem Geraden und dem Ungeraden. Es handelt sich dabei um eine ganz andere Klasse von Gegenständen.

Es ist schon der Vorschlag gemacht worden, dass es sich bei den Vögeln um die Ideen handelt, die sich in Gruppen zusammenschließen, wie die Idee des Menschen und die Idee der Vernünftigkeit. In diesem Sinne bekommt man auch keine Probleme mit dem Ideenbegriff, weil diese einfach als Prädikate genommen werden können. Über Prädikate können wir uns auch nicht täuschen. Weiß ist weiß und schwarz ist schwarz, weich ist weich, bunt ist bunt und gerade ist nicht ungerade, ein Mensch ist ein Mensch usf. Ich muss diese Vorstellungen einfach auf die richtige Weise auf die Wirklichkeit beziehen. Andere Vorstellungen flattern herum wie die Tauben im Schlag; die gehören dann zu allen Gruppen, wie eins und Identität und Differenz, Negation, Ähnlichkeit usf.

Der Irrtum beruht nun darauf, dass man statt der Taube für die zwölf, die Taube für die elf gegriffen hat; und so keine echte Erkenntnis in Händen hält, „gleichsam seine Holztaube statt seiner Kropftaube" (*Theaitetos* 199b). Dieses Ergebnis ist nicht sehr befriedigend. Denn bei dem Bild mit den Tauben im Schlag wollte man nur annehmen, dass die einzelnen Kenntnisse für die Tauben stehen. Nun aber hat man ganz unterschiedliche Dinge in diese Vorstellung hinein getragen: Einzeltatsachen, Zahlen, Ideen, Klassenbegriffe, Prädikate usf. Wenn es passieren kann, dass wir statt der Elf die Zwölf ergreifen, haben wir offenbar keine Ahnung von unseren Tauben, denn sonst würde so etwas ja nicht passieren. Theaitet schlägt vor, dass sich auch Unkenntnisse unter den Vögeln finden könnten, so dass man einfach in einzelnen Fällen auch einmal eine Unkenntnis erwischt. Sokrates verzweifelt darüber: Er wollte doch ein Kriterium finden, um Kenntnis von Nichtkenntnis zu unterscheiden. Jetzt flattert wieder alles durcheinander und wir sind keinen Schritt weiter gekommen.

Die Diskussion ist typisch für Platon. Denn ganz so ausweglos ist die Situation nicht. Beim Lesen der platonischen Dialoge können wir mit Sicherheit davon ausgehen, dass ein verzweifelter Sokrates, einer, der das Gespräch abbrechen will, der behauptet, es gehe nicht mehr weiter oder der grundlegende Bedenken wegen der Sache oder der beteiligten Personen hegt, ein Zeichen dafür ist, dass gerade etwas Wichtiges geschieht. Der Leser kann sich dazu aufgerufen fühlen, ganz genau aufzupassen.

Der Vergleich mit dem Taubenschlag hatte zunächst einen ganz anderen Sinn: Es ging dabei nur um die Verwendung und Anwendung von Prädikaten. Die Verwirrung entstand zum Schluss gerade an der Stelle, als Sokrates und Theaitet diese wieder als Wissen über Sachverhalte nahmen.

Platon selbst streut auch weitere einzelne Hinweise für diesen Umstand ein: In Frage standen das Wissen und die Erkenntnis. In *Theaitetos* 196e führt Sokrates an, dass sie sich die ganze Zeit über Wissen und Nichtwissen und Kenntnis und Unkenntnis unterhalten haben, ohne doch recht zu wissen, was das eigentlich ist, Kenntnis und Wissen. Theaitet wendet gleich ein, dass das gar nicht anders geht: Wir müssen immer zunächst einmal voraussetzen, dass es so etwas wie Erkenntnis und Wissen gibt. Erst im Vollzug können wir klären, was das denn eigentlich ist. Das ist eine typisch mathematische Herangehensweise: Erst wird etwas vorausgesetzt und wenn es in der Axiomatik zum Beweisen sinnvoller Folgerungen trägt, dann werden die Annahmen als gültig eingestuft.

Danach ging es im Gespräch der beiden vielfach um synthetische Leistungen beim Wissen, Erkennen und Urteilen. Das wird mehrfach angesprochen, nicht aber vertieft. In *Theaitetos* 194b spricht Sokrates von dem Verbinden (*synago*) der Abbilder mit den Urbildern. Diese Rede hat freilich einen mehrdeutigen Sinn, da wir die Ideen mit den Gegenständen verbinden, die Gegenstände mit unseren Erinnerung usf. Platonische Dialoge sind zum Mitdenken geschrieben; wer nicht genau aufpasst, wird durch den Gesprächsverlauf ständig in die Irre geführt. Gerade an den Bruchstellen der Argumentation muss der Leser immer sehr genau hinsehen, dass ihm nicht etwas im Verständnis untergeschoben wird, was denn im weiteren Verlauf als Ergebnis auch immer dabei heraus kommt.

8.2.3 Erkenntnis ist „mit Erklärung verbundene richtige Vorstellung"

Die beiden nehmen also einen neuen Anlauf. Theaitet bringt noch einmal den vorherigen Satz vor, dass Erkenntnis richtige Vorstellung ist. Sokrates meint, dass das nicht sein kann. Es gebe Rhetoren, welche die Menge und die Richter von allem Möglichen überzeugen können. Wissen diese dann aber etwas Richtiges? Durch die richtige Überzeugung allein ist offenbar nichts gewonnen, denn von der falschen ist sie nicht durch und in sich selbst zu unterscheiden. Man müsste die Sache schon genau wissen, bräuchte wirkliche Erkenntnis. Diese resultiert aber nicht aus der Überredung. Theaitet modifiziert daraufhin seinen Vorschlag: Er habe darüber einmal eine Meinung von jemandem gehört:

> „Er sagt nämlich, die mit ihrer Erklärung verbundene richtige Vorstellung wäre Erkenntnis, die unerklärbare dagegen läge außerhalb der Erkenntnis. Und wovon es keine Erklärung gebe, das sei auch nicht erkennbar, und so benannte er dies auch, wovon es aber eine gebe, das sei erkennbar" (*Theaitetos* 201cd).

Es gibt freilich ganz verschiedene Arten von Erklärungen. Die geregelte Erklärung ist gleichzeitig die Angabe der Methode, mit der etwas erklärt wird; und die Anwendung einer anderen Methode ergibt immer auch andere Ergebnisse. Methoden lassen sich aber auch nicht beliebig verwenden. Für bestimmte Sachbereiche eignen sich bestimmte Methoden, andere nicht, die sich wieder in anderen Sachbereichen sinnvoll anwenden lassen.

Für „Erklärung" steht im Griechischen wieder *logos*. Wir können diesen Begriff als Sinnzusammenhang verstehen; gleichzeitig steht dieser aber auch für die Fähigkeit des Menschen, solche Sinnzusammenhänge zu bilden und aufzufassen. Das heißt, dass wir durch eine Erklärung den Wissensinhalt in Gesamtzusammenhänge mit anderem Gewussten bringen. Wo ist da der Anfang? Gibt es voraussetzungsloses Wissen? Gibt es evident feststellbare Sachverhalte? Und können diese zweifelsfrei gewusst werden? Für jedes Wissen gilt, dass wir hierfür Voraussetzungen machen müssen, indem wir z. B. bestimmte Hypothesen aufstellen. Diese nehmen wir an. Ob der von ihnen ausgedrückte Sachverhalt besteht oder nicht, wissen wir dabei noch nicht. Sokrates verlegt sich noch auf ein weiteres Grundproblem:

Für den „Traum" von der „richtigen Vorstellung verbunden mit Erklärung" (vgl. auch *Menon* 97d–98d, *Symposion* 202a, *Politeia* 531e) setzt er noch einen anderes Traumbild. Wir gehen von bestimmten Urbestandteilen aus, aus denen alles andere zusammengesetzt wird. Diese lassen keine Erklärungen zu, jedes bezeichnet nur immer sich selbst. So darf man auch eigentlich zu ihnen nicht „selbst“, „jenes“, „jedes“, „nur“, „dieses“ oder sonst etwas dergleichen hinzusetzen, denn diese Begriffe beziehen sich immer auf etwas anderes, je nachdem, in welche Verbindung sie gebracht werden. Diese „Urbestandteile“ oder „ersten Dinge“ haben nur ihren Namen, wir können sie damit ausschließlich benennen. Setzt man aber verschiedene solcher Urbestandteile zusammen, können wir auch eine Erklärung verlangen:

„Denn Verflechtung von Namen sei das Wesen der Erklärung. Auf diese Art also wären die Urbestandteile unerklärbar und unerkennbar, aber wahrnehmbar; die Verknüpfungen hingegen erkennbar und erklärbar und durch die richtige Vorstellung vorstellbar. Wenn nun jemand ohne Erklärung eine richtige Vorstellung von etwas empfinge: sei zwar seine Seele darüber im Besitz der Wahrheit; sie erkenne aber nicht. Denn wer nicht Erklärung geben und empfangen könne, der sei ohne Erkenntnis über diesen Gegenstand. Wer aber die Erklärung auch dazu habe, der sei des allen mächtig, und habe alles vollständig zur Erkenntnis beisammen“ (*Theaitetos* 202bc).

Das Problem dabei liegt offenbar in den Urbestandteilen. Der Vorschlag von Sokrates, der „Traum“, von dem er gehört hat, ist verschieden interpretierbar: Vollkommen durchsichtig ist sein Vorgehen, erst danach zu fragen, was Sacherkenntnis sei, und im zweiten Schritt vom Urteil zu sprechen; die beiden Elemente, Sachverhalt und Urteil darüber, also sauber auseinander zu halten. Unter diesen Urbestandteilen können wir verschiedenes verstehen: Wir können den Bereich enger fassen und die Bestandteile der Dinge meinen, oder allgemeiner unter ihnen Voraussetzungen verstehen, wie z. B. die Axiome in der Mathematik. Oder wir gehen davon aus, dass es sich um die unmittelbaren Anschauungen aus der Wahrnehmung der Gegenstände handelt, von denen wir bei der Erkenntnis ausgehen müssen. In jedem Fall aber können wir folgern, dass es kein ausweisbares und begründbares Wissen geben kann, wenn wir nicht von bestimmten Voraussetzungen ausgehen, die wir – und darin liegt wohl das Dilemma jeder Erkenntnis – niemals vollständig einholen und begründen können.

Platon lässt, das dürfte deutlich geworden sein, eine solche Deutung anklingen. Die Diskussion und Kritik darum gestaltet er wesentlich kleinlicher. Offenbar will er uns mit der Schlussdiskussion in die Irre führen. In einem ersten Schritt versucht er, die Urbestandteile an den Buchstaben und Silben festzumachen, dann an den Zahlen, und der Art, wie diese zustande kommen. Es ergibt sich überall, dass wir die Grundelemente schon wissen müssen,[53] also z. B. die Buchstaben schon kennen müssen, um die Silben zu verstehen. Gewiss ist das ein verqueres Beispiel: Buchstaben stehen zu Silben nicht im Verhältnis wie z. B. Axiome zu mathematischen Beweisen. Ähnlich verläuft die Diskussion mit den Silben: Nachdem die beiden sie zu Grundelementen gemacht haben, kommen sie in Konflikt darüber, ob diese etwas Einfaches für sich oder etwas Gesamtes über anderes sind. Aber auch über die Silben muss man etwas wissen, um sie verstehen zu können.

Zuletzt wollen Sokrates und Theaitet noch klären, was das mit dem *logos*, mit der Erklärung auf sich hat. Sokrates gibt drei Lesarten an. Erstens: Eine Erklärung ist ein sprachlicher Ausdruck, der die Gedanken abbildet. Diese Erläuterung wird gleich verworfen, denn jeder kann sagen, was er gerade meint. Das macht das Gesagte noch nicht zu etwas, dessen sachlicher Inhalt richtig ist.

Zweitens kann mit Erklärung gemeint sein, dass wir die Bestandteile, die Elemente der Sache angeben. Das ist schon mit dem Hinweis auf die Buchstaben und die Silben kritisiert worden; also wird auch das verworfen. Allerdings kann das nicht heißen, dass die Angabe von Bestandteilen einer Sache nicht zum Verständnis beiträgt. Es wird dabei häufig der Fall sein, dass eine solche Angabe wieder unmittelbar begründungspflichtig ist, um die Sache zu verstehen. Irgendwo müssen wir aber Halt machen, die Begründung kann nicht bis ins Unendliche (*ad infinitum*) gehen. Sokrates hält an dieser Erklärung im Grunde fest: Wenn wir uns einen Wagen vorstellen, so besteht dieser aus mehreren Teilen, die wir zum Teil auch anzugeben wüssten, nämlich aus Rädern, Gestell, Joch, Achse, Deichsel, Sitz usf. Angeblich besteht ein solcher Wagen aber aus insgesamt hundert Teilen, die wir nicht alle kennen. Kenntnis der Sache „Wagen" hat also nur der Stellmacher, der solche Gefährte fertigt.

53 Theaitet gibt, um die Unerklärbarkeit der Buchstaben zu erklären, an, dass das S ein Buchstabe ist, der zu den Konsonanten gehört und ein Spirant ist im Unterschied zu Silben, Vokalen und z. B. Mutae wie das B. Er führt also eine Erklärung an für etwas, das man seiner Ansicht nach nicht erklären kann.

Die dritte Erläuterung von Erklärung besteht in der Angabe einer spezifischen Differenz, ergänzt durch eine Gemeinsamkeit mit den Dingen, von denen man die Sache abheben will. So liegt der Unterschied, die spezifische Differenz, zwischen einem gleichschenkligen und einem gleichseitigen Dreieck sowohl im Verhältnis der Kantenlängen also auch der Innenwinkelsummen zueinander. Gemeinsam ist ihnen aber beiden, dass es sich um Dreiecke handelt.

Platon deckt erstaunlicherweise mit seinen drei Versionen die entscheidenden Erkenntnisgrundlagen bei Gegenständen ab: Wir unterscheiden und bestimmen die Dinge voneinander durch die Objekte selbst und ihre Attribute, also Eigenschaften. Dennoch wird die Erläuterung von Sokrates kritisiert: Eine Kenntnis der Unterschiede in den Dingen brauchen wir schon bei der richtigen Vorstellung, nicht erst bei der Erklärung dafür, dass die Vorstellung richtig ist und zudem einer Erklärung bedarf. Das Ganze dreht sich im Kreis, so wie Sokrates das auffasst. Der dritte Vorschlag von Theaitet, Erkenntnis sei richtige Vorstellung verbunden mit Erklärung, läuft damit auf einen Zirkel hinaus, Erkenntnis ist Erkenntnis oder Wissen ist Wissen.

8.3 Was also ist Erkenntnis?

Die Aporie, also die Ausweglosigkeit, wird von Platon gewissermaßen erzwungen. Die begründbare Meinung, ein anderer Ausdruck für „mit Erklärung verbundene richtige Vorstellung“, wird als Gegenstand der Erkenntnis zum Teil schon im Liniengleichnis (*Politeia* VI 509c–511e), vor allem aber im *Timaios* ganz positiv gezeichnet (*Timaios* 51de). Der *Theaitetos* ist bei genauerem Hinsehen einer der ertragreichsten Dialoge von Platon überhaupt, obwohl man das angesichts des aporetischen Endes nicht für möglich hält (vgl. auch Kutschera 2002/2, 226–233); und er thematisiert eines der wichtigsten Grundlagenthemen der Philosophie: Was ist Erkenntnis? Wir haben uns schon mehrfach mit erkenntnistheoretischen Fragestellungen beschäftigt, ob wir die Instanz für Erkenntnis in den Sinnen oder in der Seele zu suchen haben, wie es um die Objekte der Welt und ihre Eigenschaften steht, wie Psychisches und Physisches zusammenwirken und welche unterschiedlichen Arten es gibt, um Handlungen zu begründen.

Platon hat uns sozusagen ein Programm für die Erkenntnistheorie der folgenden zwei Jahrtausende gegeben. Es ist das Programm der perfekten

Erkenntnis, vom sicheren Wissen also (vgl. Hardy 2004, 237–241). Erkenntnis konnte für ihn gar nichts anderes sein, als sichere und wahre Erkenntnis. Platon selbst hat dieses Ziel nur angedeutet: mit seiner Lehre von den Ideen, die unbeweglich, unveränderlich (vgl. Borsche 1996, 97) und gleichbleibend am Himmel der Vernunft hängen, um von uns auf die Dinge der sichtbaren Welt appliziert zu werden, bzw. damit wir von den Dingen der sichtbaren Welt an die Ideen erinnert werden oder aber in den Ideen die eigentliche Wirklichkeit erkennen. Platon versäumt es aber niemals darauf hinzuweisen, dass diese Lehre nur einen Versuch darstellt, die Sachlage des menschlich möglichen Wissens zu klären, dass es sich dabei also nicht um einen systematischen Beitrag handelt, der jedes weitere Nachdenken obsolet machen würde.

Auf einen weiteren und übergreifenden Umstand ist hier außerdem hinzuweisen: Der *Theaitetos* verbleibt bei der Frage nach der Erkenntnis weitgehend im Theoretischen. Praktische Fragen, also das Problem des Guten, sind ausgespart, obwohl Platons Interesse sich sonst stets darum bemüht, gerade das praktische Wissen zu bestimmen. Diese Art der Behandlung findet allerdings schon in den frühen Dialogen *Charmides* und *Euthydemos* eine Parallele. Offenbar war Platon der Meinung, dass theoretisches Wissen für sich „wertneutral" ist (Heitsch 2004, 110, 126).

Für seine Diskussion und Lösung der Frage nach der Erkenntnis im *Theaitetos* ist noch einmal Folgendes hervorzuheben:

Erstens: Wir geben uns erst zufrieden, wenn wir die Wahrheit wissen, über die Welt, über uns, über die anderen, über alles andere. Für das Streben nach Erkenntnis ist damit eine schwere Hypothek verbunden: Das Wissen muss richtig sein, und wir müssen einen Weg angeben, wie diese Richtigkeit abgesichert werden kann. Dabei müssen wir gerade das Dilemma verstehen, dass sich Erkenntnis als Sachverhaltswissen auf die Gegenstände und Verhältnisse der Welt bezieht, die Absicherung aber immer nur für uns, und was wir dahingehend als Erklärung akzeptieren, geschehen kann. Erkenntnis ist ein inner-seelischer Vorgang, was dazu führt, dass ein Urteil niemals mit dem Sachverhalt, über den geurteilt wird, identisch sein kann.

Zweitens: Jede Erkenntnis hängt an Voraussetzungen. Das steckte in der Redeweise von den Urbestandteilen. Platon zerstört die Möglichkeit, sicheres Wissen zu erlangen, indem er die Voraussetzungen immer auch für begründungspflichtig hält. Das ist aber nur *ad infinitum* möglich, also gar nicht. Platon lässt tatsächlich ganz verschiedene Arten von Voraussetzungen gelten: sinnliche Eindrücke, bestimmte Überzeugungen, Denkinhalte, mathematische Axiome usf. In seiner Kritik versucht er, diese gegeneinander auszuspielen.

Platon hat im Grunde dagegen argumentiert, dass sich Probleme der Fundierungszusammenhänge bei der Begriffserkenntnis ergeben. Wir sind ihm zufolge nicht in der Lage, aus bestimmten Begriffen auf ihre erkenntnismäßige Bedeutung zu schließen. Das lässt sich aber auf jeden Erkenntniszusammenhang übertragen. Das heißt, jeder Fundierungszusammenhang, der für den Ausweis des Wissens notwendig ist, muss wieder auf einen zugrunde liegenden Fundierungszusammenhang, der wieder gewusst und fundiert werden muss, verweisen. Das ist, logisch gesehen, ein Zirkel. Wenn wir unser Wissen ausweisen wollen, stoßen wir immer an die Grenze von Begründungszusammenhängen. Kein Wissen lässt sich damit als letztgültig ausweisen, da es immer auf Bedingungen ruht, welche nicht letztgültig einholbar sind. Das heißt aber gerade nicht, dass der Mensch immer nur Meinungen haben kann, die unter sich beliebig oder nicht zu beurteilen sind. *Doxa* kommt von *dechomai*, also „aufnehmen", „annehmen", „erwarten" (vgl. Böhme 2000, 211), die Begründungsstruktur des Inhalts soll das jeweils ausweisen, was wir von unseren Erkenntnissen annehmen und erwarten.

Des Weiteren steckt im Text die Differenzierung zwischen Sachverhalt und Sachverhaltsurteil, auch wenn dieser Befund nicht zur Lösung verwendet wird. Platon unterscheidet auch schon, dass Urteile über Gegenstände etwas anderes sind als Urteile über deren Eigenschaften. Schließlich hat sich seine skeptische Grundhaltung bewährt. Er kritisiert lieber ein sinnvolles Ergebnis – „Erkenntnis ist mit Erklärung verbundene, richtige Vorstellung" –, als dass er sich vorschnell damit zufrieden gibt. Weil es erstens nicht ganz abgesichert ist, und zweitens den Leser vom eigenen Weiterdenken abhält, weil er meint, das Ergebnis wäre schon alles, was wir wissen könnten und sozusagen nur hersagen bräuchten, ohne die Schwierigkeiten, die sich aus dem Kontext der Erklärung ergeben, kennen zu müssen.

An diesem differenzierten Programm Platons hat man sich bis heute in der Erkenntnistheorie orientiert. Als mit Bacon, Galilei und Descartes die neuen Naturwissenschaften aufkamen, hat man das Ideal vollständiger Erkenntnis mit dem Ausgangspunkt erster Annahmen, die evident sein oder empirisch irgendwie abgesichert sein müssen, zum Leitprogramm erhoben.

Weiterführende Literatur

Tilman Borsche, „Die Notwendigkeit der Ideen: Politeia", in: Kobusch u. a. 1996, 96–114.

Michael Frede, „Die Frage nach dem Seienden: Sophistes", in: Kobusch u. a. 1996, 181–199.

Jörg Hardy, „Was wissen Sokrates und seine Gesprächspartner? Überlegungen zu perfektem und menschlichem Wissen bei Platon", in: van Ackeren 2004, 236–262.

Christoph Horn, „Platons epistêmê-doxa-Unterscheidung und die Ideentheorie (Buch V 474b–480a und Buch X 595c–597e)", in: Höffe 1997, 291–312.

Marcel van Ackeren, „Die Unterscheidung von Wissen und Meinung in Politeia V und ihre praktische Bedeutung", in: van Ackeren 2004, 92–110.

9. Grund und Ursache

Auch wenn wir alltagssprachlich zwischen einem Grund und einer Ursache keinen Unterschied machen, liegt darin ein Problem, auf das uns Platon aufmerksam gemacht hat, und das tatsächlich bis heute ungelöst ist. Manche wollen nur noch kausale Erklärungen für Ereignisfolgen als wissenschaftlich gesicherte Erkenntnisse gelten lassen. Aber das greift zu kurz! Eine nähere Analyse ergibt, dass wir immer mehrere Arten von Erklärungen verwenden, um uns Sachverhalte zu erklären. So lassen sich etwa viele Aspekte unseres Lebens gar nicht anders als mit einer finalen Begründung verstehen, z.B. all unsere Handlungsvollzüge. Solche Begründungs- und Erklärungsarten werfen allerdings immer das Problem auf, welche Bedeutung wir dem jeweiligen Sachverhalt, den wir erklären wollen, zuordnen. Es gibt also einen Bereich von Gründen, in dem diese nicht sicher und eindeutig sind, sondern von einer Interpretation abhängen, für die wir eine Erklärung suchen oder verlangen.

9.1 Die Grundlegung der Unterscheidung von Grund und Ursache (*Phaidon* 98a–99d)

9.1.1 Warum sitzt Sokrates im Gefängnis?

Am Anfang des uns überlieferten methodischen Nachdenkens über die Fragen der Natur –Wissenschaft ist ganz allgemein ein solches Nachdenken, auch wenn sich die Methoden geändert haben – stehen die griechischen Naturphilosophen. Bezeichnendes über die Art der Naturbetrachtung beschreibt Platon in seinem Dialog *Phaidon*: Durch Beobachtung der Vorgänge innerhalb der Welt kann man auf deren Grundelemente zurückschließen. Daraus lässt sich eine Reihe von unterschiedlichen Folgerungen ableiten. Platon macht dort einen bis heute diskutierten Unterschied zwischen Ursachen und Gründen.

Die Ursachen sind demnach physischer Art. Viele Naturphilosophen begründeten alles in der Welt mit den Elementen, mit Luft und Wasser und Äther und solchen Dingen. Wenn man nach der Vernunft fragt, seien das aber alles keine hinreichenden Erklärungen. Während Sokrates im Gefängnis auf seine Hinrichtung wartet, erzählt er seinen Gesprächspartnern Simmias und Kebes, er habe einmal von Anaxagoras – einem der griechischen Naturphilosophen des fünften vorchristlichen Jahrhunderts – gehört, dieser erkläre alle Phänomene mit der Vernunft. Er habe sich damals gleich dessen Schriften besorgt und diese gelesen, sei davon allerdings arg enttäuscht gewesen. Anaxagoras führe darin aus, wie sich die Elemente Luft, Äther und Wasser untereinander mischten, so dass daraus die Welt, wie wir sie vorfinden, hervorgegangen sei. Von der Vernunft hätte er darin gar nichts gelesen.

Das sei so, als wenn jemand behauptet, Sokrates tue alles mit Vernunft. Wenn er ihn aber dann fragen würde, warum er im Gefängnis sitzt, und dieser würde ihm erklären, dass sein

> „Leib aus Knochen und Sehnen besteht, und die Knochen sind dicht und durch Gelenke voneinander geschieden, die Sehnen aber so eingerichtet, dass sie angezogen und nachgelassen werden können und die Knochen umgeben nebst dem Fleisch und der Haut, welche sie zusammenhält. Da nun die Knochen in ihren Gelenken schweben, so bewirkten die Sehnen, wenn ich sie nachlasse und anziehe, dass ich jetzt imstande sei, meine Glieder zu bewegen, und aus diesem Grunde säße ich jetzt hier mit gebogenen Knien“ (*Phaidon* 98cd).

Doch,

> „beim Hunde, schon lange, glaube ich wenigstens, wären diese Sehnen und Knochen in Megara oder bei den Böotiern, durch die Vorstellung des Besseren in Bewegung gesetzt, hätte ich es nicht für gerechter und schöner gehalten, eher als dass ich fliehen und davongehen sollte, dem Staate die Strafe zu büßen, die er verordnet“ (*Phaidon* 98e–99a).

Sokrates hat also einen Grund, im Gefängnis zu sitzen, er hält es für gerechter. Wenn es nur um seine Knochen ginge, wären die in Megara. Wir erfahren im *Kriton*, dass die Wächter, welche im Gefängnis auf Sokrates aufpassen sollten, bestochen wurden. Alle Vorbereitungen seien bereits getroffen worden, damit Sokrates aus dem Gefängnis und aus der Stadt fliehen kann. Sokrates aber hat das Ansinnen, zu fliehen, abgelehnt, eben mit dem Hinweis darauf, dass seine Flucht die Gesetze verletzen würde:

„Dass ich aber deshalb tue, was ich tue, und das, indem ich es mit Vernunft tue, aber nicht wegen der Wahl des Besten, das wäre doch eine gar große und breite Untauglichkeit der Rede, wenn sie nicht imstande wäre zu unterscheiden, dass bei einem jeden Ding etwas anderes ist die Ursache und etwas anderes jenes, ohne welches sie nicht Ursache sein könnte" (*Phaidon* 99ab).

Die Athener haben ihn verurteilt. Weil er den Gesetzen gehorcht und ein guter Bürger ist, wird er die Strafe auf sich nehmen, welche die Athener im Namen der Stadt und nach den bestehenden Gesetzen verhängten. Viele Menschen dagegen reden gerne von irgendwelchen physischen Ursachen, weil sie nicht glauben, dass das Gute und Richtige irgendetwas „verbinden und zusammenhalten" könnte (vgl. auch *Timaios* 46cd).[54]

9.1.2 Sokrates und seine Knochen

Platon unterscheidet zwischen Grund und Ursache. Auch wenn wir umgangssprachlich zwischen diesen beiden Begriffen oftmals keinen Unterschied machen (Platon selbst hat sogar nur ein Wort dafür: *aitia*; ein Begriff, der in erster Linie die „Schuld" meint und aus der Rechtssphäre stammt), müssen wir beachten, dass Sokrates hier jeweils etwas ganz Verschiedenes meint: Das eine, die Ursache, gibt die physiologische bzw. die körperlich-mechanische Bedingung dafür an, dass Sokrates im Gefängnis sitzt. Über das Ansinnen, seinen momentanen physikalischen Zustand als Erklärung für die Tatsache anzuführen, dass er auf den Tod wartet, macht er sich in der ihm eigenen Ironie lustig. Gleichzeitig bringt ihn in Rage, dass jemand überhaupt auf die Idee kommen kann, alle Vorkommnisse in der Welt kausal herzuleiten. In der Welt des bloßen faktischen Verlaufs gibt es keine Begründung, dass etwas so ist, wie es ist,

54 Schon die Argumentationsordnung im *Timaios* läuft auf eine Differenzierung dieser grundlegenden Unterscheidung im *Phaidon* hinaus: Während der erste Teil der Erzählung über die Entstehung der Welt (*Timaios* 29d–47e) alle kosmischen Verhältnisse einer intelligenten Ursache unterlegt (vgl. *Phaidon* 98bc), welche notwendig zur Ordnung der Materie führt (*Timaios* 47e–69a), werden alle tatsächlichen Ereignisse der organischen wie der anorganischen Welt als gemeinsame Wirkungen dieser beiden Ursachen erklärt (ebd., 69a–92c; vgl. Frede 2007, 144). Bei der Weltentstehung kommt hinzu, dass der Demiurg alles zum Besten und Schönsten eingerichtet hat. Dies erscheint als die eigentliche Ursache für alles (vgl. *Timaios* 28a–29a, 46e, 48a, 53b).

aber genauso gut auch ganz anders sein könnte. Denn alles ist darin eben nur, wie es gerade ist.

Die physikalische Erklärung, welche nur von der Lage der Knochen redet, kann aber auch nicht erklären, warum die Knochen und Sehnen von Sokrates nicht längst im Exil weilen. Denn dort hätten die Knochen nichts zu befürchten, hier in Athen aber hauchen sie bald alles Leben aus. Diesem Dilemma liegt ein Wertunterschied zugrunde: Den Knochen selbst als physikalischen Gebilden kann es ganz egal sein, was mit ihnen passiert. Der einzige, der etwas dagegen haben kann, dass sie sich nicht mehr bewegen können, ist Sokrates. Dem geht es aber nicht um seine Knochen, sondern darum, das Beste zu tun. Dafür aber gibt es eine Begründung, welche mit den physischen Umständen nicht das Geringste zu tun haben kann. Der Verlust der Möglichkeit, sich zu bewegen, was der Sinn ist, warum es diese Knochen überhaupt gibt, wird dabei billigend in Kauf genommen.

Für den Tatbestand können wir zudem noch eine Fülle weiterer physischer Ursachen anführen; genauer sogar unendliche viele. Das bedeutet, dass ein physischer Umstand und seine Ursachen gar nichts erklären. Für jedes Ereignis gibt es in physikalischer Hinsicht unendlich viele Ursachen. Welche wir davon auswählen, scheint ganz beliebig zu sein: Sokrates muss zuvor ins Gefängnis hinein gegangen sein, er muss die letzten Monate und Wochen etwas gegessen haben, er muss geboren worden sein usf.

Das sind alles Bedingungen, welche den körperlichen Zustand betreffen und das, was diesen gerade herbeigeführt hat. Diese Bedingungen geben aber mit keinem Wort an, *warum* Sokrates nun wirklich im Gefängnis sitzt. Diese Frage nach dem Warum zielt auf etwas ganz anderes. Die Antwort ist sogar so verschiedenartig, dass der Verweis auf die Sehnen und Knochen lächerlich erscheint. Als Antwort auf die Frage, warum er jetzt im Gefängnis sitzt und den Becher mit dem Gift erwartet, das seinem Leben ein Ende bereiten wird, sagt Sokrates: Weil er es für besser erachtet, weil er es für gerecht hält.

Der Grund für Sokrates Aufenthalt ist also kein physisch-theoretischer, sondern ein moralisch-praktischer. Bei Platon werden die beiden Bereiche zumeist nicht voneinander getrennt. Das richtige Handeln folgt immer aus dem richtigen Wissen. Die Vernunft ist hier wie dort die Instanz, zu beurteilen, was gerade ist und was deswegen getan werden soll. Sokrates ist der Überzeugung, dass es richtig ist, den Gesetzen zu gehorchen. Das ist gegenüber einer physiologisch-kausalen Erklärung offenbar auch der entscheidende Umstand. Denn wenn es der Vernunft immer nur ums Überleben ginge, säße Sokrates schon nicht mehr im Gefängnis.

Die Unterscheidung ist also eine, welche auf der einen Seite das thematisiert, was wir eine physikalische Erklärung aufgrund der materiellen Verhältnisse nennen würden, während wir auf der anderen Seite von „begrifflich-logischen Erklärungen" bzw. rationalen Gründen oder von „Zweckursachen" sprechen (vgl. Frede 2007, 143).[55]

9.1.3 Die Unterscheidung von Gründen und Ursachen als Schlüsselstelle des *Phaidon*

Diese Unterscheidung zwischen Gründen und Ursachen, wie sie Platon im *Phaidon* vornimmt, erscheint völlig trivial. Zudem liegt sie unserem Alltagsverständnis weitgehend zugrunde. Warum lässt er Sokrates dann aber an dieser Stelle wütend werden, während der selbst angesichts seines Todes völlig unbekümmert wirkt? Warum kritisiert er ausgerechnet den Philosophen Anaxagoras – schließlich gab es andere, sehr viel konsequentere Deterministen unter den damaligen Gelehrten?[56]

Die Heftigkeit, mit der Sokrates auftritt, verweist darauf, dass es sich um ein für Platon wichtiges Thema handelt. Die Ansicht, dass alles in der Welt mit zwangsläufiger Vorherbestimmung einhergeht, ist keineswegs modern, sondern uralt, auch wenn wir nicht mehr kosmische Urgründe, das

55 Das griechische Wort *aitia* ist unscharf. Rowe (1993) und Sorabji (1980) haben gemeint, wir sollten es im *Phaidon* mit „Erklärung" übersetzen, Vlastos (1973, 78–81) fasste den Begriff dagegen als Antwort auf eine Warum-Frage, um das weite Spektrum der Verwendungsweise einzufangen. Der Hintergrund liegt darin, dass wir nicht auf jede solche Frage die Angabe eines Grundes oder einer Ursache erwarten (vgl. ebd., 79). Auch in unserem Sprachgebrauch ist es schwierig, hier begriffliche Eindeutigkeit zu erzielen.

56 Anaxagoras sollte einmal ebenso wie Sokrates von den Athenern gelyncht werden. Der damals mächtigste Mensch in Athen, Perikles, mit dem Platon immerhin über seine Mutter verwandt war, hat sich damals vor ihn gestellt und einen Justizmord verhindert. Für Sokrates haben sich auch einige eingesetzt, genützt hat es da aber nichts. Die Anknüpfung an die Behauptung, alles mit Vernunft zu erklären, ist nur ein Anlass: Sokrates behauptet selbst im Text, dass sich von Vernunft gar nichts bei Anaxagoras findet. Platon wollte sicher auf die alte parallele Geschichte seines Verwandten mit Anaxagoras anspielen.

Schicksal oder den lieben Gott dafür verantwortlich machen, sondern heute eher Naturgesetze. Wie Geert Keil schreibt, ist die gegenteilige Überzeugung von einer „libertarischen Freiheit … eine gewöhnliche Auffassung des gesunden Menschenverstandes, die wir alle teilen, soweit wir nicht durch kompatibilistische Philosophie verbildet sind“ (Keil 2007, 9).[57] Sowohl der Determinismus als der Kompatibilismus sind Keil zufolge „typische Philosophentheorien“ (ebd.). Das war wohl schon zu Platons Zeiten so.

Von der Freiheit in unserem heutigen Sinn hatte Platon keinen Begriff. Im *Phaidon* befindet sich Sokrates in einer existentiellen Situation. Die Unterscheidung zwischen Grund und Ursache wird an einer entscheidenden Stelle im Dialog eingeführt: Simmias und Kebes hatten auf den zweiten Unsterblichkeitsbeweis (aus der Nähe der Seele zur Unvergänglichkeit) hin ihre Einwände vorgebracht. Kebes ließ sich von allen Argumenten überzeugen. Und doch, so wendet er ein, sei die Unsterblichkeit der Seele damit nicht bewiesen, denn selbst eine vorgeburtliche Existenz und ein Wiederaufleben der Seele nach dem Tode bzw. ihr Weiterleben darüber hinaus belegen nicht, dass die Seele nicht doch irgendwann zugrunde gehe. Sokrates sieht sich in der Notwendigkeit, über Werden und Vergehen sowie über die Ursachen zu sprechen.

Der Abschnitt über Anaxagoras bereitet die Wiederaufnahme der Lehre von den Ideen vor, aus der dann der dritte Unsterblichkeitsbeweis abgeleitet wird. Sokrates behauptet darin, dass das Leben ein Attribut der Seele ist, und sie folglich an der widersprechenden Idee des Sterbens nicht teilhaben kann. Die abschließende Rede, bevor Sokrates den Schierlingsbecher trinkt, gilt der Lebensführung. Der Schlüsselbegriff, welcher die Unterscheidung von Ursachen und Gründen sowie die rechte Lebensführung zusammenführt, ist der vom „Besten“. Sokrates tut nämlich durch seinen Tod das, was er für das Beste und Gerechte hält.

Das Beste an Sokrates sind sicher nicht seine Knochen. Zumal seine Begründung, diese säßen in Megara, wenn es um sie ginge, von der Begründung in der *Apologie* konterkariert wird: Dort hatte er nach der Verurteilung ausgeführt, dass die Athener ihn schon nicht ertragen hät-

57 Der Kompatibilismus versucht den Freiheitsbegriff mit dem Determinismus zu versöhnen: Danach ist alles in der Welt physikalisch festgelegt, es mache aber doch einen bestimmten Sinn, von einem positiven Freiheitsbegriff auszugehen, auch wenn es sich dabei zwangsläufig um eine subjektive Illusion handelt (vgl. Keil 2007, 50–80).

ten, in fremden Städten hätte er es noch viel schwieriger; so müsste er von einer Ausweisung zur nächsten eilen (*Apologie* 37c–e) – vorausgesetzt er gehe weiterhin seiner Tätigkeit nach, aber die eben hätte ihm der Gott befohlen (ebd. 37ef.). Was aber ist dann das Beste? Und was sind die Gründe dafür, dass er sich hinrichten lässt?

Der *Phaidon* beschränkt sich hier ziemlich: Die „wahren Ursachen" für seinen Verbleib im Athener Gefängnis liegen darin, „daß nämlich, weil es den Athenern besser gefallen hat, mich zu verdammen, deshalb es auch mir besser geschienen ist, hier sitzen zu bleiben, und gerechter, die Strafe geduldig auszustehen, welche sie angeordnet haben" (*Phaidon* 98e). Diese wahren Gründe sind aber offenbar nicht vollkommen durchsichtig und verständlich zu machen. Auf unmittelbarem Weg kam Sokrates hier nicht voran, zumal er niemanden fand, der es ihm hätte erklären können. Die „Erforschung der Ursache" führt er dann als „zweite Fahrt" (*deuteros plous*) durch, d. h. als eine Erklärung mit Umwegen, weil man ein direktes Beweisverfahren nicht kennt.

Nachdem ihn zunächst nur sein Beweis für die Unsterblichkeit der Seele aus der Ideenlehre interessiert (vgl. auch Frede 2007, 143) und er das Thema mit den Ursachen völlig aus dem Blick zu verlieren scheint, wird er in *Phaidon* 107 b–d bei der Frage nach der Lebensführung wieder deutlicher: Wenn die Seele unsterblich ist, bedarf sie einer besonderen Pflege während des gesamten Lebens. Diese liegt offenbar in der Vernunft und ihrer Ausübung, weil diese Instanz die einzige ist, welche den Menschen einen Unterschied machen lässt zwischen gut und schlecht. Die einzige Sicherheit für die Seele besteht darin,

> „wenn sie so gut und vernünftig geworden ist wie möglich. Denn nichts anderes kann sie doch mit sich haben, wenn sie in die Unterwelt kommt, als nur ihre Bildung und Nahrung, die ihr ja auch, wie man sagt, gleich so, wie sie gestorben ist, den größten Nutzen und Schaden bringt, gleich am Anfang der Wanderung dorthin" (*Phaidon* 107d).

Es endet also mit der von Platon bekannten Warnung vor dem jenseitigen Leben (vgl. auch *Gorgias*, *Politeia*; auch hier folgt ein Unterweltmythos, im *Phaidon* im Anschluss daran noch die Beschreibung des Todes von Sokrates).

Gewiss haben wir in anderen Dialogen, z.B. im *Gorgias* und in der *Politeia*, eine schwerpunktmäßige Auseinandersetzung mit den Grundlagen dessen, was Platon mit Sokrates unter dem Guten und der rechten und gerechten Lebensführung versteht. Wichtig ist es auch, die Stellen immer im Zusammenhang zu sehen, ohne sie völlig aus dem jeweiligen Dialoggeschehen herauszulösen. Die Frage nach den Gründen führt Sokrates im *Phaidon* in Bezug auf die Welt ein, stellt diese aber sofort in den Zusammenhang mit der guten Lebensführung.

Platon macht uns die Sache mit der Art seiner Darstellung, mit den unterschiedlichen Kontexten und Gesprächssituationen und mit seinem Vorgehen, die gleichen Themen unter verschiedenen Blickwinkeln zu untersuchen, und sie dabei mehr oder weniger zu verknüpfen (vgl. zu dieser „Arbeitsteilung" Frede 2006, 45 ff.), außerordentlich schwer. Im Fall des *Phaidon* scheint die einzige Lösung des Problems in der Annahme zu bestehen, dass Platon sich auf das Thema der Unsterblichkeit angesichts des bevorstehenden Todes seines Lehrers konzentrieren wollte. Denn sachlich wäre eine Auseinandersetzung mit dem Guten erforderlich gewesen. Erst eine genaue Bestimmung des Guten rechtfertigt die Zuversicht des verurteilten Sokrates. Eine letztgültige Ansicht aber wird Platon nicht gehabt haben, eine nur oberflächliche Behandlung erschien ihm nicht sinnvoll, und so begnügt er sich mit den wenigen Andeutungen. In dieser Frage, was das Gute ist und das gerechte Leben, bleibt uns abermals nur das Beispiel des Sokrates.

9.2 Die Frage nach den Gründen

Bei all diesen unbefriedigenden Unsicherheiten kommt dem Thema der Gründe und Ursachen dennoch eine entscheidende Bedeutung im Kontext des *Phaidon* zu. Die Einführung und Diskussion um die Allgemeinbegriffe in *Phaidon* 74a–75c und 99a–107d machen auf einen wichtigen Zusammenhang aufmerksam: Die Welt der bloßen physischen Ursachen ist schlicht fatal. Sie lässt keine Möglichkeit zu, das Verhalten von Sokrates zu rechtfertigen, geschweige denn, dass sie sein Leben und Sterben auch noch als überzeitliches Beispiel herausstellen könnte. Auf der unteren Ebene schließt sie sogar jede Rechtfertigung einer Begründung aus, denn für die Erklärung jedes Sachverhalts müssen wir immer schon auf Allgemeinbegriffe zurückgreifen. Diese stehen aber der *Erklärung* von physischen Abläufen als bloß physische Ereignisse entgegen.

Wenn wir ohnehin nicht ohne Allgemeinbegriffe und Ideen auskommen, um einen Sachverhalt zu erklären, so haben wir eine Berechtigung auch auf Allgemeinbegriffe wie das Gute, Schöne und Gerechte zurückzugreifen, auch wenn wir uns mit solchen sehr viel schwerer tun, sie inhaltlich und angesichts ihrer Verankerung in der Welt zu bestimmen und zu verorten. Die Schwierigkeiten, die damit verbunden sind, kennt Platon aber alle. Er verweist auf die lebenslange Übung und auf das Beispiel des Sokrates. Sowohl die Anschauung als auch die Methode sind dadurch hinreichend umrissen.

Das Problem ist allerdings derart grundsätzlich und entscheidend, dass es sich tatsächlich bis heute nicht erledigt hat – ja, wenn Platon recht hat, sich überhaupt nicht erledigen kann. Um das zu verdeutlichen, müssen wir über Platon hinausgehen.

9.2.1 Teleologische Erklärungsarten

Zunächst ist zu bestimmen, mit welchem Begründungsmuster Platon bei seiner Unterscheidung zwischen Gründen und Ursachen arbeitet. Dazu betrachten wir das Problem: Warum stehen verschiedene Erklärungen im Widerstreit zueinander? Beim Handeln bestimmt uns offenbar nicht nur unsere Vergangenheit, aus der (physikalisch) notwendig die Zukunft folgt, sondern es spielen auch unsere Ziele eine Rolle, das also, was wir erreichen wollen. In der Philosophie nennen wir das *teleologische* Erklärungen.[58] Solche wurden bei Aristoteles z. B. verwendet, um das natürliche Sein zu erklären. Noch bei Kant finden wir ausdrücklich naturteleologische Überlegungen, die er allerdings von der wissenschaftlichen Erkenntnis scharf unterscheidet.

Die Frage ist, ob wir jede teleologische Erklärung – wir benutzen solche im Alltag ständig, um zu erläutern, was wir vorhaben oder warum wir so und so gehandelt haben – genauso gut auf eine nicht-teleologische, insbesondere eine kausale Erklärung zurückführen können. Sind die beiden Erklärungsarten also äquivalent? Kausale Erklärungen stellen Tatsachen fest, aber sie verwenden auch Tatsachen. Wir sagen: Weil diese und jene Situation vorlag, ist das und das geschehen. Die Erklärung: Ich wollte

58 Vgl. zum Problem teleologischer Erklärungen auch Frede 1999, 115–119; als Kategorie der Verstehbarkeit der Welt rekonstruiert Kutschera diese Erklärungsart sowohl im theoretischen (vgl. 2002/2, 27–33; vgl. auch 2002/3, 45 ff.) als auch im ethischen Zusammenhang (vgl. 2002/2, 108–114); vgl. auch Baumgarten 2009 165 f.

Staub saugen, aber der Sauger funktionierte nicht, bis ich bemerkte, dass ich vergaß, das Stromkabel einzustecken, erklärt, warum ich nicht saugte und woran das lag. Weitere Tatsachen sind, dass der Staubsauger Strom braucht usf.

Das erklärt aber alles nicht, warum ich saugen wollte. Weil es dreckig ist? Das kann eine Tatsache sein, aber es gibt kein Naturgesetz, dass man immer Staub saugt, wenn es staubig oder nötig ist. Hat nun aber jemand gehört, dass der Staubsauger bei mir lief, geht er davon aus, dass der Strom funktioniert, dass ich das Kabel in die Steckdose gesteckt habe und dass ich saugen wollte. Das sind aber alles unterschiedliche Erklärungen, die erst dann schlüssig sind, wenn wir noch eine Reihe von Zusatzannahmen machen. Im Normalfall begnügen wir uns mit der Angabe eines hinreichenden Grundes, um einen Sachverhalt zu erklären. Werden uns andere Umstände bekannt – z.B. dass ich im Urlaub war – verändert das den Sachverhalt; ich kann ja dann nicht gesaugt haben, aber eben jemand anderes. Aber auch das ist dann keine naturwissenschaftliche Erklärung. So schreibt auch Gottfried Wilhelm Leibniz am Ende des siebzehnten Jahrhundert ganz ähnlich wie schon Platon:

> „Dies ist ebenso, als wollte ein Historiker bei der Darstellung einer Eroberung, die ein großer Fürst durch die Einnahme einer wichtigen Stadt gemacht hat, sagen, das sei deshalb geschehen, weil die kleinen Teilchen des Kanonenpulvers der Berührung mit einem Funken ausgesetzt waren und mit einer Geschwindigkeit entwichen seien, dass sie in der Lage waren, einen harten und schweren Körper gegen die Mauern der Stadt zu schleudern, während die Haken der kleinen Teilchen, aus denen das Kupfer der Kanone besteht, fest genug miteinander verbunden waren, um sich durch diese Geschwindigkeit nicht voneinander zu lösen –, statt zu zeigen, wie die Voraussicht des Eroberers ihn die richtige Zeit und die geeigneten Mittel wählen ließ und wie sein Können alle Hindernisse überwunden hat“ (Leibniz 1958, 51).

Im Grunde aber nehmen wir an, dass allen diesen Vorgängen kausale Bedingungen unterliegen. Dennoch erklären wir nicht-teleologische Sachverhalte mit teleologischen. Dabei interpolieren wir gewissermaßen Hintergrundinformationen, um den Sachverhalt verständlich zu machen. Vor allem verwenden wir diese Erklärungsart auch bei gesellschaftlichen und rechtlichen Normen oder eben, wenn wir unsere Handlungen rational erklären wollen.

9.2.2 Verschiedene Erklärungen aufgrund unterschiedlicher Ursachen

Aristoteles nahm vier verschiedene Wirkursachen an, die formale, die materiale, die finale und die kausale. Um ein Haus zu bauen, brauche ich zunächst den Zweck des Hauses (*causa finalis*), einen Plan (*causa formalis*), Baumaterial (*causa materialis*) und Arbeiter, welche mir das Material nach und nach zusammenfügen (*causa efficiens*).

Sehr differenziert unterscheidet insbesondere Arthur Schopenhauer in seiner Dissertationsschrift *Über die vierfache Wurzel des Satzes vom zureichenden Grunde* die verschiedenen Gründe. Er geht davon aus, dass jedes Sein und jede Vorstellung einen zureichenden Grund benötigt. In einem ersten Schritt unterscheidet er vier Klassen von Objekten: die Wirklichkeit, die sich durch das Werden auszeichnet; die Begriffe, die auf das Vorstellen bezogen sind; die gegebenen Anschauungen der Formen, die durch Beharrlichkeit bestimmt sind; und das Wollen. Daraus leitet er im zweiten Schritt vier Arten von Gründen ab (die „vierfache Wurzel“): Werdegrund, Erkenntnisgrund, Seinsgrund und Handlungsgrund.

Der Werdegrund steht immer im Kausalnexus. Doch unterscheiden wir unmittelbare „Kausalität“ im Anorganischen, den „Reiz“ für das Organische und das „Motiv“ im Animalischen. Der Werdegrund ist auf den Verstand bezogen, weil dieser in der Lage ist, zwei Ereignisse in den vorliegenden Formen miteinander in Beziehung zu setzen.

Der Erkenntnisgrund ist dagegen auf die Vernunft bezogen, die bei der Verbindung von Vorstellungen viel weiter fragt. Sie bestimmt den zureichenden Grund, der auf die Erkenntnis der Wahrheit verweist. Dabei gibt es eine formal-logische Wahrheit nach den logischen Operationen der Konversion (Übertragung), der Kontraposition (verneinende Gegenüberstellung: (A B) (¬B ¬A)) und der Subsumption durch Syllogismus (begriffslogische Ableitung); eine material-empirische Wahrheit durch die Urteilskraft; eine transzendentale Wahrheit, die sich auf die Anschauungsformen von Raum und Zeit bezieht; und eine metalogische Wahrheit, welche die analytischen Grundoperationen von Identität, Widerspruch, Satz vom ausgeschlossenen Dritten und dem Prinzip vom zureichenden Grund umfasst.

Der Seinsgrund fragt nach der reinen Anschauung des Raumes und der Zeit ohne materiale Gegebenheit, die eben erst in die Anschauungsformen eingefügt werden. Aus der Lage im Raum leiten sich geometrische

Strukturen ab, aus der zeitlichen Sukzession (Aufeinanderfolgen der Zahlen) die Arithmetik.

Der Handlungsgrund oder Motivationsgrund fragt nach dem Warum einer Handlung und beschreibt gewissermaßen die innere Kausalität. Für Schopenhauer ist die mit dem Satz vom zureichenden Grund verbundene Notwendigkeit nicht unbedingt, sondern bedingt; denn die Folge eines Ereignisses ist zwar unausbleiblich, eben notwendig, das aber nur, wenn der Grund gesetzt ist.

Das scheint, wenn man davon zum ersten Mal hört, natürlich völlig verwirrend. Es geht hier auch gar nicht darum, zu entscheiden, ob die ganzen Differenzierungen Schopenhauers nachvollziehbar, stimmig oder sogar wahr sind. In diesem Exkurs ging es darum, zu zeigen, dass die relativ einfache Unterscheidung Platons von Gründen und Ursachen nicht nur historisch fortgesetzt wurde, sondern auch weitere bedeutende Ausdifferenzierungen hervorgerufen hat.

9.2.3 Kausale und finale Gründe

Es wird häufig angenommen, dass nur kausale Erklärungen wissenschaftlich sein können (vgl. für das Folgende Kutschera 1981, 79 ff., 107 ff.). Bei genauerer Betrachtung verwenden aber auch die Naturwissenschaften finale Erklärungen. Die Biologie ist voll davon. In der Medizin und der Physiologie erklärt man physiologische Regelkreise zur Funktionsbestimmung, z. B. eines Organs. Aber auch technische Lösungen, obwohl sie sich der Kausalgesetze bedienen, verfolgen immer einen Zweck. So ist ein Thermostat, der die Raumtemperatur konstant hält, ein finaler Regelkreis, der die Heizung reguliert. Früher nannte man solche Kräfte im Anschluss an Aristoteles „Entelechien".

Der ganze Selektionsprozess der Darwinschen Auslese ist letztlich eine finale Erklärung, auch wenn das häufig bestritten wird. Denn dass ein Lebewesen überleben will, ist keine naturkausale Tatsache, nichts also, was sich z. B. aus genetischen Bedingungen ableiten ließe. Für all diese Beispiele gibt es allerdings immer auch kausale Erklärungen (für die biologischen Mutationen ist das schwierig, weil sie auf Massenphänomenen beruhen, die sich nur statistisch erklären lassen – einer statistischen Erklärung fehlt aber gegenüber einer kausalen die Notwendigkeit der Folge –; ebenso ist das Phänomen des Lebens kausal heutzutage noch nicht zu erklären).

Finale Begründungen liegen ebenfalls vor, wenn wir die Planetenkonstellationen der Vergangenheit aus den heutigen Konstellation mit Hilfe von Kausalgesetzen der Newtonschen Mechanik zurückrechnen, wenn wir von physikalischen Gleichgewichtszuständen ausgehen oder annehmen, dass Licht immer den kürzesten Weg nimmt. Aus all dem aber können wir folgern, dass letztlich offenbar finale und kausale Erklärungsarten äquivalent sind. Finale und teleologische Erklärungen dagegen sind zu unterscheiden, weil wir bei ersteren im Grunde nur das Kausalverhältnis umdrehen, indem wir frühere Ereignisse aus gegenwärtigen, also späteren, ableiten. Bei teleologischen Erklärungen gehen wir dagegen vom Gegenwärtigen aus, von Absichten, Intentionen und Beweggründen. Der Unterschied liegt dabei allein in den Zielen, die wir mit einer Handlung verknüpfen und den tatsächlich eingetretenen Folgen einer Handlung. Auch das beruht vollkommen auf der Unterscheidung zwischen Gründen und Ursachen bei Platon.

Letztlich ist nicht begreiflich zu machen, warum kausale Erklärungen immer die beste Begründung von Ereignissen bieten. Auch für sie müssen wir immer Voraussetzungen annehmen, die wir nicht wieder kausal bis ans letzte Ende verfolgen können – genau das hatte Platon auch schon behauptet. Hinzu kommt der Umstand, dass Kausalgesetze selbst keine Ursachen haben. Sie sind also selbst wiederum nicht kausal zu erklären, sondern sie bieten nur die Grundlage für kausale Erklärungen. Welche Erklärungsart wir wählen, hängt vollständig von den Umständen ab, unter denen wir etwas betrachten und vom jeweiligen Ziel der Untersuchung.

Der Vorrang kausaler Erklärungen leitet sich letztlich aus ihrer praktischen Bedeutung ab. Mit ihrer Hilfe lassen sich zukünftige Ereignisse bestimmen, indem wir die Ausgangsbedingungen ändern. Eine medizinische Therapie hat den Zweck, einen Kausalverlauf zu unterbrechen und aus den vorliegenden Bedingungen einen anderen Verlauf zu initiieren. Welchen Sinn solche Veränderungen haben, lässt sich kausal wieder nicht bestimmen, dazu braucht es abermals teleologische oder rationale Begründungen, wie bei Sokrates im Gefängnis, oder dass wir gesund werden möchten. Die Erklärung, alles ließe sich auf kausale Ereignisse zurückführen, weil unser Gehirn kausal bestimmt ist, vergisst den Umstand, dass Kausalitäten selbst eine Annahme darstellen, die sich wiederum selbst nicht erklären können. Der Bedeutungsunterschied, der in Wertverhältnissen eine Rolle spielt, wie sie teleologische Erklärungsmuster unterstellen, ist an bloß faktischen Verläufen wie neuronalen Verschaltungen gar nicht abzulesen.[59]

9.2.4 Die Kritik an nicht-kausalen Gründen und der Determinismus

Donald Davidson hatte diese Unterscheidung zwischen Gründen und Ursachen kritisiert. Auf ihn berufen sich dabei heute viele. In seinem Essay *Handlungen, Gründe, Ursachen* (1963) argumentiert er dafür, dass sich jedes Ereignis unterschiedlich beschreiben lässt. Entweder man betrachtet den personalen Vollzug: Peter rennt, weil er den Zug erreichen will; oder man beschreibt seine Körperbewegungen und eruiert den neurophysiologischen Zustand, der seinen Willen enthält. Beide Beschreibungen sind Davidson zufolge äquivalent. Für alle Willensentschlüsse gibt es grundsätzlich ein Hauptmotiv, das sich immer auch neurophysiologisch nachweisen lässt, und das die Ursache für die Handlung darstellt.

Für Georg Hendrik von Wright dagegen gilt in seinem *Erklären und Verstehen*, dass es begrifflich-logische Zusammenhänge zwischen Gründen und Handlungen gibt, welche nicht mit empirischen Zusammenhängen von Ursachen und Wirkungen verwechselt werden dürften. Der Zusammenhang von Gründen und Ursachen ist eben nicht experimentell nachzuweisen. Intentionen zu Handlungen und die Handlungen selbst sind vielmehr miteinander verknüpft, aber eben nicht in der Weise eines Kausalverhältnisses:

> „Intentionalität ist kein geistiger Akt und auch keine [die Handlung] begleitende charakteristische Erfahrung. ... Ein Verhalten bekommt seinen intentionalen Charakter dadurch, dass es vom Handelnden selbst oder von einem Beobachter in einer weiteren Perspektive gesehen wird, dadurch, dass es in einem Kontext von Zielen und kognitiven Elementen gestellt wird“ (von Wright 2008, 104)

Von Wright nimmt nun allerdings an, dass es einen „praktischen Syllogismus“ gibt, dass also die Annahmen und Präferenzen des Handelnden unmittelbar zu den Handlungen führen. Weiter argumentiert er dafür, dass ein Außenstehender, welcher die nötigen Informationen hat, ebenso

59 Horn weist darauf hin, dass Platon mit der ganzen Stelle das Problem von Veränderungen schildern wollte, aber noch keine rechte Lösung dafür sah (vgl. Horn 2011, 131, 141 f.).

auf die Handlungen schließen kann. Zwar wird dadurch das Verstehen ermöglicht, und wir können Prämissen und Annahmen einer handelnden Person annehmen, die Ableitung ist aber auch nicht einmal quasi-kausal.

Nun hat auch Davidson eingeräumt, dass es nur den Zusammenhang von einzelnen Ursachen und einzelnen Gründen gibt; er spricht dabei vom „primären Grund". Der Gesamtzusammenhang von Gründen kann dagegen mit einem neurophysiologischen Zustand und einer kausalen Ableitung gerade nicht identifiziert werden:

> „Manchen Ursachen entspricht kein handelndes Subjekt. Zu diesen Ursachen ohne handelndes Subjekt gehören die inneren Zustände von Personen sowie ihre inneren Zustandsveränderungen, durch die – da sie sowohl Gründe als auch Ursachen sind – bestimmte Ereignisse zu freien und absichtlichen Handlungen werden" (Davidson 1998, 42).

Man kann also nicht behaupten, dass Davidson endgültig nachgewiesen hat, dass Handlungsgründe auf kausale Ursachen zurückzuführen sind. Ein Problem ist, was wir als rationalen Handlungsgrund ansehen: Ist das die Erklärung, warum eine Handlung rational ist oder handelt es sich um die kausale Ableitung von Handlungen? Eine Handlung als rational anzusehen, heißt die Beweggründe, Absichten oder Präferenzen des Handelnden sowie den Vollzug der Handlung als plausibel zu qualifizieren. Eine kausale Ableitung stellt die Beweggründe und Absichten des Handelnden nach Davidson auch in Rechnung; allerdings machen wir hier einen Unterschied: Die kausale Ableitung erfolgt auf Grundlage eines Gesetzes, wir können danach gar nicht anders handeln. Warum sollen wir dann überhaupt nach der Rationalität oder Plausibilität der Handlung fragen? Auf der rationalen Ebene können wir sagen, die Handlung war dumm; rein kausal betrachtet wäre diese Behauptung müßig. Eine kausale Ableitung erklärt demnach allenfalls, dass eine Handlung stattfand und sie bettet die Handlung teilweise in den Handlungshorizont, die Situation, ein. Eine rationale Erklärung von Handlungen dagegen fragt eben nach der Rationalität einer Handlung, und versucht diese zu begründen. Dass wir nicht immer rational handeln, wie z. B. der Ökonomismus behauptet – danach sind wir ergebnisoptimierende Automaten –, spricht gerade für einen Unterschied zwischen Ursachen und Gründen, den Unterschied, auf den Platon aufmerksam gemacht hat.

Aus der Zwangsläufigkeit von Handlungen scheint der Determinismus zu folgen. Das ist die philosophische Position, welche die Freiheit des menschlichen Handelns ablehnt. Der Determinismus behauptet, dass unsere Welt ein determiniertes System ist und sich alle Ereignisse deterministisch erklären lassen. Das bezieht sich auf Gesetze, Theorien und Systeme. Die Position steht in engem Zusammenhang mit dem Kausalismus, der besagt, dass die Welt ein kausal-determiniertes System ist und sich alle Ereignisse kausal erklären lassen. Statistische Gesetze, wie sie in der Quantenmechanik vorkommen, sind streng genommen indeterministisch. Dennoch werden solche häufig auch in den Rahmen des Determinismus gepasst.

Der Begriff der Ursache hat im Alltag und in den Wissenschaften eine jeweils andere Bedeutung, so dass im Alltag gilt, Ursachen gibt es nur, wenn nicht alles determiniert ist. Wir betrachten uns selbst und die anderen in unserem Handeln eigentlich als frei und verantwortlich. Wir unterlegen Handlungen keinen zwangsläufigen Verlauf, sondern bewerten nach Motiven, Absichten usf., wenn jemand etwas tut. Der Kausalismus müsste dagegen annehmen, dass jede Handlung eine unendliche Anzahl von Ursachen hat, die Jahrmillionen zurückgreifen. Durch den Gesamtzusammenhang würden meine Handlungen bestimmen, wie lang und groß Platons Füße waren. Kein Ereignis wäre für sich zu betrachten, alles steht im kompletten Nexus des gesamten Weltverlaufs. Das ist in der Konsequenz freilich absurd.

Die Wissenschaften setzen Kausalgesetze voraus, suchen und finden oder bestimmen solche. Ereignisse kausal zu erklären, hat auch eine ganze Reihe von Vorteilen, auch wenn solche innerhalb der Forschung ständig revidiert werden. Daraus lässt sich aber nicht ableiten, dass die Welt kausal determiniert ist.[60] Diese Behauptung, die schon Platon beschäftigte, ist vielmehr selbst ein metaphysisches Konstrukt, das letztlich auf Pierre Simon de Laplace zurück geht. Dieser fingierte einen universalen Geist, den so genannten Laplaceschen Dämon:

„Wir müssen also den gegenwärtigen Zustand des Weltalls als die Wirkung seines früheren und als die Ursache des folgenden Zustands betrachten. Eine Intelligenz,

60 Diese notwendige Verknüpfung von äußeren Ursachen, die alles Geschehen bestimmen, entstammt zuerst einer Umformung stoischen Gedankenguts: Während für die Stoiker die innere Ursache die Hauptursache, die äußere aber nur als eine *antecedens*-Ursache, also eine Art Veranlassung, qualifiziert wurde, verschob sich der Schwerpunkt wegen der stoischen Orientierung am äußeren Schicksal immer mehr auf die äußeren Ursachen; die *causa efficiens* wurde zur Hauptursache (vgl. Frede 2007, 145).

welche für einen gegebenen Augenblick alle in der Natur wirkenden Kräfte sowie die gegenseitige Lage der sie zusammensetzenden Elemente kennte, und überdies umfassend genug wäre, um diese gegebenen Größen der Analysis zu unterwerfen, würde in derselben Formel die Bewegungen der größten Weltkörper wie des leichtesten Atoms umschließen; nichts würde ihr ungewiss sein und Zukunft wie Vergangenheit würden ihr offen vor Augen liegen" (Laplace 1932, 1 f.).

Würde der zwangsläufige Verlauf tatsächlich vorliegen, so heißt das nicht, dass wir diesen auch vorhersagen können. Quantenmechanische Prozesse oder die Bewegung eines Doppelpendels lassen sich nur unter statistischen Bedingungen prognostizieren. Ein weiteres Problem liegt darin, wie der Dämon von den physikalischen Zuständen wissen kann. Entweder er ist Teil des Systems, dann steht er in Wechselwirkung mit ihm, die Aussagen über die Zukunft betreffen ihn dann selbst (es kommt zu Rückkopplungen, welche den prognostizierten Verlauf ändern würden), oder aber er ist außerhalb des Systems, dann ist er eine unnötige Zusatzannahme.

Generell ist ein Determinismus nicht beweisbar, weil unsere Ansichten und Beobachtungen über die Welt eben auch immer Teil der Welt sind. Wenn dieser aber nicht beweisbar ist – weder theoretisch noch empirisch –, ist er eine Hypothese bzw. eine metaphysische These, weil er darin besteht, nicht Aussagen über einzelne Ereignisse zu machen, sondern über alle Ereignisse. Wenn der Determinismus nun aber eine metaphysische These ist, muss er sich auch metaphysisch begründen, sich also Argumenten dieser Art stellen. Als Hypothese ist er sinnvoll, für die Beschreibung der Naturwissenschaften notwendig,[61] bei näherer Prüfung als Gesamtthese über die Welt allerdings unplausibel, zumal die These unserem menschlichen und alltäglichen Selbstverständnis widerspricht. Theoretisch gibt es keine Möglichkeit, die kausale Geschlossenheit der Welt auch nur sinnvoll zu formulieren.[62] Platon hatte also ganz recht mit seiner Kritik an physikalischen Erklärungen, auch wenn ihn im *Phaidon* wichtigere Fragen interessieren.

---

61 Die Notwendigkeit spielt für Platon und Aristoteles im Begriff der Ursache keine Rolle; vgl. Frede 2007, 142.

62 Wer sich näher für diese Behauptung interessiert, sei auf Kutschera 1981, Kutschera 1993, Keil 2007 verwiesen. Eine kurze Darstellung der Probleme in Fröhlich 2012, 83 ff., 100 f.

Weiterführende Literatur

Hans-Michael Baumgarten, „Handlungstheorie", in: Horn u. a. 2009, 164–168.

Dorothea Frede, „Grund/Begründung/Ursache (aition/synaition, aitia usw.)", in: Schäfer 2007, 141–145.

Dorothea Frede, „Platons Dialoge als Hypomnemata – Zur Methodik der Platondeutung", in: Schiemannn u. a. 2006, 41–58.

Christoph Horn, „Kritik der bisherigen Naturforschung und die Ideentheorie (95a–102a)", in: Müller 2011, 127–142.

10. Idee und Erkenntnis

Die „Ideen“ durchziehen das gesamte Werk Platons. Allerdings gibt er uns an keiner Stelle tatsächlich Auskunft darüber, was genauer unter diesem Ausdruck oder dem ganzen Konzept zu verstehen ist. Im *Parmenides* unterzieht er seine Ideenlehre sogar einer heftigen Kritik. Immer wieder macht er allerdings deutlich, dass es sich dabei um eine Hilfskonstruktion handelt, von so etwas wie „Ideen“ zu sprechen. Diese ist nötig, weil andere Erklärungen von theoretischem und praktischem Wissen nicht wirklich überzeugen. Ohne die Annahme von vorgestellten Urbildern sind wir nach Platons Überzeugung unfähig zu bestimmen, was Erkenntnis ist. Schon eine Erklärung der Wahrnehmung, in der wir uns auf identifizierbare Einzelheiten oder Gegenstände der Welt beziehen, scheint dann ausgeschlossen. Zuletzt wären ohne „Ideen“ selbst die Fragen nach der Gerechtigkeit und dem Guten obsolet. Wenn wir unter der Ideenlehre Platons dagegen ein ausgearbeitetes Ordnungssystem verstehen wollen, finden wir wenig Brauchbares in seinem überlieferten Werk (vgl. auch Bordt 2004, 141–144).

10.1 Die Einführung der „Ideen" im *Phaidon* (*Phaidon* 99a–107d)

Die Frage, vor deren Hintergrund in Platons *Phaidon* das Problem entsteht, ob es Ideen gibt oder nicht, ist diejenige nach der Ursache von Entstehen und Vergehen. Diese Frage wiederum ist im größeren Kontext motiviert durch das Suchen nach einer Antwort auf das Problem, ob die Seele unsterblich ist oder nicht. Denn wenn sie unsterblich ist, stellt sich die Frage, wie das Leben, das wir als etwas Vergängliches kennen, entsteht und vergeht, und wiederum, wie dieses Vergehen mit einer Permanenz der Seele übereinstimmen kann.

Sokrates erzählt, wie er sich schon als junger Mann der Naturforschung zuwandte, um die Ursachen von Entstehen und Vergehen zu erfahren. Wie wir es von Sokrates gewohnt sind, wurde er sich über diese Dinge nicht einig. Entstehen Tiere aus dem Verfaulen von Warmem und Kaltem, wie Archelaos meinte? Und wie werden die Gedanken in uns übertragen und mit welchem Stoff denken wir? Über das Blut – so meinte wohl Empedokles (DK B 105) –, über die Luft, wie Anaximenes (DK B 23) und Diogenes von Apollonia (DK B 5) vertraten, über das Feuer, wie Heraklit meinte, oder doch über das Gehirn? Diese Auffassung finden wir bei einem Pythagoreer, Alkmaion von Kroton (DK A 5). Er vertrat die Auffassung, dass unser Gehirn alle Wahrnehmungen hervorbringt, dass wir durch dieses sehen, hören und riechen können. Erkenntnis aber entsteht, wenn wir uns an die einzelnen Vorstellungen erinnern, und sobald diese zur Ruhe kommen.

Aber an diesen Fragen hängt, so meint Sokrates, noch viel mehr: Früher habe er sich das Wachstum der Menschen so erklärt, dass es vom Essen und Trinken komme. Wenn also zum Fleisch neues Fleisch und zu den Knochen neue Knochen hinzukommen und dadurch immer mehr Masse angehäuft wird, wird aus einem kleinen Menschen ein großer. Auch habe er einmal angenommen, dass, wenn ein großer Mensch neben einem kleinen steht, die Ursache dafür, dass der eine größer scheint, darin zu suchen ist, dass dieser „um einen Kopf" größer ist und ebenso bei Pferden; und auf die gleiche Weise, dass die Ursache, dass zehn größer als acht ist, darin liegt, dass die zehn um zwei größer ist.

Heute aber muss er wohl eingestehen, dass ihm die eigentlichen Ursachen dieser Dinge gänzlich unbekannt sind. Er hat sich nämlich gefragt, wie es sein kann, dass etwas zusammen zwei ergibt, wenn eines zu einem anderen hinzukommt, wenn die Einzelelemente nicht vorher schon zwei waren. Offenbar kann die Ursache des Zweiseins nicht im Zusammenkommen der beiden liegen. Ganz anders wenn jemand etwas zerspaltet und so aus einem Ding zwei Gegenstände werden: Die Ursache dafür, dass aus einem Ding zwei geworden sind, kann nicht in der Spaltung, im Auseinanderbringen also, liegen. Als Ursache der Zwei werden einmal die Trennung und einmal die Vereinigung genannt.

In solchen Überlegungen findet Sokrates also keine Wahrheit. Diese muss irgendwo anders zu suchen sein. Er erzählt dann von seinen Erfahrungen mit der Lektüre einiger Schriften von Anaxagoras (*Phaidon* 98b–99d), von dem ihm erzählt wurde, er würde alles mit Vernunft erklären. Allerdings fand Sokrates in dessen Schriften gar nichts über die Vernunft. Anaxagoras fragt nämlich immer nur nach dem Besten, dem Guten und Richtigen und nach der Ursache oder dem Grund davon. Das aber, so viel scheint klar, ist nie direkt zu erkennen. Lehrer gibt es in diesen Fragen tatsächlich auch nicht. Also suchte Sokrates nach einer zweitbesten Fahrt (*deuteros plous*; vgl. auch Horn 2011, 138 f.).

Über eine methodische Vorbemerkung schreitet Sokrates zu seinem unmittelbaren Anliegen: Wenn wir die Dinge direkt ansehen, werden wir häufig durch die unmittelbare Anschauung geblendet. Wie bei einer Sonnenfinsternis, die man auch nicht direkt ansehen sollte, weil man sich sonst die Augen verdirbt. Besser ist es, wenn wir diese im Wasser betrachten, und so nur das Abbild der Sonne ansehen. Ebenso, meint Sokrates, muss man auch die in Frage stehenden Dinge über die Gedanken und Vorstellungen betrachten, wobei er damit aber nicht sagen möchte, dass die Gedanken nur Bilder der Dinge sind.

In Gedanken scheint immer dasjenige das Wahre zu sein, was uns am meisten einleuchtet oder am klarsten vorkommt, ob das nun eine Ursache ist oder etwas anderes. Kebes, der Gesprächspartner des Sokrates, versteht nicht: Sokrates meine allerdings gar nichts Neues, sondern das Alte und Abgedroschene, an das er schon die ganze Zeit über denkt und das er auch schon häufiger in anderen Zusammenhängen vorgebracht hat.[63] Die besondere Ursache, die er im Sinn hat, liegt in seiner Annahme, es gibt ein Schönes an und für sich und ein Gutes und ein Großes usw.:

> „Ich will nämlich gleich versuchen, dir die Art von Ursache aufzuzeigen, womit ich mich beschäftigt habe, und komme wiederum auf jenes Abgedroschene zurück und fange davon an, daß ich voraussetze, es gebe ein Schönes an und für sich und ein Gutes und Großes und so alles andere, woraus, wenn du mir zugibst und einräumst, daß es sei, ich dann hoffe, dir die Ursache zu zeigen und nachzuweisen, daß die Seele unsterblich ist" (*Phaidon* 100b).

Warum bezeichnen wir etwas als schön? Etwa wegen der Gestalt oder der Farbe oder ähnlichem? Aber in diesen Bedingungen finden wir wahrscheinlich nichts Einheitliches, das uns die Schönheit eines Dinges garantieren würde; denn es gibt viele Gestalten und Farben, die wir als schön empfinden, auch wenn wir die Ursache einer solchen Empfindung nicht angeben könnten. Diese Vielfalt verwirrt uns mehr, als sie uns Klarheit bringen würde. Was wir suchen, ist vielmehr ein einheitliches Kriterium. Das Schöne, meint er, ist also schön durch das Schöne an ihm. Sei es nun, weil es Teilhabe (*parousia*) oder Gemeinschaft (*koinônia*) am Schönen

63 Vgl. Horn 2011, 137 f.; vgl. zur Diskussion um die Ideen im *Phaidon* auch Frede 1999, 20 ff., 121 ff.

hat, oder weil das Schöne in ihm anwesend ist. Schöne Dinge sind also durch die Schönheit an ihnen schön. Und ebenso scheint uns das Große wegen der Größe groß und nicht etwa durch den Kopf, der selbst ja etwas Kleines im Verhältnis zur betrachteten Körpergröße ist. Ebenso ist das Hinzufügen oder die Spaltung nicht die Ursache von Zweiheit, sondern die Teilhabe an ihr. Alles Zwei-Gewordene ist demnach durch die Teilhabe an der Zweiheit zwei geworden.

Generell ist also die Ursache für etwas in begrifflicher Hinsicht nur eine, nämlich die Teilhabe an diesem Etwas. Denn die sogenannten physischen Ursachen sind offenbar gar nicht genau anzugeben und zu bestimmen. Ist denn einer größer, weil er einen anderen um einen Kopf überragt oder weil er mehr Zentimeter misst? Oder aber weil seine Gene ihn so groß haben wachsen lassen, größer jedenfalls als die desjenigen, mit dem er verglichen wird? Eine solche Verwirrung der Ursache komme auch den Sophisten natürlich sehr zupass, weil diese an der Sache gar nicht interessiert seien, und lieber alles durcheinander rührten. Auch hier ergibt sich, wie bei der Frage, warum Sokrates im Gefängnis sitzt, ein Unterschied zwischen den physischen Ursachen und den begrifflichen Gründen.

Sokrates wendet das Ergebnis auch gleich auf einen bestimmten Fall an: Simmias, neben Kebes der andere Gesprächspartner im *Phaidon*, ist größer als Sokrates, aber kleiner als Phaidon.[64] Simmias hat Anteil an der Größe wie an der Kleinheit. Er überragt den Sokrates aber nicht durch seine Natur, weil er gerade Simmias ist, sondern durch seine Anteilhabe an der Größe, die er zufällig hat. Gegenüber Phaidon ist er kleiner, vermöge der Anteilhabe an der Kleinheit, und nicht, weil er Simmias ist, der nun einmal kleiner ist. Er steht dadurch in der Mitte, gleichermaßen Anteil habend am Großen und am Kleinen – das ist gewissermaßen eine bezeichnende Stelle, da sich im Folgenden ergeben wird, dass sich hierbei gegensätzliche Ideen, Kleines und Großes, nicht auszuschließen scheinen. Allerdings tun sie das auch nicht in derselben Hinsicht. Sokrates fügt an, er rede bald so genau wie die Gerichtsschreiber. Er sieht offenbar aber auch das Problem:

„Ich sage dies aber, weil ich möchte, du wärest derselben Meinung wie ich. Denn mir leuchtet ein, daß die Größe selbst niemals zugleich groß und klein sein will,

64 Phaidon ist im gleichnamigen Dialog anwesend und berichtet Echekrates nach der Dialogkomposition Platons vom letzten Gespräch des Sokrates.

sondern daß auch die Größe in uns niemals das Kleine aufnimmt oder übertroffen werden will, sondern eines von beidem, daß sie entweder flieht und aus dem Wege geht, wenn ihr Gegenteil, das Kleine, sich nähert, oder, wenn es da ist, untergeht, niemals aber bleibend und die Kleinheit aufnehmend etwas anderes sein will, als sie war; so wie ich allerdings aushaltend und die Kleinheit aufnehmend derselbe bin, der ich war, und nur eben als dieser selbe klein bin. Jene aber hat nicht das Herz, indem sie groß ist, auch klein zu sein. So auch das Kleine in uns will niemals groß werden oder sein; noch auch sonst eins von zwei Entgegengesetzten will, dasselbe bleibend, was es war, zugleich auch sein Gegenteil werden oder sein, sondern entweder geht es davon, oder es geht unter, wenn ihm dies begegnet" (*Phaidon* 102de).

Das soll bedeuten, dass Kleinheit oder Größe nichts Absolutes sind in Bezug auf jemanden oder etwas. Denn je nachdem, mit wem oder was wir es vergleichen, ist immer nur eines von beiden da oder das Gleiche. Beides zugleich kann aber nicht sein. Etwas, das ein Gegenteil hat, kann also niemals zu seinem Entgegengesetzten werden, sondern muss sich stets gleich bleiben, obwohl die Dinge, die das Entgegengesetzte an sich haben, in Bezug auf die Art desselben sich sehr wohl verändern können. Aus diesen Eigenschaften erhalten die Dinge auch ihre Beinamen (*eponymia*).

Aber die Dinge haben neben den Eigenschaften, die sich verändern können, auch Eigenschaften, die sich nicht verändern, sogenannte essentielle Eigenschaften oder auch Attribute genannt, die ihrem Wesen nach den Dingen zukommen. So wie Schnee immer kalt und Feuer immer warm ist. Bringt man das Warme des Feuers an den Schnee heran, flieht zusammen mit der Kälte auch der Schnee. Niemals aber kann die Kälte des Schnees sich auf das Feuer übertragen. Die Dinge haben also nicht nur die Eigenschaften, nach denen sie benannt sind, sondern auch noch andere, die ihnen wesensmäßig zukommen und die nicht sie selbst sind. Ähnlich wie bei dem Ungeraden. Dieses findet sich immer bei der Drei. Aber weder die Drei ist das Ungerade noch das Ungerade die Drei. Diese kann niemals eine gerade Zahl werden. Nicht nur das Entgegengesetzte kann sich nicht wechselseitig annehmen. Auch das, was nicht entgegensetzt ist, das Ungerade und die Drei, das Entgegengesetzte aber immer an sich hat, kann das Entgegengesetzte (das Gerade) von dem, was an ihm ist (das Ungerade), nicht annehmen.

Sokrates will damit am Ende beweisen, dass die Seele unsterblich ist. Denn diese ist ja das Prinzip und der Ausdruck des Lebens. Wenn es also das Wesen und die Idee (*eidos*: Gestalt, Art, Idee, „Begriff") der Seele ist zu leben, dann kann sie auch niemals den Tod an sich heranlassen, und so muss sie folglich auch unsterblich sein.

10.2 Die Ideen als Erkenntnisprinzipien (*Phaidon* 74a–75c)

Es geht in diesem Kapitel allerdings nicht mehr um den Unsterblichkeitsbeweis, sondern um die Frage nach der begrifflichen Bestimmung der Dinge. Woher nehmen wir die Kriterien, nach denen wir die Welt einteilen, bestimmen und erkennen? Wenn wir zwei Bäume sehen, so sagen wir, beides sind eben Bäume. Sehen wir genau hin, schauen aber beide Bäume ziemlich verschieden aus. Keiner der einzelnen Teile eines Baumes ist mit einem Teil des anderen Baumes identisch, hat die gleiche Gestalt, Form, das gleiche Aussehen. Wie abstrahieren wir von den einzelnen Gegebenheiten, um diese unter einem einzigen Begriff zu subsumieren, ganz oder relativ verschiedene Dinge mit einem einzigen Namen zu bezeichnen? Wie unterscheiden wir Ähnlichkeit, Identität, Verschiedenheit, Negation?[65]

Im Kontext der Wiedererinnerungslehre spricht Sokrates von der Fähigkeit, dass wir aus wahrgenommenen Dingen andere Gegenstände oder Personen imaginieren. Diese Assoziationsfähigkeit wenden wir überall an. So erinnern wir uns angesichts von ein Paar Schuhen an den Träger oder die Trägerin, der diese gehören. Bei gemalten Bildern erkennen wir die Ähnlichkeit mit der dargestellten Person und erinnern uns an diese. Wir sagen, das ist die Person, die da gemalt wurde, obwohl wir wissen, dass wir nur ein Bild sehen, dessen physische Bestandteile nichts mit der Person selbst zu tun haben (vgl. *Phaidon* 73e). Die Assoziationsgabe stellt also einen Zusammenhang zwischen zwei Weltinhalten her, die einander in bestimmten Hinsichten ähnlich und in anderen unähnlich sind.

Wenn wir von der Gleichheit zweier Dinge reden, z. B. Steine oder Hölzern, müssen wir eigentlich, um zu verstehen, was wir da sagen, angeben können, was das ist, die Gleichheit. Denn die Dinge, welche wir als gleich ansehen können, sehen durchaus verschieden aus und sind es ja auch tatsächlich: „Also, sprach er [Sokrates; GF] sind jene gleichen Dinge

65 Nach Burkhard Mojsisch sah es der späte Platon als eine seiner Hauptaufgaben an, „die fünf wichtigsten Gattungen *Ruhe*, *Bewegung*, *Seiendes*, *Identität* und *Verschiedenheit* als Ideen" zu entwickeln (Mojsisch 1996, 171). Zur restriktiven Deutung der Ideen als Denkvoraussetzungen vgl. Horn 2011, 138 ff.

und dieses Gleiche selbst nicht dasselbe" (ebd. 74c). Sehe ich ein Paar Schuhe, und sage zu jemanden: Das sind doch die Schuhe von Penelope; dann muss sich der andere, um das zu bestätigen, nicht nur an die Schuhe und daran erinnern, dass Penelope sie getragen hat, sondern er muss auch schon wissen, was das ist: die *gleichen* Schuhe (von Penelope). Das Wissen darum, was als „gleich" bezeichnet wird, setzen wir für die Welt der Dinge, ihre Ähnlichkeiten und Unähnlichkeiten, schon voraus. Bevor wir etwas als „gleich" bezeichnen können, z.B. zwei Steine, müssen wir schon etwas mit dieser begrifflichen Zuordnung anfangen können: „Notwendig also kennen wir das Gleiche schon vor jener Zeit, als wir zuerst gleiches erblickend bemerkten, daß alles dergleichen strebe zu sein wie das Gleiche, aber doch dahinter zurückbleibe" (ebd. 75a).

Der sogenannte epistemische Ursprung dieses Wissens, der Grund also, dass wir den Umstand überhaupt kennen, darum, was das Gleiche ist, muss in der Wahrnehmung liegen. Denn auf was sonst sollten wir diese Idee beziehen, wenn nicht auf unsere Erfahrungen mit den Dingen oder den daraus abgeleiteten Vorstellungen. Der sachliche Ursprung liegt aber nicht in der Wahrnehmung, weil wir die Idee nicht aus der Wahrnehmung herauslesen, sondern jene auf diese beim Wahrnehmen übertragen:

„Ehe wir also anfingen zu sehen oder zu hören oder die anderen Sinne zu gebrauchen, mußten wir schon irgendwoher die Erkenntnis bekommen haben des eigentlich Gleichen, was es ist, wenn wir doch das Gleiche in den Wahrnehmungen so auf jenes beziehen sollten, daß dergleichen alles zwar strebt zu sein wie jenes, aber doch immer schlechter [und Sokrates meint wohl „unähnlicher"; GF] ist. … Und wir mußten, sagen wir, schon ehe dieses geschah, die Erkenntnis des Gleichen bekommen haben" (*Phaidon* 75bc).

Dieses Ergebnis überträgt Sokrates dann recht schnell auf das Schöne, das Gute, das Rechte und das Fromme. Alle Dinge, welche wir auf die Welt beziehen, entnehmen wir zwar auch aus ihr, aber bei diesen Ideen, wie Gleichheit, Ähnlichkeit usf., besteht kein unmittelbarer Bezug zur Welt. So können wir nicht in der gleichen Art und Weise über einen Tisch sprechen, indem wir sagen „Das ist ein Tisch.", wie wir über das Gute oder die Gleichheit sprechen.

Offensichtlich ist, dass wir die verschiedenen Einteilungen nicht unseren Eindrücken entnehmen können, denn diese sind völlig unterschiedlich. Platon meint, uns liegt ein Einteilungsschema gewissermaßen schon voraus, das wir auf die Erscheinungen anwenden können. Zuweilen, wie im *Timaios*, aber auch an einigen anderen Stellen, geht er noch weiter und behauptet, das sei nicht nur ein Einteilungsschema, sondern die eigentliche und wirkliche Welt.

Was die Welt aber wirklich ist, können wir nicht sagen. Wir verbinden immer unsere Eindrücke mit dem, was schon in unserem Verstand als Schema bereit liegt. Im Gegensatz dazu wird auch vielfach angenommen, dass Menschen die Fähigkeit haben, von einzelnen Gegebenheiten zu abstrahieren, also ähnliche Merkmale zusammenzufassen und als identisch anzusehen. Das setzt aber immer schon erstens die Fähigkeit zur Abstraktion voraus, zweitens aber auch noch die oben genannten Schemata Identität, Negation, Ähnlichkeit usf. Abstraktion ist also nichts, was einfach durch sich selbst erklärt werden könnte.

10.3 Idee und Wirklichkeit der Welt

Die Ideenlehre wird mit Platon identifiziert. So schreibt Gadamer:

> „In der Geschichte der Philosophie kennt man seine Lehre als die Ideenlehre. Gegenüber der wechselnden Vielfalt der Phänomene, die sich dem Erfahrungsblick darbieten, sind die Ideen die wahren Grundgestalten des Seienden“ (Gadamer 1986, 8).

Ob die Wirklichkeit durch die Ideen, also durch geistige Elemente bestimmt ist, ist zugleich eine ontologische und eine metaphysische Frage, mit der eruiert werden soll, was der Ursprung der Welt und die Grundlage ihres Bestehens ist. Von da aus ist es auch nicht weit, nach einer göttlichen, alles durchwaltenden Vernunft und nach einem Wesen, welches dieses Umgreifende personifiziert, zu fragen. Die Naturwissenschaften fragen nicht nach Gott, aber nach einem alles durchdringenden Gesetz. Das macht zuletzt gar keinen so großen Unterschied, wie man meinen könnte. Unterhalb dieser Grenze eines alles durchwaltenden Prinzips wird es schwierig für uns, überhaupt etwas wie Ordnungen, Prinzipien, Gesetze usf. für die Welt anzunehmen. Die Welt ist dann nämlich kontingent, zufällig, nicht-stringent usf. Eine solche Welt auszuloten, ist Aufgabe der Philosophie. Der Gedanke hat zwei Konsequenzen: Die theoretische lautet, dass die Ereignisse der Welt nicht vorhersagbar sind. Alles, was wir feststellen können, ist eine gewisse Regelmäßigkeit ihres Ablaufs, den wir versuchen, in Naturgesetze einzufangen und zu beschreiben, was aber nie ganz gelingen wird. Die andere ist eine praktische Konsequenz: Woran sollen wir uns orientieren, wenn es keinen einheitlichen Maßstab im Universum gibt, keine Vernunft, welche die Welt ordnet?

Die Feststellung der Regelmäßigkeiten wie die Frage nach der Orientierung im Handeln verlieren angesichts der beiden Konsequenzen ihren Boden, wenn wir davon ausgehen, dass es keine Ordnung in der Welt gibt. Die Menschen gingen zunächst wohl von einer kosmischen Ordnung aus, die sie nicht weiter hinterfragten. Diese wird obsolet, wenn sie nicht mehr als selbstverständlich genommen wird, oder, wenn dieser Ordnung ein Prinzip zugrunde gelegt wird. Denn ein solches lässt sich jederzeit auch bestreiten.

Die Sophisten in Griechenland reagierten im fünften Jahrhundert v. Chr. auf diesen Befund und machten ihre Vorschläge, wie wir mit dem Gedanken an die Ungeordnetheit umgehen können. Wir müssen danach einfach auf uns selber schauen, und sehen, wie wir damit zurechtkommen, und vor allem, wie weit wir damit kommen, um bestmöglich im hedonistischen Sinn durchzukommen. Für sich ist der Gedanke, dass der Welt die Vernunft abgeht, eher unangenehm. Wir sind ständig bestrebt, etwas anzunehmen, was das Chaos der Welt übersteigt. Und wir haben unsere eigene Vernunft, die Kant zufolge nach dem Grund von allem fragt. Das Auffinden eines Grundes für etwas stellt aber einen Zusammenhang her zwischen zwei Ereignissen, zwei Gegenständen, zwei Dingen, die zuerst nichts miteinander zu tun haben. Fangen wir einmal an mit diesem synthetischen Verbinden, stellen wir immer mehr Zusammenhänge her. Aber schon eine einzige festgestellte Verbindung durchbricht die vorgefundene Zufälligkeit. Die Griechen nannten das *logos*, Sinnganzes; sie meinten damit aber ebenso die Fähigkeit, solche Sinneinheiten herzustellen und zu denken, also die Vernunft.

Der Befund ist ebenso eigenartig wie grundlegend: Wir nehmen einige Regelmäßigkeiten wahr, wenn wir die Welt ansehen, Wechsel von Tag und Nacht, Jahreszeiten, Wachstum von Lebewesen, relativ stabile Umgebungsverhältnisse. Doch unterliegen diese für sich besehen relativen Schwankungen. Hinzu kommt die Zeit, die während des Wechsels vergeht. Mit unserem Gedächtnis erinnern wir uns allerdings an die Vergangenheit. Der heutige Tag ist definitiv ein anderer als der gestrige, und doch erkennen wir darin dasselbe. Als Tage sind die beiden Verschiedenheiten das Gleiche. Wir fassen also Unterschiedliches als dasselbe auf und stellen einen angebbaren, wenn auch nur begrifflichen Sinnbezug zwischen den beiden Ereignissen her.

Diese Fähigkeit, Sinneinheiten zu bilden, ist für uns selbstverständlich und alltäglich. Dennoch stellt sich die Frage, wie weit diese Fähigkeit reicht. Tatsächlich ist diese unendlich. Wir sind in der Lage, zwischen fast allen Ereignissen, Dingen und Eigenschaften usf. einen Sinnbezug herzustellen. In einem Witz z.B. werden zwei solche, nicht recht vereinbaren Sinnbezüge miteinander kontrastiert. Wir lachen, wenn uns die Bereiche nicht existentiell tangieren, wenn wir sie in Bezug setzen können, gerade ohne sie ineinander aufzulösen.

Die menschliche Fähigkeit zur Sinneinheit ist grenzenlos. Mit den Mitteln der Sprache sind wir zudem in der Lage, solche Sinneinheiten auch zu benennen, um sie in einem nächsten Schritt wieder miteinander zu vermitteln. Wir entfernen uns dadurch immer weiter von der Wirklichkeit. Die Frage nach dem Sinn des Lebens ist so eine – weit vom alltäglichen Lebensbezug mit seinen Begrenztheiten – vom wirklichen Leben abgeschiedene. Und dennoch interessiert uns auch diese Frage eben als letzter Sinnbezug all unserer Entwicklungen, unserer Handlungen, unserer Erfolge und Niederlagen und unseres Entwurfs auf eine Zukunft hin. Der Horizont der Sinnfrage liegt zumeist in den „Erfahrungen …, welche in einer Epoche vorherrschen" (Wolf 1999, 33).

Die Ideen Platons sind zunächst nichts anderes als solche abstrakten Sinnbezüge. Sie helfen uns, für die Divergenz unserer Erfahrungen Einheitsformen zu bilden. Platon dreht das Verhältnis allerdings immer wieder um. Dadurch fällt das, woraus wir die Ideen bilden, nämlich unsere alltäglichen Erfahrungen, hinter die Ideen zurück. Und so werden die Ideen primär gegenüber den Erscheinungen der Welt. So entsteht der Eindruck, dass die Erfahrungen der Dinge erst aus den Ideen abgeleitet werden, so dass sich der ontologische Rang vor den Erkenntnisrang schiebt. Dieses Ergebnis ist einfach dem Umstand geschuldet, dass wir ohne die Schemata der Ideen Identität, Negation, Ähnlichkeit, Möglichkeit usf. überhaupt nichts erkennen könnten.

Die Ideen bilden also nicht nur den Anfang der Dinge und den höchsten Punkt der Erkenntnis, sondern sind auch deren unmittelbare Voraussetzungen. Später, im Platonismus und bis in das Neunzehnte Jahrhundert hinein, haben einige Denker daraus eine „Zweiweltenlehre" gemacht, in der sich die Welt in die physischen Realitäten und die Ideen aufteilt. Wir werden noch sehen, dass eine solche Zweiteilung für Platon selbst problematisch ist, auch wenn es Ansätze dazu gibt, z.B. wenn er über die unsterbliche Seele redet.

Im *Timaios* greift Platon bei seiner Lehre von der Welt auf pythagoreisches Gedankengut zurück. Die Pythagoreer haben z.B. entdeckt, dass dadurch, dass die Saite eines Musikinstruments halbiert wird, die Saite eine Oktave höher erklingt. Freilich muss man dazu erst einmal hören, was eine Oktave von anderen Teilungsverhältnissen unterscheidet. Die anderen Tonintervalle entsprechen ebenfalls mathematischen Teilungsverhältnissen. Dazu gehört insgesamt ein bestimmtes Verhältnis zu tonalen Harmonieverhältnissen, an die wir uns immer auch gewöhnen müssen. Das griechische Ohr war ein anderes als unseres. Wir sind zunächst durch die enharmonische Verwechselung gedrillt, d.h. dass wir z.B. zwischen einem fis und einem ges keinen harmonischen Unterschied mehr machen, obwohl diese Halbtöne eine harmonische Funktion der Hinführung haben, die im jeweiligen Tonartkontext eine andere ist. Harmonisch müssen die beiden Töne eindeutig unterschieden werden. Wir machen aber mit dem Ohr keinen Unterschied mehr. Musiker, die z.B. in kleinen Streichbesetzungen spielen, sind noch in der Lage, das zu hören, eben weil ihre Instrumente den harmonischen Unterschied hervorbringen können. Weiter sind wir durch die Musik geprägt, die uns den ganzen Tag um die Ohren schallt, von der Flut der Bilder, vom Sprachjargon unserer Umgebung usf. Die Pythagoreer haben aus dem Befund geschlossen, dass es grundsätzlich eine Entsprechung zwischen allen phänomenalen Eindrücken und mathematischen Verhältnissen gibt, also auch für das ganze Universum, die menschlichen Verhältnisse usf. Auch die Ideen haben bei Platon eine universale und mathematische Struktur. Aus ihnen, insbesondere aus der Idee des Guten, lassen sich sogar Regeln für unser Handeln ableiten. Sie sind die Ordnungsprinzipien der Welt.[66]

Als Prinzipien beanspruchen die Ideen auch Gültigkeit, selbst wenn die Welt anders aussieht, als diese es vorschreiben. Die Stadt Athen und ihre Bürger haben eine schwere Ungerechtigkeit begangen, sie haben den Sokrates hingerichtet. Und wie reagiert dieser darauf? Es sagt, es ist gerecht, wenn die Athener das über ihn beschließen, und geht in den Tod. Das ist folgenschwer geworden. Die Idee der Gerechtigkeit, das Grund-

66 Vgl. hierzu auch Wolf 1999, 41–46. Lesenswert ist auch die Darstellung Bordts (2004, 75ff.), wie sich aus der sokratischen Frage nach den Definitionen der Tugenden das Problem von der Idee des Guten erschließt.

prinzip der ganzen Welt, wie es Sokrates auffasst, wendet sich gerade gegen sein Leben und im Verständnis Platons gegen die gesamte Wirklichkeit. Die Ideen sind offenbar nicht von dieser Welt. Das hat Platon dermaßen traumatisiert, dass er sich bis zum Ende seines Lebens nur noch mit diesen Problemen beschäftigte und mit dieser Auseinandersetzung über sein Nachdenken gewissermaßen die Philosophie erfand.

Wir haben die Ideen Prinzipien genannt, Prinzipien der Welt und des Handelns. Prinzipien sind keine Dinge, Eigenschaften oder Ereignisse. Wie Naturgesetze stehen sie quer zu dem, was wir erleben oder erfahren. Die Dinge haben bestimmte Eigenschaften, welche sie dazu bewegen, sich in bestimmten Ereignissen niederzuschlagen. Naturgesetze oder Prinzipien, Regeln oder ganz allgemein Gesetze jedweder Art haften nicht an den Dingen und sie wirken nicht. Es sind Beschreibungen von dem, was sich ereignen sollte. Wegen der Begrenztheit unseres Wissens verhalten sich die Dinge nicht immer so, wie wir uns das oftmals denken.

Die Ideen thronen über allem. Schon bei Platon ist ihr ontologischer Status, d. h., ob es Dinge sind, Eigenschaften oder etwas anderes, umstritten. Für Aristoteles sind sie auf jeden Fall keine Dinge mehr, mit deren Hilfe man irgendetwas erklären könnte. Die Kritik an Platon (z. B. *Nikomachische Ethik* I,4) läuft am paganen Platon vorbei, weil das, was Aristoteles dort kritisiert in seinen Schriften nirgends zu finden ist. Vielleicht gab es nur eine mündliche Tradition in der Akademie, auf die Aristoteles rekurriert. Innerhalb der Akademie kann die Rede von den Ideen zu Platons Lebzeiten noch keinen besonderen Stellenwert gehabt haben, denn bei seinen Nachfolgern spielt diese keine gewichtige Rolle mehr, um die Welt und unser Handeln zu erklären.

Im Mittelalter tobte ein heftiger Streit unter den Gelehrten um die so genannten Universalien oder Allgemeinbegriffe. Es gibt im Wesentlichen drei radikale Versionen: Johannes Duns Scotus Eriugena vertrat die Auffassung, dass die Allgemeinbegriffe sich von den Einzeldingen unterscheiden und allgemeine metaphysisch-objektive Wesenheiten, eben Ideen, sind. Man spricht dabei auch von einem radikalen Begriffs-Realismus. Wilhelm von Ockham war strikt gegen diese These. Ein Allgemeinbegriff ist nur ein Wort, mit dem wir Ähnliches zusammenfassen. Die Position wird auch Nominalismus genannt. Thomas von Aquin wollte zwischen den beiden extremen Gegenüberstellungen vermitteln und kam zu dem Schluss, dass Allgemeinbegriffe objektiv gültig sind, weil in ihnen das Wesen der Dinge erfasst wird. Das ist gewissermaßen ein gemäßigter

Realismus, der allerdings dem Nominalismus immer noch sehr konträr gegenüber steht.

Für die Neuzeit hat Kant Erkenntnis als das Zusammenspiel von Anschauung und Begriff, von Erscheinung und Verstand gedeutet. Er nahm an, dass in unserem Verstand bestimmte Formen schon verankert sind, die dann das Chaos unserer Eindrücke ordnen können. Das beschränkt unser mögliches Wissen von der Welt auf das, was wir erfahren können. Alles, was nur begrifflich vorliegt, kann für uns zum Handeln oder für den Glauben wichtig sein; erkennen können wir damit nichts. Kant schließt, obwohl seine Konstruktion der begrifflichen Zusammenhänge im Verstand große Ähnlichkeiten mit der Darlegung der Ideen in Platons *Phaidon* hat, gerade das aus, auf was es Platon ankam. Erst über seine „regulativen Ideen" von Freiheit, Gott, Unsterblichkeit, von den teleologischen Geschichtsprinzipien bis zum Begriff der Kunst, holt Kant diesen Bereich wieder ein (vgl. *KU* BA IVf., B 239f./A 236f.). Ideen sind dann nur noch gedachte Vorstellungen, durch die wir unsere Sicht auf die Welt vervollständigen. Jede Wissenschaft, Erkenntnis, Sprache, Ethik usf. sind nach Kant generell von solchen Vorstellungen abhängig. Es ist erstaunlich, wie Kant – unter ganz eigenen Voraussetzungen – diese grundlegende Bedeutung des Ideenbegriffs, als Vervollständigung, als Einheitssinn und als Grundlage jeder Erkenntnis wieder reanimiert.

In einer anderen Hinsicht bleibt der Sokrates Platons hinter Kant zurück. Denn er war offenbar nicht davon überzeugt, dass wir wirklich etwas wissen und erkennen können. Er wollte sich letztlich davon überzeugen, dass die Seele unsterblich ist, wodurch sein Einsatz lohnt, den Tod ungerechterweise erdulden zu müssen. Er wählte verschiedene Argumentationen, die ihn davon überzeugen können, eine Einsicht zu erlangen. Es ging ihm dabei aber nicht um Erkenntnis, sondern um ein erfüllendes Erlebnis.

10.4 Die Kritik an den Ideen im *Parmenides* (*Parmenides* 128e–136e)

Zu Beginn des Dialogs *Parmenides*, ein Spätwerk Platons, scheint Sokrates unmittelbar an das Gespräch über die Gleichheit im *Phaidon* anknüpfen zu wollen: Es gibt jeweils einen Begriff (wie Schleiermacher *eidos* übersetzt) oder eine Idee von Ähnlichkeit und von Unähnlichkeit. Das

Problem, ob es nur „Eines" gibt oder „Vieles" – das Hauptproblem dieses Dialogs, das von Zenon (aus Elea, nicht zu verwechseln mit Zenon aus Kition, dem Gründer der Stoa), dem Schüler von Parmenides, eingeführt wird –, löst sich gewissermaßen auf, wenn wir bedenken, dass die Dinge die Ähnlichkeit und die Unähnlichkeit annehmen, ohne dass dadurch die Ähnlichkeit selbst unähnlich werde. Sokrates besteht aus Körperteilen und ist dadurch Vieles, unter den neun Anwesenden ist er allerdings nur einer. Hölzer und Steine gibt es auch viele, wir haben aber nur einen Begriff von ihnen. Daraus folgt nicht, dass eines vieles ist und vieles eins. Für Platon ist die Einsicht grundlegend, dass es in unserer Welt nichts gibt, das nicht gleichzeitig als Einheit *und* als Vielheit betrachtet werden kann (vgl. Wieland 1999, 211).

Die Unterscheidung zwischen den Gegenständen und was wir über diese aussagen, wird von Parmenides lobend aufgegriffen. Allerdings scheint das nicht für alle Gattungsbegriffe zu gelten: Zwar verstehen wir, wenn wir über Ähnlichkeit und Gleichheit reden, was gemeint ist, und vielleicht wissen wir auch, welche Vorstellungen wir haben, wenn wir über das Gute, die Gerechtigkeit und das Schöne sprechen, ob es dagegen vom Menschen einen solchen Begriff gibt, so dass wir sagen können, Sokrates hat Anteil an Idee oder Begriff des Menschen, ist ungewiss. Bei Haaren, Schlamm und Schmutz allerdings will Sokrates keine Ideen annehmen; diese Dinge sind eben das, was wir von ihnen wahrnehmen. Auf das Nachfragen von Parmenides gibt er auch zu, dass es ihm sinnvoll erscheine, die Unterscheidung auf das Gerechte und Schöne anzuwenden, bei anderen Dingen habe auch er den Verdacht, dass Albernheiten dabei herauskommen.[67]

10.4.1 Die Teilbarkeit von Begriffen

Die Rolle, welche sonst Sokrates gegenüber seinen Gesprächspartnern einnimmt, dreht sich hier um: Parmenides fragt Sokrates, was es mit seiner Theorie auf sich hat. Zuerst greift er die Rede von der Anteilnahme an der Idee in den Dingen an (vgl. auch Gill in Benson 2009): Wenn ein Gegenstand nur einen Anteil von der Idee hat, so kann die Idee ja nicht

67 Der *Philebos* dagegen stellt die Ideen des Menschen, des Rindviehs, des Schönen und Guten zusammen (vgl. *Philebos* 15a).

als Ganzes in dem Gegenstand repräsentiert sein. Alle großen Dinge wären sonst, weil diese einen Teil von der Idee des Großen in sich hätten, groß. Wie aber soll etwas groß sein, wenn es nur einen Teil mitbekommt. Dem Leser scheint freilich klar zu sein, dass wir Begriffe unendlich oft teilen können, ohne dass diese irgendwann unendlich klein werden oder verschwinden. Parmenides bringt aber noch weitere Absurditäten vor: Wenn etwas Anteil an der Kleinheit hat, wird es ja größer, eben durch das Stück Anteil am Kleinen. Und die Kleinheit, weil sie etwas von sich abgegeben hat, müsste zuvor größer gewesen sein. Parmenides macht aber klar, dass es ihm darum geht, welcher Art diese Teilhabe an den Ideen oder Begriffen in den Gegenständen ist (vgl. *Parmenides* 131e). Insbesondere stellt sich das Problem, ob wir die Attribute von Ideen auf diese selbst übertragen müssen, also ob wir behaupten, dass die Ähnlichkeit selbst ähnlich oder unähnlich zu sich selbst ist; das nennt man die Frage nach der Selbstprädikation, die im *Sophistes*, wenigstens nach Meinung einiger Forscher, zur Sprache kommt.

10.4.2 Die Ideenkaskade

Der Sinn von Sokrates Lehre von den Ideen oder Gattungsbegriffen liegt darin, dass wir bei allen Dingen, über welche wir eine Idee aussagen, etwas Identisches und Eines bemerken und das zum Inhalt unserer Bestimmung des Gegenstandes nehmen. Wenn die Idee aber in den Dingen repräsentiert ist, so scheint sie nicht eines, sondern vieles zu sein, in jedem Ding etwas anderes; zusammengenommen ist das aber nicht mehr dasselbe. Die Idee ist mit sich selbst nicht mehr identisch; es sei denn, wir nehmen an, dass es noch einmal eine Idee der Idee gibt, welche sowohl den Begriff als auch seine Anwendung als gleich garantiert. Das setzt sich aber fort, so dass wir immer höhere Vereinheitlichungsideen annehmen müssen. Aristoteles hat dieses Argument das vom „dritten Menschen" genannt (*Metaphysik* 990b 17, 1039a 2 f.; vgl. hierzu auch Vlastos 1973, 342–360), weil es neben dem konkreten Menschen eine Idee des Menschen und eine Vermittlungsinstanz geben muss, welche die Idee mit der Konkretion in Zusammenhang bringt. Daran, wie das zu verstehen ist, hat sich eine umfangreiche Debatte angeschlossen, die von Gregory Vlastos über Peter Geach bis Richard Bluck und Gail Fine reicht (vgl. Lienemann 2010).

10.4.3 Gedanken und Urbilder

Auf diesen Einwand antwortet Sokrates, dass es sich bei den Ideen um Gedanken handelt und die Anwendung auf die Dinge nur in den Seelen stattfindet. Dann, so Parmenides, liegt an den Dingen gar nichts mehr: Wenn Sokrates annimmt, die Dinge sind durch das bestimmt, was wir von ihnen sinnvollerweise in Begriffen aussagen können, dann bleibt, wenn diese nur Gedanken sind, nur übrig, dass die Dinge entweder mit den Ideen nicht das Geringste zu tun haben oder, dass die Dinge selbst nur Gedanken sind, selbst denken oder eben undenkende Gedanken sind (*Parmenides* 132c).

Sokrates konkretisiert: Die Ideen fasst er als Urbilder auf, denen die Dinge nachgebildet sind. Das Urbild ist eines, die Nachbilder können so viele sein, wie sie wollen. Als Nachbild haben die Dinge Ähnlichkeit mit dem Urbild, die Idee ist in ihnen enthalten, es ist aber nicht die Idee selbst enthalten, die nur eine ist. Parmenides wendet wiederum ein, dass damit die Art der Teilhabe nicht klar geworden ist: Denn wie soll etwas in etwas, eben den Dingen, nachgebildet werden, wenn es keinerlei Ähnlichkeit mit dem Ursprung aufweist. Die Vermittlung zwischen dem Urbild und dem Abbild in den Dingen kann nicht gewährleistet werden, es sei denn wir nehmen immer wieder neue Begriffe an, welche diese Vermittlung garantieren.

10.4.4 Idee und Erkenntnis

Parmenides gesteht Sokrates zu, dass es sich erstens um schwierige Fragen und zweitens um wichtige Fragen handelt. Das Ziel liegt darin zu bestimmen, was Erkenntnis sei. In Bezug auf die Ideen gibt Sokrates aber selbst zu, dass diese nicht erkennbar sind, der Begriff des „an sich“ ist ja gerade dadurch gekennzeichnet, dass er sich in der Welt nicht findet. Durch diese Unerkennbarkeit mache sich Sokrates unangreifbar; denn es wird wenige geben, welche sich die Mühe machen und noch dazu in der Lage sind, haarklein nachzuweisen, dass etwas, das nicht erkennbar ist, als Grundlage jeder Erkenntnis zu gelten hat. Parmenides bringt im Folgenden noch weitere Schwierigkeiten vor:

Der Begriff von einer Idee verweist auf einen bestimmten Inhalt, der angegeben werden muss. Der inhaltliche Referenzbezug geht aber nicht auf einen bestimmten Weltinhalt, weder auf ein physikalisches Objekt noch auf einen klar abgrenzbaren Gedanken. Wie nebenbei schlägt Parmenides vor, die Ideen nicht als einzelne Elemente zu verstehen, sondern als komplexes Verweisungssystem:

„Diejenigen Ideen also, welche nur in Wechselbeziehung aufeinander sind, was sie sind, haben auch ihre Wesen an sich nur in Beziehung aufeinander und nicht in Beziehung auf ihre unter uns befindlichen Nachbilder oder wofür man sie sonst halten will von dem, durch dessen Aufnahme in uns wir dies und das zu sein genannt werden" (*Parmenides* 133cd).

Mit diesem Vorschlag entgeht die Lehre von den Ideen dem Problem ihrer Referenz auf einen Weltinhalt. Damit ist allerdings nicht die Frage beantwortet, was eine Idee ist und wie sie sich innerhalb der Welt niederschlägt. Was Parmenides vehement angreift, ist die Erkennbarkeit der „Begriffe an sich". Wenn wir von etwas sprechen, haben wir immer einen bestimmten Bezug zu einem tatsächlichen Weltinhalt, z. B. wenn wir von einem Menschen sprechen, welcher der Herr über einen anderen Menschen ist. Das Herrsein hat er aber nicht für sich, sondern nur in Bezug auf den anderen, der sein Knecht ist. Die Probleme übertragen sich auf das, was wir unter der Erkenntnis, der Wahrheit, der Schönheit, dem Guten usf. verstehen. An sich sind das emphatische Größen, welche für sich keinen Bezug zur Welt haben. Wir Menschen aber leben in einer Welt und eine Erkenntnis ohne Weltbezug ist für uns nichts, was wir verstehen oder nachvollziehen können. Die Besonderung, die Konkretisierung als Weltinhalt widerspricht aber immer der Allgemeinheit der Begriffe, die auf die Weltinhalte bezogen werden. Wir verstehen, was gemeint ist, wenn wir die Begriffe auf die Konkretionen beziehen, für sich sind diese aber nichts.

Der Graben zwischen dem Reich der Ideen und den Wirklichkeiten in der Welt ist für Parmenides offenbar völlig unüberwindlich: Eine göttliche Wissenschaft, welche alles erkennt, weil sie nicht auf die sinnlichen Konkretionen unserer Menschensicht angewiesen ist, wiese das unhintergehbare Manko auf, nicht nur für uns Menschen unerkennbar zu sein, sondern ebenso unsere Sicht auf die wirkliche Welt, von der wir ausgehen müssen und auf die sich unsere Erkenntnis bezieht, gar nicht einholen zu können. Die göttliche Wissenschaft und die allumfassende Erkenntnis verliert damit den entscheidenden Inhalt: etwas über die Welt zu sagen.

Da sich derjenige, welcher von Ideen ausgeht, unangreifbar macht, wenn er deren Unerkennbarkeit betont, ist umgekehrt derjenige, der diese bestreitet, ebenso wenig zu überzeugen. Es bedarf eines besonderen Geistes, die Rede von den Ideen verstehen und dabei die aufgezählten Schwierigkeiten vermeiden zu können, eines noch größeren aber, wenn er das anderen auch noch begreiflich machen könnte. Ein solcher Mensch ist in den Augen Platons immer Sokrates. Im Dialog *Parmenides* ist der noch jung und eben nicht fähig, das zu leisten. Parmenides wirft Sokrates vor, dass er zu früh zu viel will. Dagegen lobt er den Eifer und das Streben des jungen Atheners. Er ruft ihn auf, sich noch mehr zu bemühen und immer weiter zu üben (vgl. *Parmenides* 135cd).

Parmenides gibt diesem Ergebnis aber noch eine weitere Wendung: Wer bestreitet, dass es allgemeine Begriffe gibt, welche sich auf die konkreten Gegenstände beziehen, nimmt sich jede Möglichkeit, überhaupt irgendeine Untersuchung zu führen. Denn alle Dinge lägen dann nebeneinander, unlösbar mit ihren Begriffen, die nur für sie gelten, verknüpft. Nichts ließe sich dann aufeinander beziehen. Das aber ist die Voraussetzung, überhaupt über etwas zu reden und etwas als wahr erkennen zu können. In diesem Verständnis kommt den Ideen eine „paradigmatische" Bedeutung zu (vgl. Tornau 2007, 29, 37). Sie sind dabei nicht nur die Vorstellungen, nach denen wir im Handeln streben, sondern gleichzeitig auch die Voraussetzungen jedes systematischen Denkens, weil sie die begrifflichen Rahmenbedingungen erst zur Verfügung stellen.

Der weitere Dialogverlauf gilt als dunkel. Parmenides lässt sich von Sokrates und Zenon überreden, ein Beispiel in der dialektischen Behandlung eines Gegenstandes zu geben. Dabei geht es darum, zu zeigen, dass die seienden Dinge nicht nur als seiend, sondern auch als nicht-seiend gesetzt werden. Beim Begriffspaar, das Zenon zuerst ausgeführt hatte, dem Vielen und Einen müsste dann das Sein des Vielen, das Sein des Einen, das Nichtsein des Vielen, das Nichtsein des Einen und alle Veränderungen aufgezeigt werden, die sich für jeweils alle andere Bestimmungen ergeben, wenn eine Untersuchung zu einem Ergebnis gekommen ist. Dieses Stück hat in der Forschung weitreichende Debatten über seine Interpretation hervorgerufen. Man weiß nicht einmal genau, gegen was sich Platon darin eigentlich richtet, ob z.B. gegen die Eleaten und ihre absolute Einheitslehre oder gegen innerakademische Einwände.[68]

---

68 Für eine kurze Übersicht vgl. Cürsgen 2007, 105; eine ausführliche Analyse findet sich in Kutschera 1995; ein Überblick in Kutschera 2002/2, 185 ff.; bei aller ausgreifenden Rekonstruktion eines Sinnes dieses zweiten Teils des Dialogs kommt

Weiterführende Literatur

Dirk Cürsgen, „Eine, das (hen); Eines/Vieles", in: Schäfer 2007, 102–105.

Mary Louise Gill, „Problems for Form", in: Benson 2009, 184–198.

Christoph Horn, „Kritik der bisherigen Naturforschung und die Ideentheorie (95a–102a)", in: Müller 2011, 127–142.

Burkhard Mojsisch, „‚Dialektik' und ‚Dialog': *Politeia, Theaitetos, Sophistes*", in: Kobusch u. a. 1996, 167–180.

Christian Tornau, „(Ab)Bild (eidôlon, eikasia, eikôn)", in: Schäfer 2007, 29–34.

Christian Tornau, „Ähnlichkeit (homoiotês), ähnlich/unähnlich (homoios/anhomoios), Anähnlichung (homoiôsis)" in: Schäfer 2007, 35–39.

Kutschera aber dennoch zum Schluss, Platon betreibe darin „eine Verspottung des Lesers" (Kutschera 2002/1, 56).

11. Idee und Wissen

Im *Siebten Brief*, von dem kaum noch bestritten wird, dass er tatsächlich von Platon stammt, verbindet Platon seine Kritik an der Schriftlichkeit mit der Annahme seiner Urgestalten und höchsten Sinneinheiten. Bis heute sind die Schwierigkeiten, welche er damit aufwirft, nicht gelöst, und es scheint ihm – wieder einmal – in erster Linie darum zu gehen, die philosophischen Probleme umfassend zu beschreiben, die beschriebenen Lösungen dagegen immer als vorläufig, als „zweitbeste Fahrt" oder als beste unter den bisher diskutierten zu qualifizieren. Platon scheint allerdings deutlich gesehen zu haben, dass der Mensch in seinem Streben nach wahrer Erkenntnis immer den einen Punkt sucht, an dem alles in der Welt zusammenläuft. Dieses Streben ist für den Menschen so notwendig wie unerfüllbar.

11.1 Die ungeschriebene Lehre (*Siebter Brief* 341a–344d)

Platon hat mit seinem *Siebten Brief* unter Forschern schon viel Streit verursacht. Vielen, denen sein Inhalt nicht ins Konzept passt, qualifizieren ihn als unecht, d.h. sie behaupten, Platon selbst habe den Brief gar nicht geschrieben. Der Brief ist an die Verwandten und Freunde Dions, des ermordeten Tyrannen von Syrakus, gerichtet. Anstoß erregt eine Stelle vom Anfang des letzten Drittels, in der Platon ausführt, dass er eine bestimmte philosophische Idee vertrete, ganz offensichtlich diejenige, die als seine zentrale gelten darf. Diese habe er aber niemals irgendwo niedergeschrieben. Ja, man könne sie auch gar nicht niederschreiben, sie sei in schriftlicher Form gar nicht darstellbar.

Nun wissen wir, dass Platon eine ganze Menge geschrieben hat; diese „Lehre" aber, die „ungeschriebene Lehre", wie sie heißt, ist darin gar nicht enthalten? Das sagt Platon wiederum nicht. Er behauptet nur, dass er es nicht systematisch dargestellt hat; zwischen den Zeilen seiner Werke kann sie also sehr wohl enthalten sein. Einige Platonforscher, man nennt sie die

„Tübinger Schule“ (Hans P. Krämer, Konrad Gaiser, Thomas A. Szlezák), wollen diese „ungeschriebene Lehre“ wieder rekonstruieren. Was etwas verwundert, ist allerdings, dass sie offenbar über etwas schreiben wollen, das Platon gedacht haben soll, selbst aber nicht für schriftlich darstellbar hielt.

Platon gibt noch einen Hinweis: Wenn man diese Lehre auch nicht schriftlich niederlegen kann, so hat er in der Akademie und andernorts mit seinen Schülern häufig über Dinge, die dieses Zentrum seines Philosophierens betreffen, gesprochen. Man kann das, was er meint, aber auch nicht einfach so dahinsagen – dann könnte man es ja genauso gut auch aufschreiben. Platon schreibt:

> „[E]s läßt sich keineswegs in Worte fassen wie andere Lerngegenstände, sondern aus häufiger gemeinsamer Bemühung um die Sache selbst und aus dem gemeinsamen Leben entsteht es plötzlich – wie ein Feuer, das von einem übersprungenen Funken entfacht wurde – in der Seele und nährt sich dann schon aus sich heraus weiter” (*Siebter Brief* 341cd).

Weiter führt er aus: Für alles Seiende gibt es drei Stufen, die zur Erkenntnis führen. Die vierte Stufe ist das Wissen selbst und bei der fünften muss es sich um die Sache handeln, die der Erkenntnis letztlich zugrunde liegt, sie aber nicht selbst ist. Dies ist der Erkenntnisgegenstand, der wahrhaft seiend ist.

11.2 Die Ideen und die Sachen

11.2.1 Die Dinge, die Ideen und ihre Erkenntnis

Um zu einer Erkenntnis zu gelangen, brauchen wir als erstes eine Benennung für das, was wir erkennen wollen. So z. B. nennen wir etwas einen Kreis und seine Benennung ist eben das, was wir aussprechen: Kreis! Zum Zweiten müssen wir wissen, was mit dem Wort „Kreis“ gemeint ist. Man könnte auch sagen, wir müssen dessen Bedeutung kennen, d. h., wir müssen erklären können, was das ist: Ein Kreis ist etwas Zweidimensionales, etwas das auf einer Ebene dargestellt wird, dessen Mitte von seinen äußeren Punkten immer gleich weit entfernt ist.

Als drittes müssen wir die Benennung und die Bedeutung auf etwas anwenden, was ein Kreis ist. Wir sprechen dann von einem Abbild eines

Kreises: also ein gemalter, konkreter Kreis, der auch wieder ausgewischt werden kann, ohne dass sich dadurch etwas an seiner Benennung oder der Bedeutung dieser Benennung ändern würde. Wenn wir also an etwas Bestimmtes denken, dann haben wir einen Namen für dieses Bestimmte und wir wissen, was mit dem Namen gemeint ist. Wir kennen also die zu diesem Gedanken und Namen gehörige Bedeutung. Wir wissen das alles, ohne dass uns dieser Gegenstand vor Augen steht. Sein Name und seine Bedeutung existieren demnach unabhängig von unserer konkreten Wahrnehmung. Die Erkenntnis davon, was ein Kreis ist, erfassen wir in diesen drei Momenten. Die sich anschließenden Stufen, das Wissen (viertens) und der wahrhaft seiende Erkenntnisgegenstand (fünftens) beziehen sich auf das Denken – denn, wenn diese drei Erkenntnismomente nicht zusammen gedacht werden, gibt es keinen Kreis – und die ontologische Grundlage dessen, was der Kreis als Kreis überhaupt ist. Letzteres ist wiederum die Voraussetzung dafür, dass ein Kreis gedacht werden kann.

Das verweist sogar unmittelbar auf die Frage nach der Gerechtigkeit: Nach Ansicht Platons ist es für uns von existentieller Bedeutung, dass wir einen Begriff von der Gerechtigkeit haben, der uns sagt, was diese ist. Der Begriff bedeutet immer dasselbe, unabhängig davon, ob diese in einem konkreten Fall verletzt wird. Sokrates hatte vor seinem Tod argumentiert, dass das Todesurteil zwar ungerecht erscheint, weil aber die Gesetze des Staates wichtiger seien als sein Leben, ist es gerecht, dass das Gesetz vollzogen wird. Sokrates würde ungerecht handeln, wenn er sich der Vollstreckung seines Urteils widersetzte.

Das Denken eines Kreises kommt schließlich als viertes noch hinzu, weil sich erst durch den konkreten Vollzug des Denkens in einer Einzelseele erkennen lässt, was ein Kreis ist. Dass wir ein Wissen vom Kreis haben, ist nicht identisch damit, dass wir einen Namen und eine Bedeutung für diesen haben. Mit der Wirklichkeit seiner in den Sand gezogenen Gestalt hat das wiederum überhaupt nichts zu tun. Wir wissen aber, dass man die Figur so benennt. Wir wissen, was das ist, ein Kreis, und dass es sich bei der Zeichnung, die man im Auge oder genauer im Sinn hat, um einen Kreis handelt. Dieses Wissen ist aber nicht im konkreten Kreis selbst und auch nicht in seiner Benennung zu finden, sondern nur, wie Platon sich da ausdrückt, in den Seelen.

Wenn sich der Kreis in einer Seele (als Gedachtes) befindet, dann in einer einzelnen Seele. Es gibt keine Kollektivseelen. Dann ist das, was sich in einer einzelnen Seele befindet, etwas anderes als das, was ein Kreis jederzeit ist. Das Gleiche gilt für die anderen genannten drei Momente: Name, Bedeutung und Abbild. Dem fünften, dem Ding selbst, kommt das Denken des Kreises noch am nächsten. Es ist, wie Platon meint, „verwandt“ mit diesem. Diese Sachverhalte gelten nach Platon für jeden Gegenstand und jedes Lebewesen sowie vom Schönen, Gerechten, vom Guten, von der Farbe, der Gestalt, aber auch davon, was man tut oder erleidet usf. An dem, was der Kreis wirklich ist, können wir nur vermittelst der vier Momente teilhaben, nicht dagegen unmittelbar durch sie. Die Sprache allein vermittelt uns das nicht. Eine Benennung kann sich ändern und sie tut es auch, wenn man an die unterschiedlichen Benennungen in den verschiedenen Sprachen denkt.

Die Sprache umfasst nicht, was alles mit einem „Kreis“ gemeint sein kann. In ihr drücken wir nur aus, was etwas ist oder dass etwas ist (Proposition). Wir bedienen uns nur der Sprache, um etwas zu verdeutlichen. Wenn wir sprechen, wissen wir aber meist auch, was wir sagen, d. h. wir verbinden immer eine Vorstellung mit ihren Ausdrücken und Satzkonstruktionen. Auch die Erklärung besteht aus Verben und Nomina, die uns als sprachliche Elemente nichts Zuverlässiges über die Sache vermitteln. Ebenso ist die Anschauung des Kreises für sich nichts Wirkliches oder Bestehendes. Wenn uns nämlich gerade kein Kreis gegeben ist, wissen wir dennoch, was das ist. Und schließlich ist auch das Wissen unzuverlässig, denn wir wissen, dass wir uns jederzeit täuschen können.

Es ist hier offenbar auf nichts Verlass. Das haben wir schon mehrfach gesehen. Irgendwie müssen wir wohl in den vier Bereichen, dem was ein Kreis in Benennung, Definition und Darstellung sein kann, und dass wir das in der Seele denken, alles mit Worten ausdrücken, um uns überhaupt etwas Sinnvolles verdeutlichen zu können. Wir sind damit notwendig von der Sprache abhängig. Es ist daher keine Entdeckung des zwanzigsten Jahrhunderts, des so genannten *linguistic turn*, dass wir immer nur mittels der Sprache etwas ausdrücken können und dass wir folglich an die Sprache gebunden sind. Mit der Sprache lässt sich aber nicht alles ausdrücken, was wir wahrnehmen, denken oder empfinden. Die Sprache schränkt uns massiv ein. Ihr Horizont gibt die Grenze dessen an, über was wir sprechen und inwiefern wir uns mitteilen können. Und dennoch meinen wir immer etwas, auch wenn sich das nicht vollständig oder adäquat in Wort und Sprache bringen lässt. Die Frage: „Weißt du, was ich meine?“ ist sich dessen auch im Alltag bewusst.

11.2.2 Das „Wie" und das „Was" der Dinge

Platon nimmt allgemein an, dass es immer zwei Ebenen der Betrachtung gibt: Wir versuchen zu bestimmen, wie etwas ist und wir fragen, was etwas ist. Letzteres sucht die Seele, das Erstere findet sich in Gegenständen und Worten. Die gute Seele sucht das Ding nur über das Wissen, andere begnügen sich dagegen mit den Abbildern. Diese allein halten sie für wirklich, woran Platon in fast jedem seiner Schriften Kritik übt. Oder sie begnügen sich gar mit bloßen Worten. In Worte müssen wir ja alles ausdrücken, und die sinnlichen Dinge, also die Abbilder, stehen uns so unmittelbar vor Augen, dass wir an ihnen nur selten zweifeln wollen. Das Wahre erkennen wir aber nur, wenn wir den Blick auf die fünfte Stufe richten. Nur derjenige, der sich an dieser orientiert, wird sich von keinen Einwänden, die sich entweder nur an den Abbildern oder nur an den Worten orientieren, verwirren lassen.

Wie wir gesehen haben, erschließt sich diese fünfte Stufe, der wahre und allem zugrunde liegende Erkenntnisgegenstand, keineswegs von selbst. Es gehört eine große Übung dazu, hier eine gewisse Sicherheit zu erlangen. Diese Übung, wie Platon meint, gewinnen wir durch mühsames und häufiges Durchgehen der vier Ebenen der Erkenntnis hinauf und hinunter (das erinnert an die Stelle am Ende unseres Abschnittes aus dem *Parmenides*). Nur langsam kommen wir zur Erkenntnis in dieser Sphäre. Die Sphäre selbst ist aber offenbar nicht darstellbar, über sie kann auch Platon nichts schreiben, denn die Ebene der Schriftlichkeit ist ja die der Worte und die der Erklärungen, z.T. auch die des Wissens. Elemente wie Lernfähigkeit und Gedächtnis dienen dabei, solange sie nur auf die ersten vier Ebenen gerichtet sind, nicht der Erkenntnis der Dinge. Über diese Elemente selbst können wir gar nichts Ernsthaftes und Sinnvolles schreiben, da es immer auch darauf ankommt, zu wem wir sprechen oder schreiben, welche Voraussetzungen diejenigen mitbringen, wie weit sie schon in der Erkenntnis fortgeschritten sind usf. Unsinnig ist es, Schriftliches unverständigen Leuten vorzulegen – unverständig, weil sie sich z. B. nur an die Worte oder die Abbilder halten. Diese verstehen nur, was sie verstehen wollen oder können, nicht aber, was wirklich dahintersteckt.

Erkenntnis dagegen können wir nur im beschriebenen Auf und Ab erlangen, wenn wir uns also mit jemandem unmittelbar besprechen und dabei genau wissen, was der andere gerade im Sinn hat; wenn wir seine Seele kennen usw. Hier werden die Motive wieder aufgegriffen, die wir aus dem Mythos im *Phaidros* über den ägyptischen Gott Theut schon kennen gelernt haben. Platon behauptet, dass sich Argumente, die für etwas vorgebracht werden, nicht recht von den Situationen und von den beteiligten Personen, von demjenigen, der sie anführt, und demjenigen, der sie hört, ablösen lassen. Nur im Gespräch ist Erkenntnis möglich, sei es im Gespräch mit anderen oder aber mit sich selbst, d. h. wenn wir das Für und Wider auf Grundlage einer jeweils bekannten Basis sorgfältig und genau abwägen.

Sich wechselseitig zu unterhalten, in dieser Weise ein Gespräch zu führen, heißt im Griechischen *dialegesthai*. Nur über die Dialektik, dem Sich-mit-sich-selbst-Besprechen und dem Sich-mit-anderen-Besprechen, können wir zur Erkenntnis des Wahren, aber eben auch zu jeder anderen echten und wahren Erkenntnis gelangen. Denn nur das vollständige Wissen über alle Stufen hinweg vermittelt uns auch die Bestimmung der Abbilder, Namen, Vorstellungen und Bedeutungen der Dinge.

11.3 Platon und seine Ideenlehre

11.3.1 Klassen von Ideen

Die Schriftlichkeitskritik in Platons *Phaidros* hatte jedes schriftlich niedergelegte Wissen unter Verdacht gestellt, weil es missbraucht werden kann. Im *Siebten Brief* beschränkt Platon die Kritik an Formen der Schriftlichkeit eher auf seinen Kerngedanken der Ideenlehre. In beiden Textstücken (ebenso wie im Ausschnitt aus dem *Parmenides*) geht es zunächst um den erkenntnistheoretischen Zusammenhang, also um die Frage, was wir erkennen und wissen können. Die Allgemeinbegriffe, welche Platon einführt, dienen im ersten Schritt nur der Absicherung der theoretischen Rahmenbedingungen von Erkenntnis: Wenn wir echtes Wissen erwerben wollen, so müssen wir sehen, dass dieses immer nur sprachlich vorliegen kann. Nur in der sprachlichen Form ist dieses auch vermittelbar (vgl. Erler 2006, 143).

Damit gehen schon die ersten Probleme einher: Denn die Sprache engt die Möglichkeiten, zu wissen, erheblich ein. Die Abhängigkeit von ihr lässt nur zu, Wissen im Rahmen ihrer Vorgaben zu erwerben. Nun ist die Sprache kein absolut geschlossener Bereich wie ein zu enger Käfig. Indem sie sich die Möglichkeiten schafft, etwas auszudrücken, erweitert sie sich fortwährend, wenn auch gewiss nicht beliebig.

Der Rahmen für Erkennbares wird aber noch durch weitere Momente eingeschränkt: Wissen muss in sich stimmig sein. Es bringt nichts, verschiedene Wissensfelder, die nebeneinander liegen, einfach aufzuzählen, und zu sagen: Hier gilt das, dort jenes usf. Wissen kommt immer nur im Zusammenhang vor. Es strebt nach Einheit allen Wissens, auch wenn das faktisch vielleicht nicht erreichbar ist. Da die einzelnen Wissensgebiete aber durchaus sachliche Unterschiede aufweisen, verlegen wir uns bei der Begründung von Wissen auf die Art, wie wir dieses gewinnen. Es ist eine wichtige Einsicht, dass die Methoden der Wissensgenerierung und der Inhalt des gewonnenen Ergebnisses voneinander abhängen, wenn wir danach fragen, was der Mensch erkennen kann.

Die Systematik von Wissen und die Rahmenbedingungen seiner Gewinnung sind die beiden Momente, welche das Problem von Allgemeinbegriffen oder Ideen virulent werden lassen. Da Erkenntnis offenbar darin besteht, einen Zusammenhang zwischen Gegenständen herzustellen, welche, bevor diese gewusst werden, unverbunden sind, brauchen wir einen Vergleichsmaßstab zwischen den Eigenschaften der Gegenstände. Platon führt diese Begriffe wie selbstverständlich ein: Ähnlichkeit, Identität, Negation.[69] Wichtig ist ihm, dass wir das, was diese formalen Grundlagen der Erkenntnis und ihrer sprachlichen Vermittlung bedeuten, nicht aus der sinnlichen Wahrnehmung entnehmen. Denn „sinnlich wahrnehmen" heißt für den Menschen schon, dass Unterschiede gemacht werden, dass bestimmte Eigenschaften der Dinge herausgehoben und miteinander verglichen werden. Wir Menschen rezipieren nicht bloß Bildinhalte und stellen diese nebeneinander, sondern wir beziehen einzelne Eigenschaften der Gegenstände, welche wir auffassen, aufeinander, erfassen ihre Gleichheit oder Verschiedenheit. Dadurch unterstellen wir die Gegenstände einer umfassenden Ordnung.[70]

69 Ganz ähnlich klingt das auch an der Stelle im *Theaitetos* an: „Du meinst ihr Sein und Nichtsein, ihre Ähnlichkeit und Unähnlichkeit, Einerleiheit und Verschiedenheit, ferner ob sie eins sind oder eine andere Zahl" (*Theaitetos* 185cd; vgl. auch *Sophistes* 254d–255e; *Parmenides* 129de; *Philebos* 19b). Frede nimmt die *Theaitetos*-Stelle als den ersten Beleg der *koina* (vgl. Frede 2004, 147 f., 156; vgl. auch 158 f.) und nicht *Phaidon* 74a–75c.

70 Detel spricht von einem „Reich der platonischen Ideen in einem schwachen Sinne". Danach ist es notwendig zu wissen, „was Ideen als solche auszeichnet (ohne dass wir einzelne Ideen in ihrer Bestimmtheit endgültig erkennen" (Detel 2006, 147).

Der Ursprung dieser systematischen Grundbegriffe aus dem Nicht-Erfahrbaren und ihre Bedeutung für jede mögliche Form der Erkenntnis hat Platon veranlasst, diese als „Urbilder“, „Grundansichten“ usf. zu bezeichnen. Terminologisch geht er dabei wieder einmal nicht sehr präzise vor (vgl. Schäfer 2007, 157). Das lässt sich schon an den unterschiedlichen Begriffen verdeutlichen, die er für die Ideen verwendet: *idea* (Aussehen, Gestalt, Beschaffenheit, Art, Vorstellung, Urbild), *eidos* (Aussehen, Gestalt, Form), *ousia* (Sein, Wesen, Wirklichkeit, Vermögen), *paradeigma* (Beispiel, Vorbild, Urbild, Muster), *genos* (Geschlecht, Gattung, Art, Klasse, Abstammung), *morphe* (Gestalt, Form, Qualität), *logos* (Vernunft, Grund, Letztsinn, Verhältnis), *eikon* (Bild, Abbild, Vorstellung), *physis* (Eigenschaft, Beschaffenheit, Natur, Naturordnung, Naturkraft). Häufig umschreibt er in der Zuordnung auch die Idee, wenn er sagt, das Schöne „selbst“ (*autos*), „für sich selbst“ (*auto kath‘ auto*; *kat‘exochen*), „seiner eigenen Natur nach“ (*kata physin auton*) oder „das wahrhaft seiende Wesen“ (*usia ontos ousa*).

Der Ausgangspunkt in den erkenntnistheoretischen Grundbedingungen im *Phaidon* (74a–75c) und im *Parmenides* (129a–e), vor allem am Beispiel der Ähnlichkeit verdeutlicht, umschreibt einen Bereich der sinnvollen Rede von Allgemeinbegriffen, für den sich Platon offenbar recht sicher war (vgl. Erler 2006, 147). Wenn wir schon für den Bereich des einfachen, sinnlichen Auffassens Ideen und Allgemeinbegriffe voraussetzen müssen, um etwas erkennen zu können, muss es solche prinzipiellen Orientierungsgrößen auch für den Bereich der Lebensführung geben. Zwar können wir diese notwendigen Urbilder beim Gerechten, Guten, Schönen und Wahren nicht einfach angeben, wir müssen uns dagegen lebenslang um sinnvolle Begriffe dafür bemühen. Begriffliche Erkenntnis muss es für Platon auch in diesen Sphären geben. Dieser Bereich von Ideen wird dem unproblematischen Bereich der Erkenntnisgrundlagen meist unmittelbar, ja von Platon geradezu völlig unvermittelt angeschlossen. Bei den Konkretionen, wie z. B. einer Idee vom Menschen, zweifelt Sokrates (*Parmenides* 130c). Dagegen scheint es ihm ausgemacht albern vorzukommen, bei vielen anderen Dingen, wie z. B. Schmutz, Haaren, Schlamm, von Ideen zu sprechen. Diese Dinge sind eben, was sie sind. Solche Unsinnigkeiten hindern Platon aber gerade nicht daran, bei den zuerst genannten Begriffen von allgemeinen Ideen zu sprechen (ebd. 130d).[71]

71 Eine systematische Untersuchung zur Rekonstruktion dessen, was der späte Platon unter Dialektik versteht, anhand der unterschiedlichen Konzepte von Ideen bietet Frede 2004.

11.3.2 Die Systematik der Erkenntnis

Der lapidare Hinweis von Parmenides, dass es bestimmte Ideen gibt, welche nur in „Wechselbeziehung aufeinander sind, was sie sind“ (*Parmenides* 133c; vgl. ähnlich *Phaidon* 100d, 103c–105b; *Politeia* 476a–e; *Sophistes* 259e), wirft einen ganz neuen Blick auf die gesamte Konzeption, auch wenn Platon das nicht näher ausführt. Die erste Ideenklasse (Ähnlichkeit, Identität, Negation) bewährt sich schon beim sinnlichen Wahrnehmen und dann im systematischen Fortschreiten der Erkenntnis. Da die damit verbundenen theoretischen Erörterungen für Platon zumeist von untergeordnetem Interesse sind (mit Ausnahme des *Timaios*, einiger Stellen im *Theaitetos*, im *Parmenides* und im *Sophistes*), beschäftigt ihn die formale Systematik dazu auch nicht besonders.[72]

Die praktischen Ideen vom Guten und Gerechten, die zweite Ideenklasse, sind Platon aber offenbar erheblich wichtiger. Über das Schöne schreibt er zwar auch gerne, aber das scheint ihm wegen der damit verbundenen sinnlich-affektiven Evidenz eher als Anschauungsmaterial zu dienen, das eine systematische Relevanz erst entfaltet, wenn es mit dem Guten verknüpft wird. Gegenüber den „großen“ Ideen, dem Guten und dem Gerechten, dient die erste Ideenklasse nur als Beispiel dafür, dass es überhaupt Allgemeinbegriffe gibt, auf die wir nicht verzichten können. Die zweite Ideenklasse erlaubt aber wiederum keine echte Einsicht.

Platons pädagogisches Modell scheint nicht darauf hinauszulaufen, dass man im lebenslangen Bemühen um die richtige Fassung dieser Allgemeinheiten sich diesen immer weiter annähert, indem man von schon gewonnenen Einsichten ausgeht und auf diese aufbaut, um so in immer höhere Regionen vorzustoßen. Die Bestimmung geschieht vielmehr dadurch, dass man sich dialektisch immer wieder aufs Neue des Weges und der gerade gewonnenen Ergebnisse versichert, wenn möglich in der von Parmenides gewählten Form im zweiten Teil des Dialogs oder eben im Austausch mit anderen, sei es innerhalb einer Lehrsituation oder im Austausch unter Gleichen.

Bei aller Unerkennbarkeit gibt es für das Gerechte und Gute aber dennoch ein anschauliches und konkretes Beispiel: Sokrates und sein Verhalten vor Gericht, vor seinem Tod und überhaupt seine ganze Lebensfüh-

72 Vgl. als anregende Rekonstruktion des Sinnes einer Rede von Ideen Borsche 1996, 106–113.

rung. Das Wesentliche von Platons Philosophie drückt sich nicht in Sokrates Verurteilung oder seinem Sterben aus, sondern darin, dass dieser auch unter der Todesdrohung und ebenso unmittelbar vor seinem Tod so weitermacht, wie er bisher sein Leben zugebracht hat. Die systematische Bedeutung seiner Untersuchungen, seiner Fragen nach einer für das Leben tauglichen Bestimmung der Tugenden, des rechten Lebens, danach, was Wahrheit ist und sein kann, die Eruierung der Maßstäbe, an die wir uns halten sollen usf. korrespondiert – gerade auch trotz widersprechender Erfahrung – mit dem systematischen Aufbau der Erkenntnis, für dessen Möglichkeit wir immerhin sinnliche Belege haben.

11.4 Die Ideen selbst und ihre „eigene Welt"

Was die Ideen aber nun selbst sind, scheint nicht beantwortet werden zu können. Die Versuche von der Antike bis heute, diese eindeutig zu bestimmen, überzeugen letztlich nicht (vgl. Schäfer 2007, 157). Der Ausgangspunkt der von Platon behaupteten Notwendigkeit für die Annahme von Allgemeinbegriffen, liegt im Problem, angesichts sich wandelnder Weltinhalte und Vorstellungen einen bleibenden Punkt auszumachen, von dem aus die Dinge betrachtet werden. Das pythagoreische Formgesetz, dass die Harmonien sich aus geradzahligen Teilungsverhältnissen der Saitenlängen ableiten lassen, eröffnet eine ganz neue Sichtweise auf die Dinge, die dann nicht mehr sind, was sie sind, sondern die bestimmt werden durch umfassende Ordnungssysteme. Platon unterwirft ebenso die ganze Welt und vor allem die Lebensführung des Menschen einem solchen Ordnungsmaßstab, dessen materiales Korrelat in den Ideen liegen, die zwar nicht erkannt, aber im wechselseitigen Austausch mit anderen bestimmt werden müssen.

Neben die Welt des Werdens, des Wachsens und Vergehens tritt damit die geordnete Welt der einheitlichen Form, der gleichbleibenden Gesetze der gesamten kosmischen Ordnung. Hier ist der eigentliche Platz der Ideen. Mit der Ideenlehre hängt also die Weltverdoppelung zusammen.[73] Über die von mir hier vorliegende Interpretation hinaus hat z. B. Baltes (1999, 219 ff.) angenommen, dass es von allen Dingen, und eben auch

73 Vgl. Schäfer 2007, 158 ff.; Erler 2006, 145, 147; der Vorwurf stammt freilich schon von Aristoteles, vgl. ebd. 150.

den schlechten, Ideen geben muss. Bei der terminologischen Unschärfe, die Platon verwendet – zumal die Begriffe zum Teil aus dem nicht-philosophischen Alltagsgebrauch stammen –, scheint mir eine solche umfassende Deutung nicht recht nachvollziehbar.

Wie Erler betont, „kommt den Ideen nach Platon eine ontologische Priorität zu" (Erler 2006, 148). Es scheint also so zu sein, dass mit Platon zwar von vielen Weltsichten gesprochen werden kann, wenn sich der Blick nur auf die sinnlichen Erscheinungen richtet, die entstehen und vergehen, dass die wirkliche Welt aber nur eine ist: nämlich die der Ideen, von denen die uns umgebende Welt nur ein Abbild ist. Dieses Abbild ist dennoch wirklich, insofern es nach dem Urbild der Ideen betrachtet wird. Es lässt aber verschiedene Perspektiven zu, die im Praktischen zur Orientierungslosigkeit führen, während der Blick von den mühsam zu gewinnenden Ideen aus uns die geordnete Welt liefert, welche sowohl Erkenntnis, verstanden als „richtige und wohlbegründete Meinung" (*Theaitetos*, *Timaios*), als auch die rechte Lebensführung ermöglicht. Die zwei Welten, eine der Erscheinungen und eine der Ideen, erscheinen als gar nicht mehr notwendig. Gefährlich in die Richtung auf zwei Welten ist dagegen immer die Formulierung von Ideen als „real-existierende Objekte" (ebd., 146), denn der ontologische Vergleich der Ideen mit den vor uns liegenden physischen Dingen wird von Platon systematisch, vor allem im *Siebten Brief*, vollständig unterlaufen (vgl. auch Bordt 2004, 151–158).

Die Welt unter Ideen zu betrachten, ist eine Fähigkeit der menschlichen Seele. In ihr muss die Transformation von einem wahrgenommenen Bild zu seinen Inhalten und deren Verknüpfung vorgenommen werden. Mit seinem Handeln transformiert der Mensch seine unter Ideen geleiteten Vorstellungen wieder in die Welt hinein und verändert diese. Eine Welt mit der Idee von Gerechtigkeit ist eine ganz andere als eine Welt ohne eine solche Vorstellung, auch wenn sich die faktischen Verhältnisse innerhalb der Welten gar nicht unterscheiden würden. Die Welt ohne Gerechtigkeit, Schönheit, Gutem und wahrer Erkenntnis bleibt notwendig immer die, welche sie gerade ist. Die andere Welt mit den Ideen kann jederzeit grundlegend verändert werden, denn diese, selbst wenn es sich nur um Vorstellungen handelt, bilden ein ordnendes Korrektiv für die chaotische Vielfalt der Erscheinungen.

Ein wesentliches Hindernis, Platon auf diese Weise zu interpretieren, liegt in seiner permanenten Abwertung der Welt der Erscheinungen. Sie sei, so liest man, „wie jedes Bild gegenüber seinem Urbild defizitär" (Erler 2006, 149). Sicher ist, dass Platon seine Thesen gerne zuspitzt, schon weil ihm die Ansicht, es gäbe nur das Körperliche, unerträglich ist (*Phaidon* 81b). In vielen Interpretationen seiner Texte werden seine Bilder noch weiter in Richtung auf seine Tendenz hin überzogen. Zuweilen lässt er selbst Sokrates dogmatisch an seinen Äußerungen festhalten, auch wenn dieser, wie im *Parmenides*, noch jung ist. Es scheint durchaus plausibel, dass Platon mit der Kritik an der Ideenlehre durch Parmenides auch einige Missverständnisse klären wollte (vgl. Erler 2006, 151 ff.); vor allem gegenüber einem jungen Sokrates; die kritische Auseinandersetzung ist Platon ohnehin immer willkommener als fest stehende Ergebnisse.

11.5 Ideen und Wissen

Unser Begriff des Wissens hat sich zunehmend formalisiert und bezieht sich heute fast nur noch auf die bloße Information. Das Internet stellt solche in unübersehbaren Massen zur Verfügung. Der Wissensbegriff Platons ging viel weiter. An der Spitze stehen die Ideen, die für sich schon gar nicht einfach aufgefasst werden können. Selbst im Gespräch entziehen diese sich immer wieder, entwischen dem analytischen Blick, der die Dinge unbedingt auf den Begriff bringen will. Und außerdem sollen wir das Ganze auch noch auf die Wirklichkeit beziehen, auf die Dinge, ihre Eigenschaften, auf Ereignisse, uns selbst und unser Leben. Platon hat betont, dass es eine lebenslange Übung darstellt, die Grundlagen unseres Denkens und Auffassens immer wieder durchzugehen und uns dieser zu vergewissern. Diese Notwendigkeit besteht für uns Menschen auch gerade deshalb, weil es sich bei der Ideenlehre nicht um eine systematisierbare Lehre mit eindeutig angebbaren Inhalten handelt.

Die Unbeschreibbarkeit des letzten Ausweises unseres Wissens hat Platon offenbar auch dazu veranlasst, Dialoge zu schreiben. Er spricht hier nicht selbst, sondern durch andere. Und diese anderen haben verschiedene Meinungen zu einem Thema, zu einer Sache. Wir haben schon mehrfach gesehen, wie mühsam die Aufgabe ist, sich Gewissheit zu verschaffen – und die letzte Gewissheit ist uns generell auch nicht möglich.

Zwei Momente müssen zur Verdeutlichung noch hervorgehoben werden. Was wir heute allgemein Ideen nennen können, sind die Grundlagen unseres modernen Denkens. Wir leben in einem Staat mit einer Rechtsordnung, wir setzen uns mit Institutionen auseinander und sind von diesen abhängig, wir beschäftigen uns mit Kunst und Literatur, mit Wissenschaften und wir haben eine Vorstellung von der Welt. Unser Denkvermögen geht immer auf ein Ganzes, Einheitliches. Das haben wir schon als Sinn und durch die menschliche Fähigkeit, solche Sinneinheiten zu bilden (*logos*), beschrieben. Viele Elemente unseres täglichen Lebensvollzugs sind nicht durch harte Methoden und eindeutig definierbare Gegenstände zu beschreiben, wie es innerhalb der Naturwissenschaften geschieht. Zwar versuchen wir auch auf dem kulturellen Gebiet empirische Forschungen anzustellen, aber das kann immer nur Teilbereiche umgreifen, und nie das Ganze. Wir sind also eingebettet und umgeben von Ideen, die wir von der Welt und ihrer Ordnung haben, die unser Denken und Handeln bestimmen.

Die philosophische Frage nach dem „Was" der Dinge bringt uns immer schon auf den Weg, die Welt als Ganzes zu begreifen. Das heißt zuletzt auch, dass die Ideen – und auch Platon versteht das letztlich so – eine Art Kosmos bilden, einen Zusammenhang. Das greift Platon im *Sophistes* wieder auf (vgl. 259e–262d). Die Titelfigur im Dialog *Parmenides* argumentiert dafür, dass es eine einzelne Idee nicht geben kann, d. h. dass es Ideen nicht für sich als abgesonderte Entitäten gibt (vgl. auch Gadamer 1986, 9). Es gibt keine einzelne Zahl, sondern nur eine große Menge an Zahlen, in der die einzelne Zahl ihren Platz findet. So geht jedes Erkennen immer auf ein Ganzes aus (ebd., 10). Das gilt für jede Form der Ideation, wie wir mit Husserl die Anstrengung bezeichnen, die darauf aus ist, den Grund einer Sache anzugeben, und sich nicht mit vorläufigen Antworten zufrieden zu geben (vgl. Orth 1976). Das stellt, wie Platon immer wieder betont, eine unendliche Aufgabe dar,[74] eine Aufgabe allerdings, die sich dennoch lohnt, weil wir erstens gar nicht anders können und weil wir zweitens durch die Bemühung auf Grundlagen stoßen, die wir bisher meist noch gar nicht bedacht haben. Philosophie ist damit – so ähnlich hat es auch Hegel formuliert – eine immerwährende Anstrengung um den Begriff.

74 Wieland (1999) ist Recht zu geben, dass Platons höchstes Wissen, das aus der Dialektik hervorgeht, nicht in propositionalen Gehalten besteht (vgl. die Kritik bei Stemmer 1992, 196; Hardy 2001, 289 ff.). Eindeutig ist jedenfalls, dass sich solche propositionalen Einsichten über die Ideen bei Platon nicht finden, und allein die „Tübinger" den ergebnislosen Versuch unternehmen, solche zu identifizieren.

11.6 Das Problem mit dem Anfang

Wenn wir sagen, dass etwas beginnt, hat das umgangssprachlich einen zeitlichen Sinn. Der griechische Begriff dafür lautet: *arche*. Der Terminus hat darüber hinaus zwei weitere Bedeutungen. Einmal ist damit die Herrschaft gemeint, das, was an der Spitze politischer oder militärischer Organisationsformen steht, sozusagen der Anfang der Befehlskette. Dann wurde der Begriff von den griechischen Naturphilosophen eingeführt, um nach dem Beginn der Welt zu fragen. Weil die Welt offenbar einen Anfang der Entstehung haben muss, weil sie aus bestimmten Elementen besteht, aus welchen sie aufgebaut ist, und weil sie sich fortlaufend verändert, und es für diesen Wechsel der Erscheinungen einen Grund geben muss, bezieht sich der Begriff von vorne herein auf ganz unterschiedliche Sachverhalte. Seine philosophische Spezifikation erfährt er dadurch, dass alle diese Fragen auf den Ordnungszusammenhang im Kosmos gehen. Die Antwort auf die Probleme umfasst das Ganze der Welt, welche konkrete Ursache dafür auch immer gefunden wird: ob die Welt durch eine allumfassende Vernunft (Anaxagoras) oder einen Gott aufgebaut wurde, ob aus gleichförmigen, in ihrem Zusammenhang geordneten Elementen (Thales, Anaximenes, Heraklit), ob überall der Zufall wirkt (Demokrit, Leukipp), oder ob Prinzipien wie das Unbegrenzte (Anaximander) oder die Freundschaft (Empedokles) die Welt im Innersten zusammenhält.

Platon hat das Problem des Anfangs noch einmal erweitert: Die Frage nach dem Grund der Welt ist immer nur die nach dem Seinsgrund. Daneben tritt der Erkenntnisgrund, die Frage also, woher wir etwas wissen, wie wir wissen können, und was das ist, das Wissen; und der Handlungsgrund, die Frage danach, warum wir etwas tun und woran wir uns dabei orientieren. Weil Platon diese Fragen miteinander verknüpft, verschiebt sich die naive Frage vom Anfang der Welt auf ihr Ende, darauf, wohin sie strebt. Der Ursprung der Welt und ihr Bestand und Aufbau enthalten schon das Prinzip der strebenden Bewegung auf das Gute hin. Das höchste Prinzip kann aus logischen Gründen nur eines sein. Denn wenn es mehrere Prinzipien gäbe, müssten sich diese irgendwo widerstreiten, und dann gäbe es gar keine Ordnung, keinen Anfang und kein Prinzip. Allerdings ist von vorne herein ebenso ausgeschlossen, dass der menschliche Geist dieses oberste Prinzip kennen kann, denn dann würde dieser die ganze Welt umspannen und wäre der Gott, welcher die Welt in die Ordnung gesetzt hat.

Platon wählt in den meisten Fällen den Weg von unten: Er fragt zuerst immer danach, was wir erkennen können und welche Voraussetzungen dafür erfüllt sein müssen. Über die materielle Welt kommt er stufenweise über die Strebungen, die Erklärungsweisen und die kognitiven Fähigkeiten der Seele zur intelligiblen Sphäre (vgl. Pietsch 2007, 45); dabei erläutert er das gerne an mathematischen Beispielen wie z. B. im *Siebten Brief*. Die Voraussetzungen, um etwas erfassen zu können, werden damit immer höher geschraubt. Analog gilt das für die Ursprünge der Handlungsbegründung. Christian Pietsch schreibt:

„Dieser sich stufenhaft (*hoion epibaseis*) vollziehende Aufstieg endet bei dem selbst unbedingten, voraussetzungslosen (*anhypotheton*), ungewordenen und unvergänglichen ‚P[rinzip] von allem' (*Politeia* 511b: *he tu pantos arche*; *Phaidros* 245d). Von ihm her ist alles geworden, erhält alles seine spezifische Aktivität/Bewegung und Wesenheit (*Phaidros* 245d; *Nomoi* 894e; *Politeia* 509b)" (Pietsch 2007, 46).

Am Ende ist also ein oberstes Prinzip gefordert, die Idee des Guten (*Politeia* 508e–509b) oder das Eine (*Parmenides* 137c–142a). Was dieses Eine letztlich ist, und wie daraus die Vielfalt der Erscheinungen wird, sowie, in welcher Verbindung diese zueinander stehen, wird im *Sophistes* (242c–253e), im *Parmenides* (157c–158d) und im *Philebos* (23c–27b) diskutiert. Doch klar wird die Sache auch an diesen Stellen nicht.[75] Vor allem im *Timaios* unterscheidet Platon fünf Anfänge der Wirklichkeit (vgl. Pietsch 2007, 46): die Ideen als Prinzipien der Gestaltung, der Demiurg als vernünftiger Schöpfer, das Gute als Garantie der Vollkommenheit, die Materie als aufnehmende Form („die unbestimmte Zweiheit") und die konkrete Gestalt als Mischung der drei anderen Ursachen (der Demiurg bleibt draußen).

Erkenntnis und Handeln haben über diese ontologischen Kategorien hinaus noch weitere Anfänge, die Platon allerdings immer analog gestaltet: Die Idee des Guten umgreift Erkenntnis und Handeln. Die Sonne ist Grundlage für unseren Erkenntnissinn; ebenso das Widerspruchsprinzip,

75 Eine bedenkenswerte Einordnung der Idee des Guten legt Michael Hoffmann 2006 vor. Danach handelt es sich um einen Relationsbegriff, welcher gar keine inhaltliche Konturierung erfahren sollte. Die Voraussetzungen, die er zum Beleg anführt, sind weitreichend; verzichtbar ist darin insbesondere die Anlehnung an eine „ungeschriebene Prinzipienlehre" (Hoffmann 2006, 132), die in Hoffmanns Lesart auch wenig mit den Spekulationen der „Tübinger" gemein hat.

die Dialektik, die Gemeinschaft von Lernenden, der Aufbau von Argumentationen usf. (vgl. Pietsch 2007, 47).

Die systematisch fortgesetzte Frage nach dem Grund für etwas landet am Ende immer bei der Forderung nach Letztgründen und deren Einheit (vgl. Cürsgen 2007, 102). Wir haben schon mehrfach gesehen, dass das nicht einlösbar ist. Platon macht im Grunde auf diesen Umstand immer wieder aufmerksam, auch wenn er sich damit offenbar nicht wirklich abfinden will.[76] Ein einziges Prinzip als oberste Regelungseinheit jeder denkbaren Ordnung kann zuletzt immer nur sich selbst gleich sein. In ihm gibt es keine Differenz, als Ursprung von allem umfasst es auch alles. Durch eine solche Bestimmung kann es sich aber auf nichts beziehen. Wenn es ein echtes Prinzip der Wirklichkeit ist, dann muss es auch in der Vielheit irgendwie repräsentiert sein. Wenn es jedoch überall ist, löst es sich auf, weil es seine Einheit verliert (vgl. Löhr 1990, 68 f.).

Um die Dinge unterscheiden zu können, bestimmen wir eine Differenz, ein spezifisch unterscheidendes Merkmal, welches den einen Gegenstand vom anderen differenziert. Die Vielheit zeichnet sich durch solche Relationsverhältnisse gerade aus, die für das Eine nicht möglich sind. Doch die Dinge sind in erster Linie mit sich selbst identisch. Die Unterschiede in den Eigenschaften betreffen nun nicht die Dinge für sich, sondern diese übergreifen die Dinge gerade, sie gelten in Bezug des einen Dinges auf ein anderes. Ein Ding ist nur identifizierbar, wenn ich es nicht für sich betrachte, sondern nur, wenn ich es in Relation zu anderen Dingen setze. Sonst ist es immer nur das, was es gerade ist. Es ist dann aber nichts Bestimmtes, denn seine Bestimmung erfolgt über die Zuordnung von Eigenschaften, die mit dem, was es selbst ist, nicht identisch sind.

Das Problem wiederholt sich auf der begrifflichen Ebene: Der Ausdruck, was ein Ding ist oder was es auszeichnet, gibt immer nur eine Klasse von Dingen oder Eigenschaften an (es sei denn, es handelt sich um Eigennamen). Kein Ding ist aber eine Klasse von Dingen oder Eigenschaften, sondern es weist die ihm zugeschriebenen Eigenschaften auf. Wir verwenden, um die Gegenstände zu beschreiben, zu unterscheiden und um sie dadurch gerade zu identifizieren, Begriffe, die allgemein sind und

76 Das ist letztlich der Ausgangspunkt für die ungeschriebene Lehre der „Tübinger Schule", welche die Sekundärüberlieferung vor allem bei Aristoteles und in der nachfolgenden platonischen Tradition als Zeugen nimmt (vgl. den exzellenten Überblick von Halfwassen 2004, der das Eine als „ursprünglichste Bedingung von Denken und Denkbarkeit überhaupt" (ebd., 269) deutet).

sich auf vieles beziehen lassen. Dieses Allgemeine ist das verbindende Element in der Beschreibung der Gegenstände in ihrer Vielheit, das, was Platon „Idee“ nennt (vgl. Cürsgen 2007, 103 f.). Die Frage, was dieses Allgemeine, eben als Einheit (vgl. Hartmann 1967, 174 ff.), jeweils für sich selbst ist, führt aber wieder in den Problemkreis der Letztbegründung durch ein oberstes Prinzip, das nicht näher bestimmt werden kann (vgl. Wieland 1999, 97 f., 141). „Anfang“ und „Einheit“ sind ebenso Fragen des Menschen, ihre Thematisierung der Versuch, seine „Zerrissenheit“ zu überwinden (vgl. Martens 2006, 62 f.).

Platon, wenn er über diese Dinge schreibt, verwendet ein weitaus höheres Abstraktionsniveau, das die Probleme zuweilen mehr verdeckt als erhellt. Umgekehrt lassen sich die Stellen vielfach und unterschiedlich auslegen, gerade weil Platon darin das jeweilige Problem deutlich herausarbeiten wollte. Keineswegs aber sind diese Passagen darauf ausgerichtet, vorzugeben, die Fragen schon gelöst zu haben.

Weiterführende Literatur

Tilman Borsche, „Die Notwendigkeit der Ideen: *Politeia*“, in: Kobusch u.a. 1996, 96–114.

Dirk Cürsgen, „Eine, das (hen); Eines/Vieles“, in: Schäfer 2007, 102–105.

Wolfgang Detel, „Eros und Wissen in Platons Symposion“, in: Schiemann u.a. 2006, 137–153.

Dorothea Frede, „Dialektik in Platons Spätdialogen“, in: van Ackeren 2004, 147–167.

Michael Hoffmann, „Axiomatisierung zwischen Platon und Aristoteles“, in: Schiemann u.a. 2006, 111–135.

Ekkehard Martens, Platons Fußnoten zu Sokrates“, in: Schiemann u.a. 2006, 59–69.

Christian Pietsch, „Anfang/Prinzip/Ursprung (archê)“, in: Schäfer 2007, 44–48.

Christian Schäfer, „Idee/Form/Gestalt/Wesen (idea, eidos, morphê, paradeigma)“, in: Schäfer 2007, 157–165.

12. Ethik und Gerechtigkeit

Der zentralen Frage der *Politeia*, was Gerechtigkeit ist, und ob der Gerechte durch sein Tun glückselig wird, stellt Platon das Bild vom ungerechten Tyrannen entgegen, der scheinbar machen kann, was ihm gerade beliebt. Thrasymachos vertritt wie Kallikles im *Gorgias* die Macht des Stärkeren gegen die Konventionen der Moral. Da der Sophist mit seiner Verteidigung des Ungerechten an die Grenzen der öffentlichen Ethik stößt, übernimmt Glaukon als *advocatus diaboli* die Beschreibung des vollkommen Ungerechten, der sich zum Schutz den Mantel der Gerechtigkeit und Moral umhängt. Der Ursprung der Gerechtigkeit, so argumentiert er, liegt letztlich nur in der Furcht, erwischt und bestraft zu werden. Erst das Eintreten für das Gute als Selbstzweck macht für Platon deutlich, dass mit der Verabschiedung der Moral nicht nur die Ordnung der Gesellschaft, sondern der ganze Mensch bedroht ist.

12.1 Der Sophist Thrasymachos und das Recht des Stärkeren (*Politeia* I 327a–354c)

12.1.1 Die Frage nach der Gerechtigkeit

Sokrates findet sich im Haus des Kephalos ein und fragt diesen nach den Vorteilen des Alters und des Reichtums. Kephalos antwortet, dass sein Reichtum es ihm ermöglicht hat, kein Unrecht tun zu müssen. Er konnte dadurch ein gerechtes Leben führen, blieb niemandem etwas schuldig und brauchte sich nie scheuen, die Wahrheit zu sagen. Sein Sohn führt zur Unterstützung ein Zitat des Dichters Simonides an, wonach Gerechtigkeit darin besteht, jedem das Schuldige zu geben, den Freunden Gutes, den Feinden Übles.

Damit ist gewissermaßen eine profane Sicht auf die Gerechtigkeit gegeben.[77] Diese gilt innerhalb einer sozialen Konstruktion, zur Erhaltung des Friedens im Inneren und der geschlossenen Wehrhaftigkeit einer Gesellschaft gegen äußere Bedrohungen. Mit Verweis auf *Politeia* 359a ff. betont Schäfer, dass der Begriff, auf den Platon mit seiner Diskussion hinaus will, verfehlt wird, würde man die Gerechtigkeit „als zeitlich gewordenes Produkt sozialer Verhältnisse und Entwicklungen betrachte[n]" (Schäfer 2007, 131). Denn eine solche Form der Gerechtigkeit liegt im bloßen Selbstinteresse jeden Lebewesens. So verhielten sich nämlich auch die Hunde (*Politeia* 375e). Damit geht ihr der moralisch gebotene Charakter der Verdienstlichkeit verloren. Gerechtigkeit ist dann keine spezifisch menschliche Handlungsoption mehr (vgl. Schütrumpf 1997, 37). Platon will die Gerechtigkeit aber sogar von den menschlichen Handlungen abkoppeln (vgl. *Politeia* 443cf.): Gerechtigkeit ist für ihn ein Zustand der Seele, welche an der „Idee der Gerechtigkeit partizipiert" (Gigon, Zimmermann 1975, 139).

Was ist aber die Gerechtigkeit über die bloß soziale Konstruktion hinaus? Im Gespräch mit Glaukon und Adeimantos bezeichnet Sokrates diese als Kunst (*technê*), also als eine Fertigkeit oder ein Können. Um eine solche auszuüben, muss man ein bestimmtes Wissen besitzen. Offenbar aber ist eine Kunstfertigkeit immer dafür nützlich, für was sie eine Kunst ist. Das Wissen darum und die Fertigkeit selbst bringen etwas Bestimmtes zustande, einen Tisch, eine Gemeinschaft des Zusammenlebens oder etwas Ähnliches. Die Gerechtigkeit scheint allerdings erst dann zum Thema zu werden, wenn wir mit unserer Kunst am Ende sind. Die Art des Wissens, das wir benötigen, um gerecht zu handeln, ist damit aber noch völlig ungeklärt. Für die Gerechtigkeit gilt offenbar etwas anderes als bei den herstellenden Künsten: Wer es versteht, etwas gut und kunstgemäß zu machen, der weiß auch, wie man jemandem schadet. Gerechtigkeit besteht dann in der List, dem Feind etwas Übles anzutun, indem nicht das Kunstgemäße, sondern das Üble verfolgt wird (vgl. Schäfer 2007, 132).

Was aber passiert, wenn wir jemanden für einen Freund halten und dieser in Wirklichkeit aber unser Feind ist? Dann würden wir ungerecht handeln, indem wir jemandem etwas Gutes tun, dem wir schaden sollten. Ein Feind aber würde umgekehrt durch die schlechte Behandlung noch

77 Die unterschiedlichen Sichtweisen und ihre Argumente werden differenziert dargestellt von Keyt 2009.

schlechter werden, so wie Tiere durch eine üble Behandlung schlecht erzogen werden. Offenbar kann es sich so nicht verhalten. Ein Gerechter würde doch niemals etwas Unrechtes tun, egal, wem er es antut.

Der anwesende Sophist Thrasymachos mag solche Aussagen, die ihm völlig verweichlicht vorkommen, überhaupt nicht hören. Er schaltet sich, heftig und in Zorn geraten, in das Gespräch ein, und wirft Sokrates vor, dass dieser immer nur fragt, weil er sich selber vor einer Antwort drücken will (vgl. Annas 1981, 34 ff.; Kersting 2006, 29 ff.). Wenn sein Widerpart ihm allerdings antwortet, fischt er sich irgendeinen nebensächlichen Unsinn heraus, und dreht dem Gegenüber das Wort herum, bis der irgendeinen belanglosen Widerspruch eingestehen muss. Ist er selbst einmal gezwungen zu antworten, so vergleicht er z. B. das Gerechte mit dem Pflichtgemäßen, mit dem Nützlichen, mit dem Zweckmäßigen, mit dem Vorteilhaften oder mit dem Zuträglichen. Thrasymachos weigert sich danach, weiterzusprechen, weil er als Sophist gewohnt ist, Geld für seine Reden zu nehmen. Erst nachdem Glaukon und die anderen versprochen haben, ihm solches für sein Antworten zu geben, will er Sokrates dafür zur Verfügung stehen.

12.1.2 Die Macht des Stärkeren

Thrasymachos vertritt das, was schon Kallikles im dritten Teil des *Gorgias*[78] vorgebracht hatte: Gerecht ist das dem Stärkeren Zuträgliche. Das ist von Platon konstruiert: Nachdem Thrasymachos Sokrates verboten hatte, das Gerechte als etwas Zuträgliches einzustufen, bestimmte er es selber dadurch. Dem Sophisten geht es allerdings um das *dem Stärkeren* Zuträgliche, während Sokrates „das Zuträgliche" noch unbestimmt ließ. Derjenige der herrscht, so fährt der Sophist fort, kann als gerecht immer

78 *Gorgias* ist der andere ethische Hauptdialog von Platon, dessen Lektüre für diejenigen, welche sich für das Thema interessieren, dringend empfohlen wird. Dieser Dialog ist in vielen Stellen lebendiger und kontroverser gestaltet als die *Politeia* (vgl. auch Stemmer 1992, 12–31). Andere Dialoge, welche ethische Themen aufgreifen, sind der *Protagoras*, in dem es um Einheit und Differenz der Tugenden und der *Laches*, in dem es um die Tugend der Tapferkeit geht. Alle ethischen Auseinandersetzungen haben bei Platon immer auch einen erzieherischen Charakter; zumeist geht es um die Lehrbarkeit der Tugend oder ganz allgemein um die Frage, welchen Lehrer wir wählen sollen oder wohin die Gesprächspartner ihre Söhne zum Unterricht geben sollen (vgl. z.B. *Euthydemos* 306d–308a).

das durchsetzen, was ihm selbst am meisten nützt. Die Gesetze jedes Staates sind also so beschaffen, dass sie den Regierenden zuträglich sind. Handlungen, die jemand anderen nützen, werden als ungerecht bestraft.

Ein bekannter Einwand von Sokrates gegen diese These lautet: Was ist, wenn die Regierenden sich darüber irren, was ihnen nützt (vgl. *Gorgias* 461a, 470a)? Dann sind sie nicht die Stärkeren, denn der Kunstverständige irrt sich in seinem Fach nicht, sonst ist er darin eben nicht verständig. Ein Mathematiker, der sich verrechnet, ist in dieser Situation kein Mathematiker als Kunstverständiger mehr, auch wenn wir ihn immer noch so nennen, weil er ja grundsätzlich die Kunst des Rechnens beherrscht. Nur, wenn er es richtig macht, ist er auch kunstverständig. Der Fachmann, der *lege artis*, nach den etablierten Regeln der Kunst, handelt, irrt sich nie. Nur der Mensch als solcher kann irren.

Thrasymachos nimmt offenbar an, dass eine Kunst ein in sich geschlossener Bereich von Kenntnissen ist, der, richtig angewendet, in jedem Fall zum Erfolg führt. Der Mathematiker berechnet die Statik eines Gebäudes, das dann auch stabil ist, und der Arzt macht den Kranken gesund. Für Sokrates dagegen sind die Künste nicht für sich da, sie haben ihr Ziel vielmehr außerhalb ihrer Tätigkeit. Gesundheit und Krankheit interessieren den Arzt immer nur in Bezug auf den Leib seiner Patienten. Heilkunst ist also die Kunst, welche den Leib heilt. Sie macht, was diesem zuträglich ist und besorgt sozusagen nicht ihren eigenen Vorteil, wie das nach Thrasymachos offenbar die Regierenden unternehmen. Die Heilkunst und diejenigen, welche diese ausüben, sind für den Leib da, um ihn gesund zu machen oder um ihn zu heilen. Für was aber sind die Regierenden da? Nur für sich selbst? Oder sollte die Regierungskunst nicht auch eher für das Wohl der Bürger sorgen, so wie der Arzt für die Gesundheit seines Patienten? Arzt und Politiker können auch einen Lohn für ihre Bemühungen und ihren Aufwand bekommen. Was sie tun, darf aber nicht davon abhängig gemacht werden. Ihre Kunst besteht ausschließlich darin, was dem Leib oder den Bürgern zuträglich ist.

Nach Thrasymachos ist der Vorteil, den die Regierenden für die Regierten anzielen, der gleiche, mit dem die Hirten für ihre Schafe sorgen. Die sollen zwar fett werden, dafür erzielen sie aber auch am Ende einen höheren Preis für die Hirten. Keine Regierung hat tatsächlich das Wohl ihrer Bürger im Sinn; denen soll es nur gut gehen, damit es ihnen selbst noch besser geht. Wirklich gerecht ist nur das, was dem Stärkeren nützt, der Schwächere und Beherrschte hat immer die Last zu tragen. Dieser kann für gerecht nicht das ansehen, was ihm nützt, sondern was seinem Herrn zuträglich ist. Genau betrachtet ist das freilich ungerecht, was da mit dem Beherrschten passiert. Diese selbst aber bemerken das gar nicht. Die Ungerechtigkeit herrscht über die Gerechtigkeit. Der Gerechte dagegen hat das Nachsehen, weil er nicht zu seinem Vorteil zu schaffen vermag. Versteht es dagegen jemand im großen Stil die Leute über den Tisch zu ziehen, genießt er das höchste Ansehen – im kleinen Stil gilt er dagegen nur als Betrüger, Dieb und Räuber. Schlecht also ist es, eine Bank zu überfallen, gut dagegen, eine zu gründen. Die Ungerechtigkeit macht folglich glücklich, die Gerechtigkeit nicht. Es folgt die Beschreibung des Ressentiments:

> „Denn nicht aus Furcht, Ungerechtes zu tun, sondern es zu leiden, schmäht die Ungerechtigkeit, wer sie schmäht. Auf diese Art, o Sokrates, ist die Ungerechtigkeit kräftiger und edler und vornehmer als die Gerechtigkeit, wenn man sie im großen treibt; und wie ich von Anfang an sagte, das dem Stärkeren Zuträgliche ist das Gerechte, das Ungerechte aber ist das jedem selbst Vorteilhafte und Zuträgliche" (*Politeia* 344c).

Thrasymachos unterliegt letztlich einer Äquivokation, weil er unter der Gerechtigkeit etwas Unterschiedliches versteht. Die alltägliche Gerechtigkeit bescheidet sich, die eigentliche besteht im Recht des Stärkeren. Thrasymachos gibt letztlich zu, dass die Gerechtigkeit eine Tugend ist – das hatte Kallikles im *Gorgias* noch bestritten. Dagegen wendet der Sophist in der *Politeia* ein, dass ein tugendhaftes Verhalten nicht nützlich und „nicht selten für das persönliche Wohlergehen nachteilig" (Erler 2006, 180) ist.

12.1.3 Das Ressentiment und die tradierte Moral

Sokrates widerspricht diesen Ansichten durch eine Reihe von Argumenten: Zunächst sieht der Hirt, wenn er ein guter Hirt ist, sehr wohl darauf, dass es seinen Tieren möglichst gut geht. Dass er daraus einen Vorteil zieht wie der Arzt, der Politiker und alle anderen auch, geschieht nur nebenher. Es ist nicht Teil der Kunst, einen möglichst hohen Preis für seine Tätigkeiten zu erzielen, sondern die Kunst besteht darin, alles möglichst gut zu machen, so wie es der echte Sachverstand erfordert.

Besonders empörend erscheint ihm, dass Thrasymachos behauptet, der Ungerechte lebe besser als der Gerechte. Das lässt sich mit dem traditionellen griechischen Ethos ebenso wenig begründen wie mit der Auffassung vom Begriff der Gerechtigkeit. Seine Ansicht ist also eine offene Provokation gegen die herrschende Moral. Die Äquivokation kam ja dadurch zustande, dass Gerechtigkeit auf der einen Seite etwas sein soll, dass dem Stärkeren nützt und dem Schwächeren schadet, auf der anderen Seite, und vom Schwächeren aus betrachtet, ist das Verhalten des Stärkeren ungerecht. Die Kunst der Gerechtigkeit besteht nach Thrasymachos offenbar darin, sich klug und geschickt zu verhalten und alle Tricks zu kennen, wie man möglichst ungerecht sein kann, aber gerecht scheinen, damit die weniger Geschickten es nicht merken, um Sanktionen gegen den Stärkeren, Klügeren, Geschickteren einzuleiten.

Sokrates führt noch eine weitere Unterscheidung ein, die zu einem ähnlichen Ergebnis führt: Der Gerechte begnügt sich nach dem allgemeinen Sprachgebrauch mit seiner Handlung. Der Kunstverständige ist ebenso zufrieden, wenn er das, was er kann und macht, gut macht; gegenüber dem Unkundigen will er sich aber abheben. Der Unkundige dagegen will als kundig gelten. Er muss sogar den Eindruck erwecken, als wenn er mehr weiß als der Kundige, sonst könnte der ihn leicht überführen. Darin aber zeigt sich der Unkundige und Ungerechte gerade als schlecht. Auch hier kommt dem Unkundigen und Ungerechten wieder alles auf den Schein an.

Thrasymachos bekommt letztlich Probleme mit der allgemein anerkannten Moral. In der öffentlichen Meinung kann zwar niemand den Rechtschaffenen vom Unrechttuenden, der den Schein zu wahren versteht, unterscheiden, wenn es aber herauskommt, dass einer, der für rechtschaffen gehalten wird, in Wahrheit ein Lump ist, reagieren die Leute mit Abscheu; auch das vielleicht wieder nur zum Schein, wenn sie den großspurigen Betrüger doch insgeheim schätzen und bewundern, aber das kann ja auch niemand zugeben. Die Masse redet mit gespaltener Zunge: Sie schätzt den erfolgreichen Ungerechten und verachtet den gutmütigen Gerechten, der keinen öffentlichen Erfolg hat. Ebenso wendet sie aber moralische Maßstäbe an, um sich öffentlich über Fehlverhalten Einzelner zu echauffieren.

Thrasymachos wechselt zwischen mehreren Bedeutungen von Gerechtigkeit und er steht gegen die öffentliche Moral. Solange diese in irgendeiner Form als gültig anerkannt ist, wird er sich schwer tun, gegen diese zu argumentieren. Dass sich viele so verhalten oder verhalten möchten, wie der Sophist fordert, ist etwas anderes als logisch konsistent dafür einzustehen; das allerdings versucht er gerade.

Darüber hinaus hatte er dafür argumentiert, dass die Ungerechtigkeit stärker ist als die Gerechtigkeit. Kann ein Herrscher, ob äußerlich in seinen Taten oder innerlich in seiner Haltung, allein mit der Ungerechtigkeit regieren? Oder muss er Zugeständnisse an die Gerechtigkeit machen, wenn er Erfolg haben will. Dann scheint die Gerechtigkeit immerhin einen Sinn auch für den Stärkeren zu haben und der Ungerechtigkeit in einem bestimmten Sinn auch überlegen zu sein. Zudem kann einer allein meist wenig ausrichten. Ist dann nicht die Gerechtigkeit wenigstens gegenüber den Verbündeten ein entscheidendes Element im ungerechten Herrschen? Ganz gleich verhält sich das bei einer Räuberbande, die zwar nach außen mit Gewalt agiert, für den äußeren Erfolg aber unter ihren Mitgliedern Frieden bewahren muss. Thrasymachos muss freilich auch zugeben, dass es, wenn es um das Verteilen der Beute geht, auch immer zum Streit kommt. Die Ungerechtigkeit scheint also auf die Gerechtigkeit angewiesen zu sein, wenigstens im Lebensvollzug. Die Gerechtigkeit aber widerspricht der Ungerechtigkeit in der Lebensführung wie auch rein logisch. Und so sagt Sokrates:

„Denn die Ungerechtigkeit, o Thrasymachos, verursacht ihnen Zwietracht und Haß und Streit untereinander; die Gerechtigkeit aber Eintracht und Freundschaft" (*Politeia* 351d).

Das gilt generell und überall. Der Ungerechte kann offensichtlich nicht einmal mit sich selbst einig sein. In innerer Zwietracht und Uneinigkeit bringt man bekanntermaßen nichts Rechtes zuwege. Der Ungerechte wird also eher schwach sein. Thrasymachos räumt vieles, wenn auch mit Unmut ein, und nur, wie er sagt, um die anderen nicht zu verärgern. Platon will uns damit offenbar sagen, dass Leute wie der Sophist von konsequenten Argumenten nicht überzeugt werden können. Die einzige Strategie ist es offenbar, den wissentlich Betrügenden mit der öffentlichen Moral zu konfrontieren. Nur dann ist er zu Zugeständnissen bereit.

Der Künstler ist derjenige mit Fachkenntnissen. Seine Arbeit verrichtet er möglichst gut. Dieses „möglichst-gut" heißt im Griechischen *arete*, was meist mit Tugend übersetzt wird. Genauer aber bedeutet es, dass irgendetwas Lebendiges eine bestimmte Fähigkeit möglichst gut ausprägt. So ist ein Pferd tugendhaft, wenn es gut läuft oder schwere Lasten ziehen kann, je nachdem, zu was man es verwendet. Für den Menschen besteht die Tugend in der Gerechtigkeit der Seele. Um diese hervorzubringen, hat er offenbar sein höchstes Vermögen. Glücklich wird der Mensch, wenn er tugendhaft und damit gerecht ist.

12.2 Der vollkommen Ungerechte (*Politeia* II 357a–367e)

12.2.1 Der Ursprung der Gerechtigkeit

So recht wissen wir jetzt aber auch nicht, was genau das Gerechte ist. Wir haben einige Aspekte bemerkt, aber diesen Begriff, und was er bedeutet, kaum gedanklich durchdrungen. Ist das Gerechte nun, wie Thrasymachos sagt, schlecht und dumm, oder, wie Sokrates sagt, weise und tugendhaft. Und bringt die Ungerechtigkeit nicht doch mehr Vorteile, als sich gerecht zu verhalten? Sokrates möchte nach Hause. Doch Glaukon will jetzt wissen, was die Gerechtigkeit ist, und so schreibt Platon neun weitere Bücher, um das Thema aufs Neue zu diskutieren.

Thrasymachos will definitiv nicht weiter diskutieren. Offenbar fühlt er sich weder mit seiner Position noch mit seinen Zugeständnissen gegenüber den Argumenten von Sokrates recht wohl. So bietet sich Glaukon an, als *advocatus diaboli* den Part zu übernehmen, die Ungerechtigkeit zu loben. Er hat nicht das Problem, sich vor der Öffentlichkeit für seine unmoralische Haltung rechtfertigen zu müssen, wie der Sophist. Ihm und den anderen Beteiligten geht es ja nur darum, zu prüfen, ob die These nicht weiter trägt als bis zu den Grenzen der öffentlichen Moral, deren Außenansicht und Innenperspektive sich allerdings ebenso widerspricht. Gleichzeitig betont Glaukon, dass er sich damit eigentlich die Ansicht der Masse zu eigen macht. In Wahrheit ist auch er auf Seiten der Gerechtigkeit, auf welcher Sokrates steht. Er schätzt diese für sich und glaubt, dass ihre Folgen allgemein nützlicher sind als das ungerechte Verhalten.

Zuerst, so führt Glaukon aus, will er vortragen, was die Gerechtigkeit ist und woher sie kommt, dann wird er darlegen, dass alle, die sich ihrer annehmen, das nur ungern tun als etwas Notwendiges und Vorteilhaftes, und drittens wird er belegen, dass das ungerechte Leben besser ist als das gerechte.

Er beginnt mit der These von der Moral des Stärkeren, die schon Kallikles im Dialog *Gorgias* vorgetragen hatte (vgl. *Gorgias* 482c–486d): Von Natur aus ist das Unrechttun gut für einen selbst, wenn man es ungestraft durchführen kann, Unrechtleiden dagegen übel. Das Unrechtleiden ist aber noch viel schlimmer, so, dass selbst das Unrechttun und was es einem an Gutem bringt, nicht aufwiegen kann, was einem das Unrechtleiden Übles bereitet.

Darin liegt der Ursprung der Ressentiment-Moral: Die Schwachen, die zu schwach sind, Unrecht zu tun, einigen sich darauf, Gesetze und Verträge zu schließen. Unrechttun wird danach bestraft und gleichzeitig wird verhindert, dass Unrechtleiden noch vorkommen kann. Darin allein besteht die Gerechtigkeit. Ein Starker, der genug Rückhalt hat, würde sich auf solche Einschränkungen nicht einlassen.

Die öffentliche Gerechtigkeit entsteht also dadurch, dass sich die Schwachen nicht anders zu helfen wissen, als die Starken mit Gesetzen einzuschränken. Sie selber begnügen sich dagegen mit dem, was sie haben, weil sie unter anderen Verhältnissen ohnehin nicht mehr bekommen würden und viel eher weniger hätten. Die Gerechtigkeit selbst ist etwas, das gegen die Natur ist, weil dort überall die Stärkeren herrschen. Sie geht also nicht aus der sozialen Konstruktion hervor (Schäfer 2007, 131).

12.2.2 Die Furcht, erwischt zu werden

Es folgt der zweite Schritt: Jeder handelt allenfalls aus Zwang gerecht, weil er Angst vor Strafen hat. Glaukon erzählt die Geschichte von einem lydischen Hirten: Gyges hat einen Ring gefunden, der unsichtbar macht. Daraufhin hat er sich fleißig daneben benommen, aber keiner konnte ihm etwas anhaben, da er ja unentdeckt blieb. Ein so genannter Gerechter würde sich, sobald er einen solchen Ring hätte, auch nicht anders verhalten. Jeder Mensch, auch wenn er unter anderen Umständen ganz und gar von der Gerechtigkeit seines Tuns überzeugt ist, und nichts anderes tun würde, als gerecht zu handeln, ließe sich durch einen solchen Ring, der ihm erlauben würde, unentdeckt Unrechtes zu tun oder Verbrechen zu begehen, korrumpieren. Glaukon sagt:

> „Denn wo jeder nur glaube, daß er werde Unrecht tun können, da tue er es auch. Denn jedermann glaubt, daß ihm für sich die Ungerechtigkeit weit mehr nützt als die Gerechtigkeit ..." (*Politeia* 360cd).

Würde sich einer nicht entsprechend verhalten, würden ihn die Leute für einen ganz und gar dummen Menschen halten. Öffentlich würde er wohl ein gewisses Ansehen genießen, aber hinter vorgehaltener Hand würden sich alle über ihn lustig machen. Den vollkommenen Ungerechten stellen wir uns aber so vor: Jeden seiner Schritte überlegt er sich genau. Er weiß, womit er durchkommt, was er sich leisten kann. Im Falle eines Irrtums hat er Tricks, wie er wieder aus dem Schlamassel herauskommt. Lässt er sich aber tatsächlich überführen, war er einfach nicht gut genug.

Das Wichtigste aber ist, dass er sich bemüht, immer und bei jedem als Gerechter zu erscheinen. Seine Eigenschaften sind überzeugende Redekraft, Geschicklichkeit, Kreativität, Macht, Stärke, Tapferkeit, Einfluss, Gewalt, Freunde und Vermögen und ein hohes Maß an Skrupellosigkeit. Er weiß sich in jeder Lage die Mittel zu beschaffen, überall durchzukommen und selbst, wenn man ihn bei den größten Verbrechen erwischt, kann er sich herausreden; er wehrt jeden negativen Eindruck ab und steht immer als Wohltäter, Gerechter und vollkommener Mensch da. Glaukon also untermauert noch einmal argumentativ, warum es dem Ungerechten so sehr um den Schein der Gerechtigkeit zu tun ist.

Wenn wir auf der anderen Seite den wirklich Gerechten betrachten, der eben nicht nur gerecht erscheinen, sondern tatsächlich gerecht sein will, ergibt sich Folgendes: Schafft er es, den Eindruck davon, wer er ist, zu erwecken, so würde er bei den Leuten ein überaus hohes Ansehen genießen. Vom Ungerechten aber könnte man ihn äußerlich gar nicht unterscheiden, weil dieser den gleichen Eindruck aufkommen lässt. Aus Neid könnten die Leute glauben, er gebe nur vor, gerecht zu sein. Was er zudem nicht schafft, ist, sich die ganzen Güter und Vorteile einzuheimsen, auf die es der Ungerechte in erster Linie abgesehen hat.

Der Gerechte steht dann ohne diese Vorzüge da. Äußerlich betrachtet erscheint er uns deswegen eher ungerecht. Wenn er wirklich vollkommen gerecht ist, so legt er keinen Wert auf den Eindruck, den er macht. Wenn er dann auch noch als ungerecht gilt, ohne etwas Ungerechtes getan zu haben, ist er der ärmste Hund von der Welt. Aber nur als solcher ist er eigentlich gerecht, weil man ihm sonst das Motiv unterstellen würde, er handle nur wegen der damit verbundenen Vorteile, die aus dem Ansehen erwachsen, gerecht zu sein, nicht aber weil er von der Gerechtigkeit als solcher überzeugt ist.

12.2.3 Ist der Ungerechte der Glücklichere?

Nun zur dritten Frage, wer denn der Glücklichere sei. Welches Leben sollten wir vorziehen, ein gerechtes oder ein ungerechtes? Gibt einer der Ungerechtigkeit den ersten Rang, wird er meinen, dass der vollkommen Gerechte zum Gespött, verfolgt, angeklagt und hingerichtet werden würde. Platon spielt hier natürlich auf seinen Lehrer Sokrates an. Der vollkommen Gerechte sollte endlich verstehen, dass, ungerecht zu sein, mehr

Vorteile im Leben bringt, und ein Leben der Ungerechtigkeit deswegen vorzuziehen ist. Es macht einen glücklicher, solange man nur gerecht erscheint.

Der Ungerechte widerspricht sich da auch nicht, wie Sokrates gemeint hat, er wollte schließlich nie etwas anderes als ungerecht sein. Außerdem kann er seinen Freunden helfen und seinen Feinden schaden. Er hat die Möglichkeit, mächtig und reich zu werden (vgl. Kersting 2006, 52 ff.). Auch die Götter werden ihn mehr schätzen als den Gerechten, da ihnen der Ungerechte aufgrund seines Reichtums viel mehr opfern kann. Sie werden daher sein Schicksal wohlwollend überwachen. Auch die Götter belohnen, wie es scheint, das gute Handeln damit keineswegs, sondern sie lassen sich von Opfergaben bestechen.

Adeimantos ergänzt die Rede seines Bruders noch: Diejenigen, welche die Gerechtigkeit verteidigen, argumentieren häufig so, dass diese für sich zwar nichts ist, dass sie allerdings eine Reihe von Vorteilen mit sich bringt. Auch unsere Nachkommen erziehen wir nicht so, dass sie nur darauf schauen sollen, gerecht zu scheinen, sondern dass sie wirklich gerecht sein sollen. Ganz so wie Glaukon das vorgebracht hat, sei es nämlich nicht. Es fällt schon auf, wenn jemand gerecht ist und dann wird dieser auch von den Göttern wie von seinen Mitmenschen geschätzt. Den Ungerechten verachten dagegen beide gleichermaßen.

Vielen jedoch erscheint es leichter und bequemer, es mit der Gerechtigkeit nicht so genau zu nehmen. Der Gerechte muss oft auch wirklich viele Nachteile in Kauf nehmen und immer wieder zurückstecken. Dem Volk ist es letztlich egal, ob einer gerecht oder ungerecht ist, dieses schätzt ausschließlich den Erfolg, d.h. wenn einer reich und mächtig ist.

Der Gerechte dagegen, wenn er kein Geld und keinen Einfluss hat, wird eher verachtet oder verlacht, auch wenn die meisten insgeheim der Meinung sind, dass der Gerechte im Grunde der bessere Mensch ist. Viele glauben ebenso, dass die Götter nicht ganz so gerecht sind, wie es immer heißt. Offenbar lassen diese sich von Opfern beeinflussen. Außerdem gibt es viele Böse, die ein gutes Leben führen, und Gute, denen es schlecht geht.

Das Unrechttun ist dagegen mit der Mühe verbunden, die ganze Zeit auf der Hut sein zu müssen, dass man nicht erwischt wird. Nimmt man alles zusammen, so scheint es, dass der Ungerechte mit dem Schein des Gerechten besser und leichter durchs Leben geht als der Gerechte. Gerecht zu sein, aber ungerecht zu scheinen, ist dagegen wohl in jedem Fall die schlechteste Alternative. So ist es wohl klug, sich geschickt und überlegt zu verhalten und die Kniffe und Tricks zu kennen, durch die man sich aus der Affäre ziehen kann. Strafen für das Unrechttun sollten einen also nicht treffen, wenn man sich so verhält. Sollte es keine Götter geben, ist es ohnehin egal, wie wir uns verhalten, wenn aber doch, muss man diese rechtzeitig durch großzügige Opfergaben bestechen. Der Unrechttuende wird also insgesamt der Glücklichere sein.

Wenn wir demnach in der Lage sind, mit jeder ungerechten Schandtat durchzukommen, wird uns jeder raten, nichts anderes zu tun, weil das, wie die Argumentation beweist, die meisten Vorteile für einen selbst mit sich bringt. Wer die Gerechtigkeit lobt, macht das nur aus Furcht vor Strafe oder aus Ressentiment, weil er zu ohnmächtig ist, sich mit dem Unrechttun durchzusetzen. Jeder wird sich, sobald er sich in der Lage sieht, ungestraft ungerecht zu handeln, auch ungerecht verhalten. Es gibt niemanden, der die Gerechtigkeit für sich und als das größte Gut wirklich schätzt.

So geht die Rede der Ungerechtigkeit, die uns Glaukon zumutet. Nicht weil diese ihn überzeugt, sondern weil er sie möglichst stark machen will. Sokrates soll jetzt versuchen, diese Argumentation zu widerlegen. Er soll erklären, worin die wahre und die scheinbare Gerechtigkeit und ebenso die wahre oder scheinbare Ungerechtigkeit besteht. Kann er das nicht, werden wir wohl dem Thrasymachos Recht geben müssen.

Durch diese Einleitung im ersten Buch und im ersten Teil des zweiten Buches baut Platon in seinem Dialog *Politeia* eine enorme Spannung auf. Die Fragen, um die es geht, was ist Gerechtigkeit und wie verhalten wir uns gerecht, werden auf einen entscheidenden Punkt hin zugespitzt: In der Öffentlichkeit gelten bestimmte Handlungen ihrem Sachgehalt nach als gerecht. Dieser Begriff von Gerechtigkeit ist aber nicht ganz trennscharf. Platon zerlegt diesen in die Momente: Was ist Gerechtigkeit in ihrem Kern? Und: Welche Folgen haben wir zu erwarten, wenn wir uns gerecht verhalten? Die Dialektik des populären Gerechtigkeitsbegriffs wird dadurch entlarvt; denn was die Folgen angeht, ist der Gerechte vom Ungerechten nicht zu unterscheiden, wenn es für den Ungerechten immer auch darauf ankommt, den Schein der Gerechtigkeit zu vermitteln. Seine Erfolge durch sein ungerechtes Tun helfen ihm dabei sogar noch. An diesem Punkt kippt auch die öffentliche Hochschätzung der Gerechtigkeit, weil das Volk zuletzt doch eher den Erfolg sieht und beneidet. Für den Gerechten dagegen verwischt sich sein Motiv, weil er dadurch, dass er, wenn er in der Öffentlichkeit als gerecht angesehen wird, die Vorteile genießt, welche daraus für ihn erwachsen. Nur wenn ihm diese nicht zuteilwerden, schätzt er die Gerechtigkeit offenbar für sich selbst.

Wägen wir die Vorzüge und Nachteile des gerechten Verhaltens gegeneinander ab, so erscheint es klüger, ungerecht zu sein und gerecht zu scheinen, als umgekehrt. Diese Schlussfolgerung beruht nur auf einer Abwägung der materiellen Vorteile. Sokrates wird dagegen mit einem anderen Maßstab argumentieren: Nicht die äußeren Güter sind das Entscheidende dafür, glücklich zu werden, sondern der innere Friede und der Ausgleich unserer seelischen Fähigkeiten. Gerecht zu sein und glücklich zu sein, sind für Sokrates zuletzt identisch (vgl. *Politeia* 353e–354a; *Gorgias* 479e, 507c, 512b).

12.3 Die Frage nach dem Guten

In moralphilosophischen Texten erwartet man eine Antwort auf die Frage: Was soll ich tun? Ich habe hier nur die Exposition geliefert, nicht zuletzt, weil es mir sehr viel mehr um die zentrale Frage, und nicht so sehr um die darauf zu gebende Antwort geht. Denn diese ist empirisch gar nicht einzuholen, wie Platon immer wieder betont (vgl. *Phaidros* 247d, *Politeia* 472a–d, 540e, 592b).[79] Klaus Dörner zitiert in seinem Buch *Der gute Arzt* (2003, 7) einen alten Pfleger mit den Worten: „Ach, wissen Sie, Ethik ist doch nur für Leute, die nicht mehr wissen, was sich gehört." Die Frage: „Ja, was gehört sich denn?" ist damit schon desavouiert, denn der Fragende weist sich damit als ein Mitglied der Gruppe von denen aus, die das eben nicht mehr wissen.

Dabei ist das Sich-Gehörende oder – etwas altmodisch – das Sich-Geziemende keineswegs ethisch naiv oder überholt. Die antike Ethik basiert fast vollständig auf den alltäglichen Prinzipien des erprobten Miteinanderlebens. Die Ethik von Aristoteles versucht, das, was sich gehört, gewissermaßen zu überbieten im Hinblick auf die Frage: Wie werde ich im wohlverstanden philosophischen Sinne glücklich? Er setzt aber den Grundbestand des geordneten und überlieferten Zusammenlebens schon voraus. Das zu begründen, sieht er sich entweder außerstande oder es

79 Für die *Politeia* wird auch immer wieder betont, dass der ganze Text keine eindeutigen Aussagen enthält, und schon schwierig zu bestimmen ist, wie wir diesen überhaupt lesen sollen (vgl. die Einleitung von Ferrari 2007, XV ff.).

interessiert ihn nicht. Die Gerechtigkeit dagegen bestimmt er ausdrücklich als eine Tugend, welche auf den anderen bezogen ist (vgl. Aristoteles *NE* 1129b). Die stoisch-römische Moral eines Cicero beruht samt und sonders auf dem Prinzip des *mos maiorum*, der überkommenen Sitte der Alten.

Auch bei Platon steht die erste Argumentation in der *Politeia* in der Auseinandersetzung mit Thrasymachos ganz unter der Rigide der Alltagsmoral. Die Sophisten verstricken sich in Widersprüche, weil sie implizit Rücksicht nehmen auf das, was sich gehört, auch wenn ihre Thesen das gerade unterlaufen wollen.[80] Anders Kallikles im *Gorgias* und die Verteidigung der Unmoral durch Glaukon im geschilderten Textstück: Diese nehmen keine Rücksicht mehr darauf, wie wir uns in der Gemeinschaft verhalten sollen und sprechen dürfen. Zwar ist es ein gutes Argument, dass die Unmoral die Moral voraussetzt – in dem Sinn, dass die anderen sich möglichst an die geltenden Regeln halten sollen; wie ein Dieb, der auch nicht gerne bestohlen wird –, zuletzt aber begründet das keinerlei Verbindlichkeit. Moral jedoch zeichnet sich durch Verbindlichkeit aus, also dadurch, dass wir uns an sie halten, selbst wenn wir uns unbeobachtet wähnen und sicher sind, auch in Zukunft nicht entdeckt zu werden.

Kant geht später von der absoluten Verbindlichkeit in der Moral aus; das ist sozusagen ihr formalstes Element. Seine ethische Begründung läuft darauf hinaus, nur so zu handeln, wie wir erwarten würden, dass jeder andere in derselben Situation auch handeln würde, weil er es will; und handeln sollte, weil es konsequent ist. Auch er setzt gewissermaßen – wenn auch aus einem anderen Ursprung heraus, nämlich dem der Vernunft und nicht dem der Tradition – eine Kenntnis dessen, was richtig und falsch ist, schon voraus. Wir wissen nach Kant sehr genau, was wir zu tun und zu lassen haben,[81] und können das auch in Prinzipien formulieren. Anderen gegenüber sind wir sehr sicher in unseren moralischen Urteilen, Forderungen und Geboten – nur für uns selbst machen wir allzu gern Ausnahmen von den bekannten Regeln. Allerdings unterläuft Kant mit der absoluten Verbindlichkeit ethischer Urteile das, was traditionell als Lebensführung verstanden wurde. Das Formale an seiner Ethik

80 Zur Bedeutung des im *Gorgias* zentralen Motivs der Scham vgl. Kobusch 1996, 50–53.

81 Ein ähnliches „apriorisches moralisches Wissen" nimmt Kobusch bei Platon an (vgl. Kobusch 1996, 55).

verliert den Umgang mit dem Handeln in der Welt, in der Auseinandersetzung mit den Dingen und im Austausch mit den anderen; zumindest lagert er solche Bezugnahmen aus der ethischen Begründung aus.

Im Utilitarismus, der Ethik John Stuart Mills, hängt das moralische Verhalten mehr am Wissen und Vorausberechnen der Folgen, die sich aus unseren Handlungen ergeben. Ein ungebildeter Mensch ist demnach gar nicht in der Lage, die ethischen Möglichkeiten zu überblicken, welche uns zur Verfügung stehen. Daraus leitet Mill die Forderung ab, dass jeder Mensch in die Lage versetzt werden soll, das zu leisten. Gut Handeln vermag nur, wer etwas weiß, und deswegen soll jeder nach seinen Möglichkeiten möglichst viel Bildung und Kenntnisse erwerben. Da das eine Frage der Erziehung ist, fordert Mill letztlich auch, dass uns die traditionellen Formen des Umgangs miteinander beigebracht und verinnerlicht werden müssen. Damit knüpft er wieder an einen dezidiert aristotelischen Gedanken an, nämlich, dass wir, um gut zu handeln, eine innere Haltung ausprägen müssen.

Philosophen geben sich mit dem Überkommenen an Verhaltensregeln in der menschlichen Gesellschaft, mit dem, was gerade als moralisch gilt, nicht zufrieden. Zwar erlebt die Reflexion darüber auch wieder eine Renaissance in Form von Klugheitslehren, der Frage nach dem guten Leben, der Verbindung zwischen Ethik, Anstand und Manieren usf., aber die großen ethischen Schriften gehen über solche Überlegungen weit hinaus. Die Grundfrage ist die nach dem Guten. Was das ist, wissen wir nicht automatisch, und vielleicht können wir diese Frage auch gar nicht beantworten. Selbst Sokrates tut sich im weiteren Verlauf seiner Argumentation in der *Politeia* mit dieser Frage sehr schwer (vgl. Borsche 1996, 113 f.).

Es gibt ein technisches Gut, das nach dem Gut für etwas fragt, ein pragmatisches Gut, das nach dem Gut für jemanden fragt, und ein metaphysisches Gut, das fragt nach dem Guten überhaupt. Die ersten beiden Arten des Guten sind uns völlig vertraut, die dritte mutet uns von vorne herein schon eigenartig oder gar überflüssig an. Zuletzt fragen wir jedoch in jedem Fall nach dem obersten Gut. Das liegt an der menschlichen Fähigkeit, immer auf ein Ganzes auszugreifen. Wenn wir dann sagen, dass die Frage nach dem metaphysischen Gut sinnlos sei, haben wir sie schon mit der zweiten Art beantwortet. Wir behaupten dann, dass das pragmatisch Gute das höchste Gut ist. Das sind wir aber nicht in jedem Fall bereit, zuzugestehen.

Platon stellt diese Fragen bereits und zieht daraus seine Konsequenzen: Dass das Gute das ist, wovon der Handelnde jeweils am meisten hat – und zwar an Reichtum, Ansehen und Macht –, will er auf keinen Fall akzeptieren. Die Redeweise von „Am-meisten-Haben" ist für Platon zweideutig. Selbstverständlich will jeder aus seinen Handlungen den meisten Nutzen ziehen. Die Frage ist jedoch, worin der Nutzen für den Menschen in seinem innersten Grund besteht: In den äußeren Gütern, im glücklichen Leben, im gerechten Leben oder in einem jenseitigen Leben?

Die eigentliche Realisierung der Idee von Gerechtigkeit, die zum Transzendenten gehört, findet sich bei Platon im gerechten Menschen, dessen Seelenkräfte ausgeglichen sind. Auf diese Feststellung will die gesamte *Politeia* hinaus. Diese Vorstellung stammt aus dem Mythos, der uns die Vorstellung von einer göttlichen Ordnung übermittelt, wie aus den Grundsätzen der hippokratischen Medizin. Das Maß für jede Ordnung ist das Gleichgewicht der wirkenden Kräfte, ob das physisch, psychisch, moralisch, politisch oder auch kosmologisch verstanden wird (vgl. Schäfer 2007, 132 f.).[82]

Für Platon – und das geht wohl auf seinen Lehrer Sokrates zurück – besteht die Ethik wie die Erkenntnis in einem Wissen um das Gute. Wie bei jedem Wissen müssen wir uns auch um eine Bestimmung des Guten bemühen und zwar im Dialog mit den anderen über die relevanten Grundlagen. Die Anwendung von Wissen, das haben wir schon gesehen, heißt auf Griechisch *techne*. Die *dikaiosyne*, das Wissen um die Gerechtigkeit, besteht ebenso wie die *politike* (die Politik), die *philosophia*, die *iatrike* (Arztkunst), die *gymnastike* oder die *mathematike* in einem theoretischen, klar bestimmten Wissen und darauf aufbauend in einer Anwendung dieses Wissens. Das sind allesamt Künste, Techniken. Als solche sind sie zunächst einmal lehrbar. Die Philosophie ist darüber hinaus eine bestimmte allgemeine Form der Beschäftigung mit den Grundlagen jeder Bestimmung. Zudem reflektiert sie auf das, was man dabei tut. Die ethischen und politischen Techniken bringen ihre inhaltlichen und methodischen Probleme mit sich. Für Platon sind sie nur in einem eigenen Verfahren, der *dialektike*, der Auseinandersetzung inner-

82 Kutschera betont zwar mehrfach die Nützlichkeit des Guten, verkennt aber die Komplexität des persönlichen Nutzens aus einer Handlung bei Platon. Die Behauptung, jeder Mensch strebt danach, was ihm am meisten nutzt, ist deswegen nicht als Utilitarismus zu deuten (vgl. Kutschera 2002/1, 27 f., einschränkend: ebd., 163).

halb eines Gesprächs, lehrbar, nicht aber unmittelbar in Form einer Belehrung.[83]

Das Wissen und das Anwenden von all dem, was sich gehört, ist der Grundbestand der Moral. Diese braucht offenbar gar keine Ethik, keine Moralphilosophie, also keine reflexive Auseinandersetzung und kein Nachdenken über die Grundlagen unseres Verhaltens in der Gemeinschaft und mit uns selbst. Die Sophisten aber haben diese Grundvoraussetzungen angegriffen: Der Mensch tut nur so, als ob er moralisch wäre, in Wirklichkeit denkt jeder nur an sich selbst und an sein Vorankommen. Jeder, der dazu in der Lage ist, kann die tradierte Moral hinter sich lassen; die ist für alle Zukunft nur noch etwas für Schwache und Feiglinge, insgesamt ist sie ein Ammenmärchen.

Platon sieht in diesen Thesen nicht nur die Gesellschaft bedroht, sondern den ganzen Menschen. Seine Reaktion besteht darin, nach einer Grundlage zu suchen, das moralische Verhalten zuerst als solches zu bestimmen und es in einem zweiten Schritt theoretisch abzusichern. Erst von diesem Zeitpunkt an können wir von Ethik sprechen, auch wenn der Name für das Unternehmen erst später von Aristoteles eingeführt wurde. Der Zeitpunkt ist aber auch der Beginn dafür, dass wir offenbar so etwas wie Ethik nötig haben. Es sind seitdem immer wieder neue Anfänge darin unternommen worden. Das Reservoir, das die zweieinhalbtausendjährige Geschichte der Ethik zur Verfügung gestellt hat, ist enorm; aber jeder von uns muss selbst herausfinden, worin für ihn das höchste Gut liegt; weder die Überlegung noch das Handeln kann uns irgendwer abnehmen.

In der *Politeia* unternimmt Platon den Versuch, zu bestimmen, was das Gute ist. Er wählt dafür das etwas ungewöhnliche Verfahren eines Vergleichs zwischen der Ordnung der Seele und der Ordnung des Staates, das schon viele Missverständnisse hervorgerufen hat.[84] Die Voraussetzung für den Vergleich liegt bei ihm in der Bestimmung dessen, was die Seele ist (vgl. Erler 2006, 111, 180 f.). Denn an diesem Ort findet alles, was Ethik und Politik ausmachen, statt. Im Großen sehen wir aber besser, meint er, und so untersucht Sokrates den gerechten Staat, um das Ergebnis dann

83 „Das Gute", so Ernst Heitsch, „ist für Platon kein denkbares Produkt, an dessen Erzeugung der Mensch beteiligt wäre, sondern jener metaphysische Faktor, der seinerseits erst Sein, Erkenntnis, Leben ermöglicht" (Heitsch 2004, 17).

84 Vgl. hierzu Höffe 1997; Blössner 2007. Für einen prägnanten und überschaubaren Versuch einer zusammenfassenden Darstellung der *Politeia* vgl. Schäfer 2010.

auf die gerechte Seele zu übertragen (vgl. z.B. Höffe 2002, 230 ff.). Die Seele, und was Platon darunter versteht (vgl. *Politeia* IV 443c–444a), hat aber eine ganz andere Ordnung als der Staat, der dann bei Platon auch arg totalitär ausfällt. Die politische Freiheit war Platon ein Greuel. Sie war verantwortlich für die Demokratie und damit für die Katastrophe Athens im Peloponnesischen Krieg. Die Quintessenz der Argumentation Platons in der *Politeia* prägte dennoch die Auseinandersetzung in der Moralphilosophie und der Politischen Philosophie bis ins zwanzigste Jahrhundert hinein: Die oberste Instanz für jedes Urteil, das gerechtfertigt werden kann, ist die Vernunft. Alles andere ist unbestimmt, unkontrolliert und unzuverlässig. Es hat keine Verbindlichkeit.

Ethik ist bei Sokrates und Platon eine Reaktion auf das Menschenbild der Sophistik. Deswegen schildert Platon den Angriff auf die tradierte Moral in immer neuen Anläufen. Er sieht sich dabei vor die Notwendigkeit gestellt, einen ganz neuen Anfang zu machen, weil die tradierten Moralvorstellungen, welche die gesellschaftlichen Verhältnisse bis dahin prägten, nicht mehr gültig sein konnten. Dabei greift er immer wieder auf traditionelle Vorstellungen zurück, ordnet diese aber neu ein (vgl. Erler 2006, 57 ff.). Die Dynamik in der Ausdifferenzierung des politischen und sozialen Ordnungsgefüges war zu seiner Zeit schon zu weit fortgeschritten. Eine allgemeine, verbindliche Antwort ist auf die Herausforderungen der Ethik und damit auf die beste Lebensweise bis heute nicht gefunden.

Weiterführende Literatur

Norbert Blössner, „The City-Soul Analogy", in: Ferrari 2007, 345–385.

Tilman Borsche, „Die Notwendigkeit der Ideen: *Politeia*", in: Kobusch u.a. 1996, 96–114.

Giovanni R.F. Ferrari, „The Three-Part Soul", in: Ferrari 2007, 165–201.

Ernst Heitsch, „Frömmigkeit als Hilfe. Bemerkungen zum *Euthyphron*", in: van Ackeren 2004, 11–21.

Otfried Höffe, „Zur Analogie von Individuum und Polis (Buch II 367e–374d)", in: Höffe 1997, 69–94.

David Keyt, „Plato on Justice", in: Benson 2009, 341–355.

Theo Kobusch, „Wie man leben soll: *Gorgias*", in: Kobusch u.a. 1996, 47–63.

Christian Schäfer, „Gerechtigkeit (dikaiosynê)", in: Schäfer 2007, 131–135.

Christian Schäfer, „Platon: Politeia", in: Heribert Huber (Hg.), *Klassische Werke zur philosophischen Ethik. Studienbuch für Philosophie- und Ethiklehrer*, Freiburg, München 2010, 30–70.

Peter Stemmer, *Platons Dialektik. Die frühen und die mittleren Dialoge*, Berlin 1992.

Eckart Schütrumpf, „Konventionelle Vorstellungen über Gerechtigkeit. Die Perspektive des Thrasymachos und die Erwartungen an eine philosophische Entgegnung (Buch I)", in: Höffe 1997, 29–54.

13. Platon und die politische Freiheit

Die Freiheit ist für unsere westliche Welt heute das höchste individuelle und politische Gut. Schon bei Platon ist dieses mit der Staatsform der Demokratie untrennbar verbunden. Doch er lehnt die Demokratie als schlechte Verfassungsart ab. Die in ihr realisierte Freiheit lässt sich von der Willkür nicht unterscheiden. Darunter versteht er, dass jeder das tut, was ihm gerade einfällt. Wenn wir aber alles als gleich und unterschiedslos hinnehmen, was uns gerade in den Sinn kommt, verlieren wir die Fähigkeit zur vernünftigen Kritik, welche die Voraussetzung darstellt, um die Ordnung in der Welt zu erkennen, und uns in unserem Leben zu orientieren.

13.1 Die Verfassungen und die Freiheit

13.1.1 Die gute Stadt und die schlechten Staaten (*Politeia* 543a ff.)

Sokrates hatte eine Art besten Staat entworfen. Auch wenn dabei häufig unbestimmt blieb, wie er sich die Realisierung eines solchen Entwurfs tatsächlich vorstellt – das belegen die Nachfragen von Glaukon und Adeimantos. Der beste Staat beruhte auf dem Kastensystem von Nährstand, Wehrstand und Herrschaftsstand. Die Besseren im Staate sollten generell über die Schlechteren herrschen. Vor allem der Wehrstand sollte die größtmögliche Freiheit des Staates garantieren, was insbesondere dadurch gesichert werden sollte, dass die Angehörigen dieser Klasse keinen Besitz haben durften, aber vom Nährstand mit allem Wichtigen versorgt werden sollten (vgl. *Politeia* 374a–d und 395c).

Sokrates hatte in *Politeia* 449a dazu angesetzt, seinem Entwurf vier schlechte und erkrankte Verfassungen gegenüber zu stellen. In *Politeia* 544c nimmt er diesen Faden wieder auf. Er unterscheidet: die ehrgeizige und streitsüchtige Monarchie, die Oligarchie, die Demokratie und die ungerechte Tyrannis. So viele Verfassungsarten es gibt, so viele unterschiedliche Menschentypen können wir annehmen, also fünf, denn die Aristokratie entspricht dem Idealentwurf.

Der beste Staat verfällt, wenn er sein bestimmendes Maß, die Ausgeglichenheit der seelischen Kräfte, verliert. Es entsteht immer irgendwo Streit. In Frage steht, wie damit umgegangen wird. Den jeweiligen Bruch sieht Sokrates in der Generationenfolge. Den Heranwachsenden wird eine Art von Unzufriedenheit mit der Art ihrer Väter eingepflanzt. Die psychische Reaktion besteht darin, dass der nächstuntere Seelenteil die Oberhand gewinnt. Im Fall der Idealform ist das der ehrgeizige und strebende Teil der Seele. Mit den Jungen verändert sich nach und nach auch der Staat, in dem sie leben. Wenn das Ehrgeizige überhandnimmt, kommt es zur Timokratie, also zur Herrschaft der Mutwilligen. Die Vertreter des Wächterstandes wollen immer mehr Kriege führen und Besitz anhäufen, zunächst im Ausland, dann auch in der eigenen Stadt. Zunächst werden die Ehrgeizigen mehr und mehr. Sie bemühen sich um Ämter und sammeln Besitztümer an. Setzt sich dieses Bestreben durch, ist fast schon eine Oligarchie entstanden. Denn wieder übernimmt die Führung der nächst darunter stehende Seelenteil. Nach den Besitztümern werden sich die Menschen, welche dazu in der Lage sind, auch den Staat unter den Nagel reißen, indem sie Gesetze durchbringen, die sie selbst immer mächtiger werden lassen, die Armen dagegen immer abhängiger. Vollzogen wird diese Verfassungsart, wenn per Gesetz nur die herrschen dürfen, welche die entsprechenden Mittel haben.

Die Oligarchie krankt offenbar schnell an sich selbst. Auf der einen Seite wird sie vom Gegensatz zwischen den Armen und den Reichen zerrissen, auf der anderen Seite züchtet diese Staatsform ehrgeizige Arme heran, welche sich mit Verbrechen über Wasser halten. Das Geld wird in solchen Gesellschaften immer wichtiger und verändert die Seelenlagen der einzelnen nach und nach. Der oligarchische Mensch unterwirft sein ganzes Streben, das Zornartige, nur mehr dem Gelderwerb. Das Geld neigt wieder zur Kumulation. Es gibt immer mehr Arme, aber weder Regierende noch Regierte finden Vorbilder in der Kunst, seine Begierden im Zaum zu halten. Sobald die Armen bemerken, dass ihre reichen Herrscher immer mehr verweichlichen, kommt es auch in der Oligarchie zum Umbruch und zur Demokratie, sei es von außen gefördert oder durch innere Umstände verursacht.

13.1.2 Die Demokratie (*Politeia* 557a–562a)

Das allgemeine Bürgerrecht in der Demokratie führt zur Verlosung der Regierungsämter. Innerhalb der Bürgerschaft richtet jeder seine Lebensweise so ein, wie es ihm gerade am besten dünkt. Das führt zunächst zu einer enormen Vielfalt. Jeder darf regieren, Krieg führen, Frieden halten, wie er gerade will. Allerdings finden keine ernsthaften Beschäftigungen mehr statt: „Dieses also, sagte ich [Sokrates], und anderes dem Verwandtes hätte die Demokratie und wäre, wie es scheint, eine anmutige, regierungslose, buntscheckige Verfassung, welche gleichmäßig Gleichen wie Ungleichen eine gewisse Gleichheit austeilt“ (*Politeia* 558c).

Da Sokrates mit den Seelenfunktionen schon in der Oligarchie ganz unten angekommen ist, erweitert er diese Stufe durch die Unterscheidung von notwendigen und nicht notwendigen Bedürfnissen. Während der oligarchische Mensch sich weitgehend auf die notwendigen Bedürfnisse beschränkt, um seinem Gelderwerb besser nachgehen zu können, nehmen beim demokratischen Menschen die nicht notwendigen Bedürfnisse immer mehr zu. Die Scham gilt dann als Dummheit, die Besonnenheit als unmännlich, die Mäßigkeit als „bäurisches und armseliges Wesen“. Dagegen nehmen Übermut, Unordnung, Schwelgerei und Unverschämtheit immer mehr zu. Sie gelten sogar noch als Wohlerzogenheit, Freisinnigkeit, Großartigkeit und mannhafte Zuversicht (vgl. ebd. 560d–561a).

Innere Bewegungen kann ein Mensch, der demokratisch gesinnt ist, kaum noch differenzieren. Zwar beschäftigt er sich auch sinnvoll, gymnastisch, politisch, aber das hat keinen Bestand, kein Maß und keine Ordnung: „So daß irgendeine Ordnung oder Notwendigkeit gar nicht über sein Leben schaltet; sondern ein solches Leben nennt er anmutig und frei und selig und hält sich überall danach“ (ebd. 561a). Der demokratische Mensch vereinigt alle Verfassungen und die unterschiedlichsten Denkungsarten auf sich. Ihm ist allerdings nichts wirklich wichtig, er lebt im Kompromiss, im Durchschnitt, ist gebildet, aber nicht zu sehr usf. Doch auch seine Freiheit kann durch den Verfassungswandel wieder untergehen.

13.1.3 Die Freiheit (*Politeia* 562a–569c)

Demokratie ist der nicht stabile Zustand einer politischen Ordnung, in der jeder sein eigener Herr ist und machen kann, was er will und was ihm gerade einfällt. Parallel zu ihrem Verfall entsteht die Tyrannei, die „rühmlichste“ aller Herrschaftsformen, an deren Spitze der Ruhmvollste steht, der Tyrann.[85] Die Ursachen für den Verfall der Demokratie und für die Herausbildung der Tyrannis sind letztlich dieselben wie bei den anderen Verfassungsübergängen.

Die Anlässe für den Wechsel von einer Verfassungsart zur nächsten sind inhaltlich verschieden, der Grund dafür besteht für Platon aber jedes Mal darin, dass die jeweilige Gesellschaftsordnung ein Übermaß von dem besitzt, was ihre Verfassung von ihrem Kern her auszeichnete. Parallel dazu verändern sich immer auch die Bürger, vor allem diejenigen, welche nach dem Übergang in der Regierungsverantwortung stehen. Platon wird dadurch zum Erfinder der politischen Soziologie.

Die Oligarchie stellte den Reichtum als höchstes Gut vor. Die Unersättlichkeit gegenüber dem Geldverdienen und die Vernachlässigung aller anderen Güter richtete sie wieder zugrunde. Die Demokratie scheint als das höchste Gut die Freiheit aller Bürger anzusehen. In allen Demokratien nämlich wird die Freiheit als das Vortrefflichste, als das Beste unter den Gütern der Bürger geschätzt. Gibt es nicht auch ein Übermaß und eine Unersättlichkeit an der Freiheit, so dass die Demokratie wieder das Korrektiv der Tyrannei braucht?

Diese Ansicht muss Sokrates begründen, nachdem sein Gesprächspartner Adeimantos zwar im Grundsatz zustimmt, die genaueren Zusammenhänge dabei aber offenbar nicht vor Augen hat. Sokrates führt Folgendes aus: In einem ersten Schritt klagt die Masse ihre demokratischen Führer an. Diese, so bringen die Leute vor, hätten eine oligarchische Gesinnung und strebten nach einer Machtfülle, die ihnen nicht zusteht. Das Volk fühlt sich dabei von ihnen zu sehr eingeschränkt, sobald die Obrigkeit nicht so schwach ist, ihnen alles zu gewähren. Im Gegenzug behandelt die Obrigkeit diejenigen, die ihr gehorchen sollen, als Untergebene und verachtet diese als knechtisch. So kommt es, dass sich die Freiheit auf immer mehr Bereiche erstreckt.

Das Übel der Freiheit schleicht sich bis in die Häuser hinein, so dass zuletzt auch das Vieh frei und ungebunden sein will; die Söhne lehnen sich gegen ihre Väter auf, so dass ein Vater anfangen muss, sich vor seinem

---

85 Hier steht zweimal *kallistos* für die Verfassung wie für den herrschenden Tyrannen. Wenn wir das nicht mit „der Schönste“ übersetzen wollen, bietet sich noch „der Trefflichste“ oder eben der „Ruhmvollste“ an.

Sohn zu fürchten, weil dieser alle Freiheiten vor jenem haben will. Auf der anderen Seite versucht der Vater dem Sohn ähnlich zu werden. Er wird kindisch, will wieder jugendlich sein und machen, was ihm gerade einfällt.

So geht es fort: Die Schüler haben bald keinen Respekt mehr vor dem Lehrer. Im Gegenzug schmeicheln diese den Lernenden. Die Jüngeren stellen sich mit den Älteren gleich und wollen schon alt, erfahren und selbständig sein, die Älteren dagegen ungebunden, frei und jugendlich. Sie nehmen deren Sprache, ihr Aussehen, deren Albernheiten usw. an. Schließlich werden sich alle Untergebenen von ihren Herren emanzipieren und – besonders schlimm offenbar – die Frauen von den Männern; am Ende gehen die Hunde, Pferde und Esel einem nicht mehr aus dem Weg, wenn sie einem auf der Straße entgegenkommen. Soweit kommt es, wenn sich die Freiheit immer mehr ausdehnt.

Die Bürger werden daraufhin völlig verweichlicht. Sie wollen keine Verpflichtungen mehr übernehmen und jede Einschränkung empfinden sie als unerträglich. Auch um die Gesetze und die Sitten kümmern sie sich nicht mehr und niemand dürfe mehr Herr über sie sein. Sokrates nennt das dann auch die „jugendliche Regierungsweise" (*Politeia* 563e).

Eben das also, was die Demokratie zur Demokratie macht, nämlich die Freiheit, knechtet sie durch dieselbe Krankheit, durch die schon die Oligarchie überwunden wurde, nämlich durch das Übermaß dessen, was sie eigentlich auszeichnen sollte. Das Ungleichgewicht, das sich zunächst nur auf das soziale Verhältnis von Regierenden und Bürgern bezieht, weitet sich immer mehr aus. Zuletzt erstreckt es sich auf die Gesetze: Erst fangen die Regierenden an, sich nicht mehr an die Gesetze zu halten, oder eben Gesetze zu machen, die nur ihnen zugutekommen, dann will auch keiner der Bürger sich mehr an diese halten. Sokrates leitet aus diesem Befund einen allgemeinen Grundsatz ab:

> „Und in der Tat, das Äußerste zu tun in irgend etwas, pflegt immer eine große Hinneigung zum Gegenteil zu bewirken, bei der Witterung, bei den Gewächsen, bei den lebendigen Körpern und ebenso auch nicht weniger bei den Staaten" (*Politeia* 563ef.).

Schier zwangsläufig verwandelt sich die größte Freiheit in die äußerste Knechtschaft. Die Krankheit des Übermaßes teilen sich alle schlechten Verfassungen. Der Umbruch geht meist von den „faulen und verschwenderischen Menschen" (ebd. 564b) aus, unter denen es einige gibt, die energisch vorangehen, und andere, die geduckt folgen.

Bei der Demokratie scheint es etwas komplizierter zu sein als bei den anderen Verfassungsübergängen. Die Krankheit breitet sich zunächst bei den Regierenden aus, welche das Prinzip der jeweiligen Verfassung vertreten. Im Grunde ist in der Demokratie jeder regierungsfähig, aber es beteiligen sich nicht alle an der Herrschaft. Aufgrund ihrer inneren Haltung verlieren die demokratischen Menschen nach und nach auch ihre Kritikfähigkeit (vgl. *Politeia* 564de).

Sokrates teilt die demokratische Verfassung in drei Teile ein: die Vorsteher des Volkes, die Besitzenden und das Volk, hier vor allem Handwerker, die nicht viel besitzen. Die schlechten Menschen unter den Regierenden führen dabei meist das Unglück herbei. Um sich an der Macht zu halten, versuchen sie, den Besitzenden etwas wegzunehmen und es dem Volk zu versprechen; freilich nicht ohne sich selbst zu bedienen. Diejenigen, welche dabei durch diese Praxis ihr Vermögen verlieren, beginnen mit „gegenseitigen Anklagen, Rechtsstreitigkeiten und Kämpfen" (ebd. 565c). Dabei werden sie immer oligarchischer gesinnt. Das Volk stellt daraufhin einen Rädelsführer an seine Spitze. Ein solcher bedient sich verstärkt der Mittel der Schuldentilgung und Grundstücksverteilung, um sich das Volk gewogen zu machen, sowie des Verwandtenmordes und der ungerechtfertigten Beschuldigungen usw.

Zu lange kann dieser die Zeit so aber nicht zubringen. Irgendwann geht er unter oder wird ein Tyrann. Zuerst wird er das Parteihaupt gegen die Vermögenden. Wenn er zu mächtig wird, werden sie ihn verbannen; kommt er aber zurück, ist er schon fast ein Alleinherrscher geworden. Um sich vor Angriffen gleich welcher Art zu schützen, wird er sich eine Leibwache zulegen, die ihm das Volk gerne gewährt, damit der „Beschützer des Volkes" selbst sicher ist. Das Volk ist nicht so sehr um den Tyrannen besorgt als vielmehr um sich selbst, weil es sich allerlei Vergünstigungen und Belohnungen von dessen Wirken erhofft.

Am Ende wird er sich zum Alleinherrscher aufschwingen müssen. Zuerst wird er allen gegenüber freundlich sein, und allen alles Mögliche versprechen. Meist zettelt er auch einen Krieg an, damit das Volk eines Anführers bedarf. Auf diese Weise wird seine Stellung gefestigt. Außerdem sind die Leute im Krieg mit andern Dingen beschäftigt und haben keine Zeit, ihm nachzustellen. Durch den Krieg und die Abgaben die er, um den Krieg führen zu können, aus dem Volk schöpft, wird er vielen verhasst werden. Diejenigen aber, die ihn vorher zur Macht gebracht haben, die werden sich spätestens jetzt über ihn beschweren, was er gewiss nicht dulden wird.

Es folgen weitere Morde gegen politische Gegner und Leute, die ihm in irgendeiner Weise gefährlich werden könnten. In seiner Stadt wird er durch solche Maßnahmen Ärger erregen. Die meisten werden sich nicht trauen, sich gegen ihn aufzulehnen. Einige Mutige aber wird es geben. Da er gegen diese vorgehen muss, rottet er in der Stadt alle aus, die noch eine rechtmäßige Gesinnung hegen – aus Schutz und zu „Zwecken der Reinigung“: Reinigung im Gegensatz zum Arzt, der nämlich merzt das Schlechte im Körper aus, der Tyrann aber alles Gute aus dem Staat. An der Macht halten kann sich der Tyrann jetzt nur noch, indem er z. B. Sklaven freilässt und sie zu seinen Leibwächtern ernennt. Nur solche Leute könnten ihm aus Dankbarkeit noch treu sein. Zudem ist er auf Auslandskontakte angewiesen, vorwiegend zu anderen Tyrannen.

Zuletzt wird er sich aber auch gegen das Volk wenden: Vielleicht kann er am Anfang, um sich zu finanzieren, die Tempelschätze plündern. Irgendwann wird er sich jedoch wieder beim Volk bedienen müssen. Auf diese Weise ist der Tyrann wie einer, der sich an seinem Vater (in der Analogie zum Volk) vergreift. So wird er vom großen Knechter am Ende selbst zum Knecht seiner Umstürze.[86] Die „selige Notwendigkeit“ zwingt ihn, in einer Stadt mit schlechten Menschen zu leben, die ihn alle hassen (*Politeia* 567cd). Ebenso geht es dem Volk: Mit der Tyrannis wollte es sich seine Freiheit sichern, die unter einer Demokratie immer zur Knechtschaft wird, wenn sie ein Übermaß an Freiheit realisieren will. Stattdessen hat das Volk sich dadurch einer Zwingherrschaft unterworfen, die von Freiheit gar nichts mehr wissen will:

86 Hieraus eine Prophetie Platons im Hinblick auf den nationalsozialistischen Terror zu sehen (vgl. Zehnpfennig 2011, 138), schießt über die Grenzen der Interpretation hinaus. Gleich im Anschluss daran davon zu reden, dass es „nur eine richtige, aber viele falsche Herrschaftsordnungen“ gibt, und dass „im besten Staat jeder Stand durch entsprechende Aufgabenteilung ebenso zu optimaler Entfaltung seiner selbst gelangt“ (ebd. 139), ist eigentümlich. Wenn die *Politeia* ein Dialog in erster Linie über die menschliche Seele und die Frage nach ihrer Gerechtigkeit ist, dann sollten wir ihre totalitären „staatstheoretischen“ Tendenzen unkommentiert nicht allzu wörtlich rezitieren. Das Analogieverhältnis von Staat und Einzelseele, das Sokrates einführt, weil wir im Großen besser sehen als im Kleinen, und weil die Gerechtigkeit in den Staat nur durch die Einzelseelen hineinkommen kann, ist ein ganz eigenes Problem (vgl. als ersten Überblick dazu Borsche 1996, 101 f.; der im Anschluss an Lear (1992) die Analogie als Isomorphie von innerer Erziehung und nach außen gewendetem Handeln deutet).

„Und dieses nun wäre, wie es scheint, die ganze eingestandene Tyrannei; und das Volk, wie man zu sagen pflegt, wäre, weil es schon dem Rauch der Knechtschaft, wie sie unter Freien ist, entgehen wollte, in die Flamme einer von Knechten ausgeübten Zwingherrschaft hineingestürzt und hätte statt jener übergroßen und unzeitigen Freiheit die unerträglichste und bitterste Knechtschaft angezogen" (*Politeia* 569c; vgl. auch schon 564a).

13.2 Der Kreislauf der Verfassungen

Das neunte Buch der *Politeia* beschreibt im Anschluss an das gerade Referierte den tyrannischen Menschen und versucht in mehreren Beweisgängen zu belegen, dass der Tyrann der unglücklichste aller Menschen sein muss. Dieses Ergebnis war eines der Ziele, welche von den Gesprächspartnern im ersten Teil des zweiten Buches formuliert wurden: Der Ungerechte kann nicht der Glücklichste sein, wie Thrasymachos behauptet hatte, sondern seine Ungerechtigkeit ist die Ursache seines persönlichen Unglücks. Ungerechtigkeit bedeutet zuletzt ein Ungleichgewicht der Seelenteile und ihrer Funktionen. Der Tyrann, der scheinbar machen kann, was er will, also die größte Freiheit auf sich zu vereinigen scheint, steht in Wahrheit unter den Zwängen seiner Herrschaft und ihrer Ausübung.

Wichtig ist zu sehen, dass Platon keine Beschreibung von realen Verfassungen gibt. Er entwirft „Idealtypen" (vgl. *Politeia* 554d; vgl. Zehnpfennig 2011, 133), während reale Staaten zumeist Mischformen darstellen. Zudem ist auch kein historischer Determinismus von Platon intendiert, der die Übergänge exakt festlegt. „Das Ganze hat also Modellcharakter", damit „das Verstehen und Beurteilen der im Alltag vorfindlichen Mischformen" (ebd.) möglich wird.

Der Übergang von der Demokratie zur Tyrannis soll für Platon gerade verdeutlichen, dass das Prinzip der Freiheit – was bei ihm so viel heißt wie: der einzelne kann machen, was er will und was ihm gerade einfällt – keine politische Ordnung begründen kann. Während in der Demokratie die Freiheit verwirklicht ist, aber dazu führt, dass alle zentripetalen Kräfte verloren gehen, weil sich in seiner Freiheit niemand mehr um die gemeinschaftlichen Aufgaben bemühen will, scheint die Freiheit innerhalb der Tyrannis nur noch bei einem einzelnen anzutreffen zu sein. Tatsächlich jedoch hat diese sich gerade im Tyrannen verflüchtigt: Seine

Zwangsherrschaft beruht auf seiner eigenen Knechtschaft, im Inneren wie im Äußeren. Er ist in all seinem Handeln bestimmt und gezwungen.

Sehr auffällig sind die langsamen Übergänge der einzelnen Verfassungen ineinander. Offenbar hat Sokrates keine reinen Typen politischer und bürgerlicher Gesinnung im Sinn, sondern Mischformen, welche sich in die konkreten gesellschaftlichen Verhältnissen niederschlagen. Der Keim des Verfalls ist trotz nach außen gekehrter Glückseligkeit der Bürger am Anfang jedes politischen Modells, das vom Idealzustand der Philosophenherrschaft abweicht, schon angelegt. Am stabilsten ist der Idealentwurf, weil dieser nach der rechten Seelenordnung des einzelnen angelegt ist. Aber selbst innerhalb dieser vollkommenen Ordnung besteht die Möglichkeit des Verfalls, aus dem Platon kein Entrinnen hin zu einer neuen vernünftig begründeten Handlung sieht (vgl. Zehnpfennig 2011, 133f.). Der ideale Staatsentwurf ist sozusagen immer ein totaler Neuanfang. Einmal instabil geworden, wechseln sich die schlechten Verfassungen nach und nach ab, ohne organisch aus diesem Kreislauf ausbrechen zu können.

Polybios, ein griechischer Geschichtsschreiber des zweiten vorchristlichen Jahrhunderts, hat im sechsten Buch seiner *Historiai* das Modell vom Verfall aufgegriffen und modifiziert. Er unterscheidet zwischen guten und schlechten Verfassungsordnungen. Die Monarchie bzw. das Königtum verwandeln sich unter dem Generationenwechsel zur Tyrannis.[87] Eine kleine Anzahl Mutiger stürzt, wenn es zu arg wird, den Tyrannen, um eine Aristokratie zu gründen. Diese gute Staatsverfassung verwandelt sich nach und nach in eine Oligarchie, die, wenn die Menschen in ihr immer schlechter werden zur Plutokratie, zur Herrschaft der Reichen, und zur Timokratie verfällt. Sobald das Volk dagegen aufbegehrt, stürzt es diese Herrschaft und errichtet eine Demokratie, die zu den guten Verfassungen zählt. Da diese sich aber zur Pöbelherrschaft, zur Ochlokratie, verändert, tritt irgendwann wieder ein einzelner auf, der an den Anfang des Kreislaufes zurückkehrend eine Monarchie oder ein Königtum begründet.

87 Die Ursachen für den Wandel der Verfassungen sind immer vielfältig. Die „Initiative" geht sicher von den Regierenden aus, der Umbruch erfolgt dagegen durch diejenigen, welche gerade am meisten zu leiden und mutig genug dazu sind (vgl. Zehnpfennig 2011, 134f.). Vgl. zum Verfassungswandel bei Platon grundsätzlich auch die exzellente Darstellung und Diskussion bei Frede 1997; vgl. zur gerechten und ungerechten Lebensweise Kraut 1997.

Polybios war eine griechische Geisel in Rom, der das Glück hatte, bei einer der führenden Familien der Republik unterzukommen. Er begleitete die Scipios auf deren Feldzügen und lernte das römische Verfassungssystem dadurch aus nächster Nähe kennen. Die römische Militärverfassung schien ihm für die Ewigkeit gemacht. In Rom hatte man es seiner Ansicht nach geschafft, sämtliche guten Verfassungsformen ineinander zu integrieren: An der Spitze zwei Könige (*consules*), die jährlich wechselten, oberstes Staatsorgan eine aristokratische Versammlung (*senatus*) und in wichtigen Fragen, z. B. über Krieg und Frieden, sowie zur Wahl der Beamten, entschied das Volk, also die freien Bürger Roms. Doppelmonarchie, Aristokratie und Demokratie waren damit aufs Stabilste verbunden. Der immer drohende Verfall und der ewige Kreislauf der Verfassungen waren durchbrochen.

Wenn Rom auch nicht ewig währte, so hatte es bereits eine Reihe von Institutionen ausgeprägt, die vor allem in einem formalen Rechtssystem und einer Verfahrensordnung für politische Entscheidungen bestanden. Freilich hat erst die Stabilisierung dieser Institutionen die unterschiedlichen gesellschaftlichen Ordnungen festigen können. Dieser Umstand ist aber erst eine Errungenschaft der Moderne, an der wir heute immer noch arbeiten müssen. Gemeinhin ist man im Politischen an einer Stabilisierung der Ordnung interessiert. Es darf dabei aber nicht vergessen werden, dass sich die politischen Anforderungen ändern. Die „Reform" ist deswegen das Mittel der Wahl, um unter fest stehenden Bedingungen einer menschenrechtsbasierten Grundordnung politisch auf solche Änderungen zu reagieren, dabei aber die Stabilität zu wahren. Eine Diskussion darum konnte Platon nicht beginnen, weil er staatstheoretisch erst am Anfang einer langen Ideenentwicklung stand.

13.3 Platon und die Demokratie

Platons Abneigung gegen die Demokratie ist bekannt. Als Gründe lassen sich denken: Sein Lehrer Sokrates ist unter den Bedingungen der Demokratie ums Leben gekommen. Platon stammt aus einer aristokratischen Familie; auch wenn seine Aristokratie eine Herrschaft der Besten und nicht die der Aristokraten ist. In Platons Jugend fallen die Auswüchse der Athener Demokratie im Peloponnesischen Krieg. Die politische Ordnung hat für ihn analog zur Seelenordnung zu erfolgen. Da diese aber eine hierarchische Struktur aufweisen muss, damit darin die Vernunft herrschen kann, muss die politische Struktur ebenso hierarchisch aufgebaut sein. In dieser herrschen die Vernünftigen, weil diese am besten für das Gemeinwohl sorgen können.

Die *Politeia* ist letztlich ein Dialog über die Seelenordnung. Die Diskussion um den Staat entspinnt sich nur aufgrund der angenommenen Entsprechung der Einzelseelen der Bürger und der politischen Seele ihrer Gemeinschaft. Platon lässt Glaukon und Adeimantos immer wieder Kritik an den Realisierungsmöglichkeiten seines Entwurfs vorbringen, auch wenn Sokrates seine Gesprächspartner mit der Antwort auf die aufgeworfenen Fragen konsequent vertröstet (vgl. z. B. *Politeia* 471c–e, 487a–d). In den *Nomoi* hat Platon seine Demokratiekritik beibehalten. Dort entwirft er eine Ordnung der Gesetze (vgl. Erler 2006, 187–191), die im Wesentlichen ähnliche Institutionen vorsieht wie die *Politeia* (vgl. ebd. 188). Insgesamt aber „berücksichtigt Platon in höherem Maß als früher die lebensweltliche politische Realität" (ebd., 186).

Wir können seine Demokratiekritik aber auch als eine Überspitzung bestimmter Tendenzen innerhalb der demokratischen Ordnung lesen (vgl. Zehnpfennig 2011, 137). Eines ihrer Grundprobleme liegt darin, woher die gemeinsam getragene Ordnung kommt. Wenn in der Demokratie jeder frei ist, kann er es sich auch jederzeit anders überlegen und dann kurzfristige egoistische Interessen verfolgen. Das ist gerade das Einfallstor der Demagogen, welche ihre Rednergabe nutzen, um das Volk davon zu überzeugen, deren Interessen wären die des Volkes.

Da der Philosoph in der Definition Platons nur an der Wahrheit interessiert ist, kennt er keine persönlichen Interessen. Die Ordnung für das Gemeinwohl, das, was Gesetze leisten sollen, beruht, wenn sie vom Philosophen stammen, auf Einsicht und Vernunft (vgl. Zehnpfennig 2011, 112–116).[88] Diese Machtvergessenheit wirkt bei der Gestaltung des politischen Systems gerade daraufhin, dass ein Ausgleich der Seelenkräfte bewirkt wird. Das Ordnungsgefüge darf deswegen nicht von der Meinung der Masse abhängig gemacht werden, weil die in den seltensten Fällen durch die Vernunft geleitet ist. Dagegen wird freilich ebenso eingewendet,

88 Diese Ordnungsvorstellungen und ihre Parallelität innerhalb der Seele, des Staats, der Vernunft und des gesamten Kosmos sind auffällige Züge, welche in den Dialogen immer wieder auftauchen (vgl. für den *Politikos* z. B. Schäfer 2014, 220 f.).

dass es diesen vollkommenen Menschen, der nicht an seine eigenen Interessen denkt, womöglich gar nicht gibt.

Die wesentlichen Bedingungen der Demokratie liegen in der Freiheit und in der Gleichheit. Die Freiheit führt zur Ordnungslosigkeit und Willkür, die Gleichheit zur Unterschiedslosigkeit und zur Kritikunfähigkeit. Die Begriffe von der Vernunft und von der Wahrheit legen fest, was zu gelten hat, sie sind dem Belieben entzogen. Diesem Dilemma ist im Grunde nicht zu entrinnen. Dass es verschiedene berechtigte politische Orientierungen gibt, macht die Sache nicht einfacher. Die Demokratietheorien seit dem siebzehnten Jahrhundert haben deswegen darauf gesetzt, dass es einen Unterschied zwischen Freiheit und Gleichheit gibt, und dass sich die beiden Elemente ergänzen und gegenseitig kontrollieren müssen.

Zu viel Gleichheit schadet der Freiheit, denn sie verwischt die Unterschiede der Kritik. Die Freiheit dagegen kann nicht in der Willkür liegen. Als Freiheit des Denkens, als Freiheit der Vernunft, welche nach Erkenntnis und rechter Ordnung strebt, wird sie von Platon sogar verteidigt. Nur gegen die unüberlegte Beliebigkeit, weil diese gerade die Vernunft und die Anstrengung des eigenen Nachdenkens ausschaltet und zudem obsolet macht, wendet er sich.

Ein weiterer Punkt, den später Alexis de Tocqueville und John Stuart Mill besonders hervorgehoben haben, liegt in der politischen Bildung. Platon hat dem Bürger in diesem Feld offenbar wenig zugetraut. Bestünde die Möglichkeit, dass sich die Vernunft auf mehrere Köpfe stützt, müsste auch Platon ein anderes Verhältnis zur Demokratie entwickeln. Aristoteles scheint generell sehr viel mehr Vertrauen in die Vernunftfähigkeit der Vielen gesetzt zu haben. Wer von den beiden dahingehend „realistischer" ist, ist eine eigene Frage.

Eine ganze Reihe von Umständen, welche unsere moderne Demokratie heute maßgeblich prägen, konnte Platon nicht kennen. Hierzu gehören: ein formales Rechtssystem, politische Dezentralisierung angesichts eines regional übergreifenden Staates, Gewaltenteilung, ein echtes Repräsentationssystem und die stabilisierende Wirkung von Institutionen. Ein weiterer Punkt, der in seiner Lehre vom Wechsel der Verfassungen zwar enthalten, in seiner Bedeutung allerdings unterschätzt wird, besteht in den sozialen Veränderungen. Aristoteles hat dies als Philosoph der lebendigen Bewegung viel klarer gesehen. Für ihn gibt es nicht ein verbindliches Modell vom Staat, auch wenn er eine deutliche Vorliebe für die freie Bürgerschaft innerhalb dessen, was er „Politie" nennt, hegt. Er ist aber nicht der Meinung, dass alle anderen politischen Realisierungsformen politische Derivatsysteme sind. Für ihn ist klar, dass für unterschiedliche Kulturen und gesellschaftliche Konstellationen jeweils verschiedene Verfassungen geeignet sind, und dass sich diese den sozialen Veränderungen anpassen.

Bezeichnend ist, dass wir über die Kritikpunkte Platons an der Demokratie noch nicht wirklich hinaus sind. Auch für Alexis de Tocqueville, ein bedeutender Staatsdenker des neunzehnten Jahrhunderts, drohen der Massendemokratie jederzeit der Terror der öffentlichen Meinung und die Herrschaft der Mehrheit, die zu einem Konformismus und Anpassungsdruck führen, welche die Freiheit des einzelnen bedroht.[89]

Für Platon hat die Philosophie die Aufgabe, ein politisches Ordnungssystem zu entwerfen, in dem das politische Handeln darauf gerichtet ist, die harmonische Seelenordnung des einzelnen bestmöglich zu gewährleisten. Auch wenn ihm bewusst ist, dass sich in der Realität solche Ordnungsvorstellungen nicht durchsetzen lassen, die sich allein an der obersten Instanz der Vernunft bemessen, ist er davon überzeugt, dass mit der vernünftigen Überlegung ein Orientierungsmaßstab gefunden und begründet werden kann, nach welchem sich die Frage nach der sinnvollen Ordnung beantworten lässt. Was er dabei unterschätzt, sind die unterschiedlichen Bereiche unserer Seelenfunktionen, d. h. unsere Möglichkeiten, sich an „Ideen" zu orientieren, die eben nicht, wenn sie nur konsequent genug umgesetzt werden, zwangsläufig harmonieren, sondern durchaus in Widerstreit zueinander stehen.

Politische Systeme leben von diesen Spannungsverhältnissen, die ständig austariert werden müssen. In der Demokratie sind das vor allem die Güter von Gleichheit und Freiheit. Diese müssen erst abgesichert werden, z.B. durch die Möglichkeit, dass jeder seine Meinung frei äußern darf. Eine erhebliche Relevanz haben allerdings auch Momente wie unser Vertrauen in die staatliche Verwaltung oder unser Rechtssystem. Diese Institutionen sind ständig in Gefahr, die Gleichheit zu verletzen, oder durch zu große Gleichheit die Freiheit soweit einzuschränken, dass ihr kein Spielraum mehr bleibt.

89 Vgl. Tocqueville in seinem Werk *Über die Demokratie in Amerika*, erster Band, II. Teil, 7. Kapitel.

13.4 Platon und die Freiheit

Heute gilt die Freiheit als eines der höchsten Güter. Bei Platon ist sie notwendig mit der Demokratie verbunden, und kommt deswegen schlecht weg. Der griechische Begriff der Freiheit (*eleutheria*) ist eindeutig politisch konnotiert (vgl. Cürsgen 2007, 121) und meint die Selbstbestimmung des Gemeinwesens und seiner Bürger. Erst mit der Demokratiebewegung in Athen im fünften vorchristlichen Jahrhundert konnte das immer individualisierter verstanden werden, blieb damit aber auf den politischen Kontext verwiesen. Die Individualisierung übertrug die Vorstellung von der Willkür, welche der Vorstand über sein Haus hatte, gewissermaßen auf den öffentlichen Bereich politischer Entscheidungen. Historisch führte das zur Katastrophe der Athener in Sizilien und zu den politischen Verwerfungen infolge des verlorenen Krieges gegen Sparta.

Bei Aristoteles wird deutlich, dass die politische Unabhängigkeit der griechischen Staaten schon bei der Nahrungsversorgung ihrer Bürger schnell an ihre Grenzen stößt (*Politik* 1326b, 1291a). Wie Gigon betont, gibt es dort kein Territorium, das ohne ausländische Getreidelieferungen auskäme (vgl. Gigon, Zimmermann 1975, 66). Diese Ambivalenz der Selbstbestimmung (*autarkeia*) im Politischen tritt ebenso bei Entscheidungen des Menschen auf (vgl. Fröhlich 2007, 52 f.). Zwar fehlt dem griechischen Wortschatz ein entwickelter Willensbegriff (vgl. Dihle 1985), handlungstheoretisch lassen sich aber bereits Momente des Abwägens, der Absicht, der Freiwilligkeit und der Unfreiwilligkeit, der vorgängig überlegten Wahl und des Entschlusses unterscheiden (vgl. Cürsgen 2007, 122, vgl. Baumgarten 2009, 167 f.).

Mit Platon gewinnt die Freiheit eine zunehmende Komplexität, indem er versucht, die aufgetretenen Ambivalenzen des Begriffs auszudifferenzieren. Als Kennzeichen der Demokratie ist die Freiheit von der Willkür, der Unbestimmtheit und der Unordnung nicht zu unterscheiden. Zunächst interpretiert er die Vernunft als seelische Instanz, sich von den anderen Seelenkräften zu befreien. „Herrschaft der Vernunft" heißt negativ, frei zu sein von Begierden, von Lüsten und von allen Strebungen, welche nicht unmittelbar aus der Vernunft hervortreten. Im Politischen ist der freie Bürger lieber tot als einer fremden Macht unterworfen (vgl. Cürsgen 2007, 121), und so zieht auch Sokrates den Tod einem Leben vor, das ihn nicht mehr seinem göttlichen Auftrag der Prüfung der Lebensführung erfüllen lässt. Die gewonnene Freiheit durch den Aufstieg aus der

Höhle in das Licht der Erkenntnis wird bezahlt durch die erzwungene Rückkehr, um auch die anderen zu befreien, was ihn allerdings mit dem Tode bedroht. Ebenso üben die Philosophenkönige ihre Herrschaft (*Politeia* 521a, 540b) unfreiwillig aus (vgl. Cürsgen 2007, 122).

Die höchsten Güter stehen bei Platon immer für sich, das Gute, das Schöne, das Wahre, die Ordnung usf. Alle Störungen dieser Güter mögen faktisch vorkommen, das Böse, das Hässliche, das Falsche, die Unordnung; die Güter kommen aber auch ganz gut ohne ihre Privationen aus. Freiheit kann dagegen nichts sein, was für sich steht, was Selbstzweck ist. Sie steht immer in Relation zu anderen Gütern oder Erscheinungen. Für Platon lässt sich ein Begriff des Guten denken, der alles umfasst, was gut ist und so genannt werden kann; auch wenn das kein Gegenstand des Erkennens, sondern einer des Erstrebens ist. Die Freiheit kennt kein „für sich", niemand ist „schlechthin frei"– weder faktisch noch dem Begriff nach.

Wir können von physischer, seelischer, geistiger, sozialer oder politischer Freiheit reden. Das setzt aber immer eine Einbettung unserer Existenz in die genannten Bezüge voraus. Freiheit ist nie total – dann ließe sie sich von Willkür nicht unterscheiden –, sondern immer auf etwas Bestimmtes hin relativ. Ihre Bestimmung liegt in einer Entscheidung, in der Alternative oder im Extremfall in der schlichten Verweigerung, in der Fähigkeit zum: „Nein". Die Freiheit steht somit in einem Spannungsverhältnis zum Notwendigen. Im Schlussmythos der *Politeia* tritt die Notwendigkeit als Göttin Ananke auf.[90] Das drückt unsere Bindung an den Leib,[91] an unsere endliche Existenz,[92] an unser Geschlechtsleben,[93] an Gesetze,[94] an logisch-erkenntnistheoretische oder mathematische Zusammenhänge aus.[95] An einigen dieser vielen Stellen tritt deutlich hervor, dass die Vernunft die Notwendigkeit gewissermaßen aufheben kann. Allerdings wird dadurch immer eine neue Notwendigkeit begründet. Im

90 Vg. *Politeia* 616c; vgl. hierzu auch Cürsgen 2007, 123.

91 Vgl. *Phaidon* 82e–84b; *Politeia* 559ab, 617bc, 620ef.

92 Vgl. *Kratylos* 403cff.; *Politeia* 369d, 458d, 574bc; *Nomoi* 918e, 920b.

93 Vgl. *Politeia* 458d, *Phaidon* 240c.

94 Vgl. *Protagoras* 322c; *Gorgias* 483ef.; *Politeia* 519ef.

95 Für das Letztgenannte vgl. *Politeia* 484bc; *Theaitetos* 160b, 162e; *Phaidon* 76e; *Symposion* 200a; *Nomoi* 818a–d; im gesamten Timaiosmythos, vor allem *Timaios* 40e, 46c–48a.

Symposion wird Ananke von Eros besiegt, bevor dieser sich auch alle anderen Götter unterwirft.[96] Der Zwang muss der Liebe weichen.

13.5 Der Mythos des Pamphyliers Er (*Politeia* 613e–621d)

Die Bindung durch die Notwendigkeit ist bei Platon nie nur schlecht. Sie vermittelt vielmehr Halt. Der ganze Kosmos besteht in einer Verbindung von Notwendigem und Freiem, wie Timaios in seiner Erzählung ausführt. Die wichtigste Wahl haben wir nach Platon in der Entscheidung, wer wir überhaupt sein wollen, d.h. welches Leben wir führen wollen. Auch da herrscht bekanntlich alles andere als Beliebigkeit. Platon thematisiert dieses Problem im Schlussmythos der *Politeia*, in der Erzählung des Pamphyliers Er, der dem Tod entrann, damit er die Geschichte vom Jenseits erzählen kann (vgl. *Politeia* 613e–621d; vgl. auch Halliwell in Ferrari 2007). Die Seelen müssen sich, so führt Platon aus, nachdem sie für ihr vorheriges Leben schon gebüßt haben oder dafür belohnt wurden, ein neues Lebensmodell wählen (*Politeia* 617d). Dazu wirft ein *prophetos* Lebenslose vor die Seelen. Jede nimmt sich eines, das seinen *daimon* bestimmt. Die „Umrisse der Lebensweisen“ breitet er dagegen vor ihnen aus und jede kann selbst wählen, wie sie es treffen will (vgl. auch Alt 2014, 146f.). Die Wahl wird dann von den Töchtern der Ananke, der Notwendigkeit, Lachesis, Klotho und Atropos, in die achtfach verdrehte Spindel der Notwendigkeit eingeflochten und festgezurrt.

An dieser Stelle der Erzählung schaltet sich Sokrates ein. Das bedeutet, dass etwas Wichtiges folgt. Der Mythos schafft offenbar nur den Rahmen. Die Ausdeutung und Ermahnung, die Sokrates Glaukon und uns gegenüber einführt, hat dagegen mit dem Jenseits und der Geschichte gar nichts zu tun. Der Mythos verschiebt nur das in eine andere Welt, was die Entscheidung in dieser Welt angeht. Platon führt damit eine ganz neue Vorstellungskategorie ein. Nach den großen Tragikern, mehr noch bei Homer, ist der Mensch ein Spielzeug der Götter. Er hat sein Schicksal zu tragen, wie diese es ihm zulosen. Platon dagegen verbindet durch seine Geschichte von der Wahl der Lebenslose die äußere Notwendigkeit mit der freien Wahl des einzelnen und seiner Verantwortung dafür (vgl. Droz

96 Vgl. *Symposion* 197ab und 195bc.

1992, 142 ff.) – nicht ohne darauf hinzuweisen, dass die Wahl durch die Einsicht erfolgt:

„Hierauf nun eben, o lieber Glaukon, beruht alles für den Menschen, und deshalb ist vorzüglich dafür zu sorgen, daß jeder von uns mit Hintansetzung aller anderen Kenntnisse nur dieser Kenntnis nachspüre und ihr Lehrling werde, wie einer dahin komme, zu erfahren und aufzufinden, wer ihn dessen fähig und kundig machen könne, gute und schlechte Lebensweise unterscheidend, auf allen vorliegenden immer und überall die beste auszuwählen, alles eben Gesagte und untereinander Zusammengestellte und Verglichene [die zehn Bücher der *Politeia*; GF], was es zur Tüchtigkeit des Lebens beitrage, wohl in Rechnung bringend, und zu wissen, was zum Beispiel Schönheit wert ist mit Armut oder Reichtum gemischt und bei welcher Beschaffenheit der Seele sie Gutes oder Schlimmes bewirkt und was gute Abkunft und schlechte, zurückgezogenes Leben und staatsmännisches, Macht und Ohnmacht, Vielwisserei und Unkunde und was alles dergleichen der Seele von Natur Anhaftendes oder Erworbenes miteinander vermischt bewirken, so daß man aus allen insgesamt zusammennehmend, auf die Natur der Seele hinsehend, die schlechtere und die bessere Lebensweise scheiden könne, die schlechtere diejenige nennend, welche die Seele dahin bringen wird, ungerecht zu werden, die bessere aber, welche sie gerecht macht, um alles andere aber sich unbekümmert sein lassen; denn wir haben gesehen, daß für dieses Leben und für das nach dem Tode dieses die beste Wahl ist“ (*Politeia* 618b–e).

Die Menschen sehen zumeist nur auf bestimmte Aspekte des Lebens und meinen damit schon alles gewonnen zu haben. Nach Sokrates ist es dagegen am sichersten, sich schon vorher in der Seele Beurteilungsmaßstäbe zu bilden, denn ein ganzes Leben vermögen wir nicht ohne weiteres zu übersehen. Die Vernunft wird ein „mittleres Leben wählen und sich vor dem Übermäßigen nach beiden Seiten hin hüten … . Denn so wird der Mensch am glücklichsten“ (ebd. 619a).

Nachdem sie gewählt haben, werden die Seelen an den Fluss Ameleta, was „sorglos“ bedeutet, geführt, um daraus zu trinken. Dadurch erinnern sie sich an nichts mehr; und je mehr sie trinken, desto nachhaltiger vergessen sie alles. Danach werden sie wieder geboren. Das Leben allerdings, das sie gewählt haben, müssen sie führen!

Weiterführende Literatur

Karin Alt, „Zu einigen Problemen in Platons Jenseitsmythen und deren Konsequenzen bei späteren Platonikern", in: Janka u.a. 2014, 137–156.

Hans-Michael Baumgarten, „Handlungstheorie", in: Horn u.a. 2009, 164–168.

Tilman Borsche, „Die Notwendigkeit der Ideen: *Politeia*", in: Kobusch u.a. 1996, 96–114.

Dirk Cürsgen, „Freiheit/Notwendigkeit (anankê)", in: Schäfer 2007, 121–124.

Dorothea Frede, „Die ungerechten Verfassungen und die ihnen entsprechenden Menschen (Buch VIII 543a–IX 576b)", in: Höffe 1997, 251–270.

Günter Fröhlich, „Autarkie (autarkeia)", in: Schäfer 2007, 52–54.

Richard Kraut, „Plato's Comparison of Just and Unjust Lives (Book IX 576b–592b)", in: Höffe 1997, 271–290.

Christian Schäfer, „Herrschen und Selbstbeherrschung. Der Mythos des *Politikos*", in: Janka u.a. 2014, 203–224.

Kommentiertes Literaturverzeichnis

Textausgaben

Thrasyllus von Mendes hatte im Jahr 36 n.Chr. die vollständig erhaltenen Werke Platons in neun Tetralogien herausgegeben. Platon wird generell nach der Stephanus-Paginierung (Name des Dialogs oder Abkürzung desselben, arabische Ziffer, Buchstaben a–e; hinzugefügte Zeilenangaben beziehen sich immer auf die Oxford-Ausgabe) zitiert; Henricus Stephanus hatte 1578 in Paris eine Ausgabe der Schriften Platons in drei Bänden herausgegeben. Als neuere Ausgaben sind zu empfehlen:

Platonis Opera, recognovit brevique adnotatione critica instruxit, ed. by Ioannes Burnet, Oxford 1900–1907, 5 Bände (zahlreiche Neuauflagen). Die Ausgabe bringt den verbindlichen griechischen Text. Eine Neuausgabe ist seit 1995, ediert von E.A. Duke, in Arbeit, von der bereits einige Bände erschienen sind.

Platon, *Sämtliche Werke*, sechs Bände, hg. v. Walter F. Otto, Ernesto Grassi, Gert Plamböck, übers. v. Friedrich Schleiermacher (*Nomoi* von Hieronymus Müller), Hamburg 1957–1959 (mehrere Neuauflagen).

Platon, *Werke in acht Bänden*, griechisch und deutsch, hg. v. Gunther Eigler, übers. v. Friedrich Schleiermacher, teilweise von Hieronymus Müller und Klaus Schöpsdau, unterschiedliche Bearbeiter, Sonderausgabe, Darmstadt 1990. (der griechische Text folgt der Ausgabe Louis Bodin, Auguste Diès, Émile Chambry u.a., Paris 1955–1974).

Platon, *Sämtliche Dialoge*, übers. v. Otto Apelt, Hamburg 1993.

Plato: Texte zur Ideenlehre, hg. u. übers. von Hans-Georg Gadamer, Frankfurt a.M. [2]1986.

Die wichtigste Neuübersetzung der Werke Platons mit ausführlichen Kommentaren wird von Ernst Heitsch, Carl W. Müller und Kurt Sier bei Vandenhoeck und Ruprecht in Göttingen seit 1993 herausgegeben. Bisher sind erschienen:

Apologie des Sokrates (Ernst Heitsch) ²2004; Übersetzung bei UTB 2014 – *Euthyphron* (Maximilian Forschner) 2013 – *Gorgias* (Joachim Dalfen) 2004; Übersetzung bei UTB 2014 – *Größerer Hippias* (Ernst Heitsch) 2011 – *Kritias* (Heinz-Günther Nesselrath) 2006; Übersetzung bei UTB 2014 – *Laches* (Jörg Hardy) 2014 – *Lysis* (Michael Bordt) 1999 – *Minos* (Joachim Dalfen) 2009 – *Nomoi Buch I–III* (Klaus Schöpsdau) 1994 – *Nomoi Buch IV–VII* (Klaus Schöpsdau) 2003 – *Nomoi Buch IIX–XII* (Klaus Schöpsdau) 2011 – *Phaidon* (Theodor Ebert) 2004; Übersetzung UTB 2014 – *Phaidros* (Ernst Heitsch) ²1997 – *Philebos* (Dorothea Frede) 1997 – *Politikos* (Friedo Ricken) 2008 – *Protagoras* (Bernd Manuwald) 1999 – *Theages* (Klaus Döring) 2004.

Handbücher und Lexika

Handbücher und Lexika sind wichtige Nachschlagewerke zu einzelnen Begriffen. Da Platon ein dezidiert unterminologischer Autor ist, also seine Begriffe nicht einheitlich gebraucht, sondern diese innerhalb eines Dialogs und vor allem zwischen den Dialogen in ihrem Bedeutungsgehalt unterschiedlich verwendet, stehen Handbücher zu Platon vor dem Dilemma, einerseits den jeweiligen Begriff in seiner Hauptbedeutung zu klären, andererseits dessen Bedeutungsumfang aufzuweisen sowie diesen anhand von Textstellen zu belegen. Angesichts geringer Textkenntnis wird der Anfänger in Platons Philosophie durch Handbücher schnell verwirrt. Für den fortgeschrittenen Leser Platons sind diese und die Lexika dagegen ein unverzichtbares Hilfsmittel, weil sie einen schnellen Überblick verschaffen, in welchen Kontexten Platon seine Begriffe verwendet. Ebenso helfen die Handbücher, sich einen ersten Überblick über die Forschungslage bei einzelnen Problemen zu verschaffen; dazu sind die jüngeren Erscheinungen zu verwenden:

Olof Gigon, Laila Straume-Zimmermann, *Platon, Lexikon der Namen und Begriffe*, Zürich, München 1975.

H. Perls (Hg.), Lexikon der Platonischen Begriffe, München, Bern 1973.

Christian Schäfer (Hg.), Platon-Lexikon. Begriffswörterbuch zu Platon und der platonischen Tradition, Darmstadt 2007, ²2013.

Neben der Erläuterung der wichtigsten Begriffe führt das nachfolgende Handbuch auch in Platons Leben, Werk, geistiges Umfeld, Tradition, Nachwirkung und Schreibweise ein und bietet einen Aufriss seiner zentralen Themen- und Problemfelder:

Christoph Horn, Jörn Müller, Joachim Söder (Hg.), *Platon-Handbuch. Leben – Werk – Wirkung*, unter Mitarbeit von Anna Schriefl und Simon Weber, Stuttgart 2009.

Kommentare

Philosophische Kommentare sind Beiträge entweder von einzelnen Autoren (vgl. auch die zu den Neuübersetzungen des Heitsch-Platon mitgegebenen) oder von verschiedenen Autoren (Cambridge Companion, WBG sowie die im Akademie-Verlag erscheinende Klassiker-Auslegen-Reihe) zu relativ geschlossenen Abschnitten verfasste Interpretationen mit umfassenden Stellenangaben zum Verständnis, zu schwierigen Fragen und zur Forschungslage einzelner Dialoge. Das Verfassen von Kommentaren ist eine langwierige Aufgabe, weil es bei Platon viele Stellen gibt, die ganz unterschiedlich interpretiert werden können. Zu ihm und seinen Dialogen sowie zu einzelnen Problemen findet sich zudem eine Unzahl an Sekundärliteratur. Für das genaue Verständnis einzelner Passagen ist es ratsam, die entsprechenden Kapitel der Kommentare zu studieren. Einen Kommentar im Ganzen durchzulesen ist für den Anfänger in Platons Philosophie aber ähnlich verwirrend wie die oberflächliche Lektüre eines einzelnen Dialogs. Alle im Folgenden aufgeführten Kommentare sind von namhaften Platon-Forschern erarbeitet und durchweg zu empfehlen.

Giovanni R.F Ferrari (Hg.), *The Cambridge Companion to Plato's Republic*, Cambridge 2007.

Dorothea Frede, *Platons „Phaidon". Der Traum von der Unsterblichkeit der Seele*, Darmstadt 1999, [2]2005.

Oliver Hallich, *Platons „Menon"*, Darmstadt 2013.

Otfried Höffe (Hg.), *Platon: Politeia*, Berlin [3]1997, Neuauflage 2005, 2011.

Christoph Horn (Hg.), *Platon: Symposion*, Berlin 2012.

Christoph Horn (Hg.), *Platon: Gesetze/Nomoi*, Berlin 2013.

Wolfgang Kersting, *Platons „Staat"*, Darmstadt [2]2006.

Jörn Müller (Hg.), *Platon: Phaidon*, Berlin 2011.

Überblicksdarstellungen

Michael Bordt, *Platon*, Freiburg i.Br. 2004.

Ganz ausgezeichnet geschriebene und für den Anfänger mit Platons Philosophie sehr geeignete Einführung, die sich auf wenige, wenn auch wichtige Aspekte beschränkt. Vor allem die Ideenlehre nimmt breiten Raum ein. Der Facettenreichtum platonischen Argumentierens lässt sich angesichts der knappen Darstellung allerdings nur erahnen. Am Ende des Buches werden die Dialoge inhaltlich kurz skizziert.

Walter Bröcker, *Platos Gespräche*, Frankfurt a.M. ^{5}1999.

Zusammenfassung und erste Interpretation der meisten Dialoge Platons. Der Zweck des Buchs liegt mit den Worten des Autors darin, „eine Anleitung zum Lesen der platonischen Gespräche" zu liefern. Es fehlt eine Besprechung der Dialoge „ohne philosophische Relevanz" sowie die nach Meinung von Bröcker unechten Dialoge, z. B. die *Nomoi*.

Michael Erler, *Platon*, München 2006.

Von Haus aus klassischer Philologe erreicht Erler immer sehr schnell ein relativ hohes technisches und methodisches Reflexionsniveau, dem der Anfänger nicht immer gleich folgen können dürfte. Seine Arbeiten tragen zudem eine Fülle von Informationen vor, welche das Verständnis zuweilen erschweren. Daneben ist Erler ein profunder Kenner, der sprachlich ansprechend schreibt, und einen sehr genauen Blick für die wesentlichen Momente in Platons Philosophie hat. Die Lektüre ist für etwas fortgeschrittene Leser durchweg empfehlenswert.

Franz von Kutschera, *Platons Philosophie*, drei Bände, Paderborn 2002.

Umfassende Nacherzählung, Einzelinterpretation der Dialoge und ausgreifende Interpretation platonischen Philosophierens. Kutschera holt zuweilen etwas weit aus, was die Lektüre teilweise etwas mühsam macht, zumal Kutschera eine detaillierte Textkenntnis der Schriften Platons schon voraussetzt. Die Interpretationen sind zuweilen eigenwillig, immer aber anregend. Weitgehend wird auf Sekundärliteratur verzichtet, der Leser erhält dennoch einen Überblick über die wichtigsten Auseinandersetzungen in der Platonforschung der letzten hundert Jahre. In Kapitel III, 173–235 bietet Kutschera einen Gesamtüberblick, der denjenigen, die diesen nicht auf Anhieb verstehen, zur mehrmaligen Lektüre empfohlen sei.

Barbara Zehnpfennig, *Platon zur Einführung*, Hamburg [4]2011.

Zehnpfennig liefert eine eingängige und durchweg eigenwillige Interpretation der Denkbewegungen Platons durch die Zeit seines Schaffens. Sie setzt dabei wohlüberlegte und gut begründete Schwerpunkte in der Auswahl der von ihr besprochenen Textstücke, die sie, ihrer Anlage folgend, etwas aus dem Zusammenhang nimmt, um deren übergreifende Bedeutung zu belegen. Manchmal fällt es schwer, die Argumentation Zehnpfennigs den Texten eindeutig zuordnen zu können.

Wichtige Monographien

Theodor Ebert, *Meinung und Wissen in der Philosophie Platons. Untersuchungen zum* Charmides, Menon *und* Staat, Berlin 1974.

Das Buch thematisiert die Eigenart des sokratischen Nicht-Wissens, das Ebert zufolge in einem spezifischen Wissen besteht, Meinungen eben als bloße Meinungen zu entlarven. Die Untersuchung besteht in einem umfassenden Versuch, die einschlägigen Textstellen, vor allem im *Charmides*, im *Menon* und in der *Politeia* (fünftes bis siebtes Buch), im Wechselspiel der diskutierten Sachthemen und der dramatischen Darstellungsform zu deuten. Dabei bezieht sich Ebert auch immer wieder auf den systematischen Wert der platonischen Gleichnisse und Erzählungen.

Wolfgang Wieland, *Platon und die Formen des Wissens*, Göttingen [2]1999.

Wohl das beste, deutschsprachige und damit wichtigste, neuere Werk über Platon. Wieland geht von der Schriftkritik aus und argumentiert dafür, dass für Platon das entscheidende Wissen nicht in propositionalen Gehalten liegt, sondern im praktischen Wissen von „dispositionellen Fähigkeiten“, die sich im Umgang mit den Dingen und den anderen Menschen realisieren. Diese Form des Wissens beschränkt sich, wenn es sprachlich ausgedrückt wird, nicht auf den Gehalt der Sätze, sondern reicht intensional in die Handlungs- und Situationskontexte hinein. Auch die Annahme von Ideen ist bei Platon dahingehend motiviert. Das sokratische Wissen, das nur im Kontext seiner propositionalen Gehalte als Nicht-Wissen erscheint, zeigt sich in der Bewährung des *logon didonai* der sokratischen Gesprächsführung, die sich zwar der Sprache umfassend und völlig sicher bedient, darin aber immer über diese hinausweist. Die

Lektüre des Buches ist unverzichtbar, wenn man sich für dieses Grundmoment platonischen Philosophierens interessiert.

Sammelbände

Die Sammelbände liefern keine Gesamtinterpretationen der Philosophie Platons, sondern widmen sich einzelnen Aspekten, denen die Einzelautoren gemäß ihrer Vorliebe nachgehen. Die Qualität ist meist unterschiedlich, alle Autoren dieser Bände sind allerdings ausgewiesene Platon-Kenner, so dass sich dem Leser immer ein Gewinn aus der Lektüre erschließen wird. Ich erlaube mir dennoch, meine Vorlieben besonders hervorzuheben.

Marcel von Ackeren (Hg.), *Platon verstehen. Themen und Perspektiven*, Darmstadt 2004.

Der Herausgeber des Bandes setzt ganz bewusst auf die Vielfalt der Ansätze zu Platons Philosophieren. Zwar unterliegen die Interpretationen eines klassischen Autors wie Platon immer den Strömungen der jeweiligen Zeit, diese sind aber so heterogen, dass uns Platon erst durch die Kenntnis und die Zusammenschau einer Fülle von unterschiedlichen Ansätzen nahegebracht werden kann. Von hier aus lässt sich dann auch an aktuelle und allgemeine Strömungen in der Philosophie anknüpfen. Die einzelnen Beiträge siedeln auf hohem Niveau, weswegen der Titel für den Anfänger sicher irreführend ist. Einführend verständlich sind Heitsch, Erler, Frede, Horn, Hardy, Halfwassen.

Hugh H. Benson (Ed.), *A Companion to Plato*, Malden (MA), Oxford, Chichester 2009.

Die Aufsätze behandeln einzelne philosophische Themenschwerpunkte innerhalb bzw. zwischen den Dialogen Platons und thematisieren unterschiedliche Sichtweisen auf sein Werk. Die Beiträge bemühen sich sehr, auch für Anfänger sehr gut lesbar zu sein. Besonders empfehlenswert scheinen mir Rowe, Prior, Benson, Kahn.

Theo Kobusch, Burkhard Mojsisch (Hg.), *Platon. Seine Dialoge in der Sicht neuerer Forschungen*, Darmstadt 1996.

Der Band versammelt eine Reihe von Aufsätzen, welche erstens in einer Interpretation der bedeutendsten Dialoge Platons einen Überblick über seine Gesamtphilosophie liefern, und zweitens die wichtigsten Forschungsrichtungen durch ihre Hauptakteure vorstellen wollen. Besonders lesenswert sind die Beiträge von Wieland, Kobusch, Frede.

Markus Janka, Christian Schäfer (Hg.), *Platon als Mythologe*, Darmstadt 2002; [2]2014.

Der Sammelband legt seinen Schwerpunkt auf die Mythen Platons. In einzelnen Beiträgen wird einerseits die Bedeutung des Mythos für die Philosophie Platons, andererseits der Sinn des einzelnen Mythos im Dialogzusammenhang erklärt. Die Mythen Platons sind sicher ein Spezialproblem, allerdings mit grundsätzlicher Relevanz. Die Beiträge setzen zumeist einiges an Kenntnissen voraus, dem Anfänger seien empfohlen: der erste Teil des Beitrages von Kobusch, sowie die Beiträge von Alt, Pietsch, Sheffield, Ebert (dort auch viel Klärendes zum Verhältnis von Mythos und Logos bei Platon) und insbesondere Dalfen.

Georg Schiemann, Dieter Mersch, Gernot Böhme (Hg.), *Platon im nachmetaphysischen Zeitalter*, Darmstadt 2006.

Der Band versammelt Beiträge, welche die Bedeutung Platons als „Empiriker, Wissenschaftler oder Politiker" hervorheben wollen, um ihn damit in moderne Deutungshorizonte zu stellen, weil Platons Philosophie weder einfach verabschiedet, noch umstandslos übernommen werden kann. Sehr lesenswert sind Frede, Martens, Detel.

Weitere Literatur

Marcel van Ackeren, Das Wissen vom Guten. Bedeutung und Kontinuität des Tugendwissens in den Dialogen Platons, Amsterdam, Philadelphia 2003.

Julia Annas, An introduction to Plato's Republic, Oxford 1981.

Aristoteles, Metaphysik, neubearbeitete Übersetzung v. Hermann Bonitz, Einl. u. Komm. hg. v. Horst Seidl, gr.-dt., erster Halbband I(A)–VI(E), Hamburg [3]1989, zweiter Halbband VII (Z)–XIV (N), Hamburg [3]1991 (Metaphysik).

Aristoteles, Nikomachische Ethik, auf der Grundlage der Übersetzung von Eugen Rolfes hg. v. Günther Bien, Hamburg [4]1985 (NE).

Aristoteles, Politik, übers. v. Eugen Rolfes, hg. v. Günther Bien, Hamburg [4]1990 (Politik).

Matthias Baltes, Dianoēmata. Kleine Schriften zu Platon und Platonismus, Stuttgart, Leipzig 1999.

Norbert Blößner, Dialogform und Argument, Stuttgart 1997.

Christopher Bobonich, Plato's Utopia Recast. His Later Ethics and Politics, Oxford 2002.

Gernot Böhme, Platons theoretische Philosophie, Stuttgart 2000.

Wolfram Brinker, Platons Ethik und Psychologie. Philologische Untersuchungen über thymoeidetisches Erkennen und Handeln in den platonischen Dialogen, Frankfurt a.M. u.a. 2007.

Donald Davidson, Handlung und Ereignis, übers. v. Joachim Schulte, Frankfurt a. M. [2]1998.

Hermann Diels, Walther Kranz (Hg.), Die Fragmente der Vorsokratiker, 3 Bände, Berlin [10]1961 (DK).

Albrecht Dihle, Die Vorstellung vom Willen in der Antike, Göttingen 1985.

Klaus Döring, „Der Sokrates der platonischen Apologie und die Frage nach dem historischen Sokrates", in: Würzburger Jahrbücher 13/1987, 75–94.

Klaus Dörner, Der gute Arzt. Lehrbuch der ärztlichen Grundhaltung, Stuttgart [2]2003.

Geneviève Droz, Les mythes platoniciens, Paris 1992.

Theodor Ebert, „Von der Weltursache zum Weltbaumeister", in: Antike und Abendland 37(1991), 43–54.

Theodor Ebert, Sokrates als Pythagoreer und die Anamnesis in Platons Phaidon, Mainz 1994.

Markus Enders, „‚Platons Theologie‘: Der Gott, die Götter und das Gute. Perspektiven der Philosophie“, in: Neues Jahrbuch 25(1999), 131–185.

Michael Erler, Der Sinn der Aporien in den Dialogen Platons, Berlin 1987.

Gilbert François, Le polythéisme et l'emploi au singulier des mots ΘΕΟΣ, ΔΑΙΜΟΝ dans la littérature grecque d'Homère à Platon, Paris 1957.

Günter Fröhlich, „Überlegungen zur Argumentationsstruktur in Platons Protagoras“, in: Classica et Mediaevalia. Revue danoise de philologie et d'histoire 55 (2004), 49–84.

Günter Fröhlich, „Die aristotelische eudaimonia und der Doppelsinn vom guten Leben“, in: Archiv für Begriffsgeschichte 54 (2012), 21–44.

Günter Fröhlich, „Vom Unglück des Sich-Wohlbefindens. Zustandsgefühle und dynamischer Lebensvollzug und die ‚Grundirrtümer des Eudaimonismus‘ in Max Schelers Formalismusbuch“, in: Oliva Mitscherlich-Schönherr, Matthias Schlossberger (Hg.), Das Glück des Glücks. Philosophische Anthropologie des guten Lebens, Berlin, München, Boston, 2014, 167–185.

Lloyd P. Gerson, „Akrasia and the divided soul in Plato's Laws“, in: Samuel Scolnicov, Luc Brison (Hg.), Plato's Laws: From Theory into Practise. Proceedings of the VI. Symposium Platonicum, St. Augustin 2003 149–154.

Andreas Graeser, Probleme der platonischen Seelenteilungslehre. Überlegungen zur Frage der Kontinuität im Denken Platons, München 1969.

Nicolai Hartmann, Platos Logik des Seins, Berlin [2]1965.

Jörg Hardy, Platons Theorie des Wissen im „Theaitet“, Göttingen 2001.

Ernst Heitsch, „Der Anonymos in Platons Euthydem“, in: Hermes 128 (2000), 392–404.

Ernst Heitsch, Platon und die Anfänge seines dialektischen Philosophierens, Göttingen 2004.

Otfried Höffe, Politische Gerechtigkeit. Grundlegung einer kritischen Philosophie von Recht und Staat, erweiterte Neuausgabe, Frankfurt a.M. [3]2002.

Martin Holtermann, „Die Suche nach der Struktur der Seele in Platons Phaidros“, in: Manuel Baumbach, Helga Köhler, Adolf Martin Ritter, Mousopolos stephanos, Festschrift für Herwig Görgemanns, Heidelberg 1998, 426–442.

Immanuel Kant, „Kritik der Urteilskraft“, in: Immanuel Kant, Werkausgabe in zwölf Bänden, Wilhelm Weischedel (Hg.), Bd. 10: Kritik der Urteilskraft, Frankfurt a.M. [19]2010 (KU).

Clemens Kauffmann, Ontologie und Handlung. Untersuchungen zu Platons Handlungstheorie, Freiburg i.Br., München 1993.

Geert Keil, Freiheit, Berlin, New York 2007.

Hans Krämer, „Zur aktuellen Diskussion um den Philosophiebegriff Platons“, in: Perspektiven der Philosophie 16 (1990), 85–107.

Richard Kraut (Hg.), The Cambridge Companion to Plato, Cambridge 1992.

Franz von Kutschera, Grundfragen der Erkenntnistheorie, Berlin, New York 1981.

Franz von Kutschera, Platons ‚Parmenides', Berlin 1995.

Pierre Simon de Laplace, Philosophischer Versuch über die Wahrscheinlichkeit, hg. v. Richard von Mises, Leipzig 1932.

Jonathan Lear, „Inside and Outside the Republic", in: Phronesis 37 (1992), 184–215.

Gottfried Wilhelm Leibniz, Discours de Métaphysique/Metaphysische Abhandlung, fr.-dt., übers. v. Herbert Herring, Hamburg 1958.

Gebhard Löhr, Das Problem des Einen und Vielen in Platons Philebos, Göttingen 1990.

Ulrich Lorenz (Hg.), Philosophische Psychologie, Freiburg i.Br., München 2003.

Béatrice Lienemann, Die Argumente des Dritten Menschen in Platons Dialog „Parmenides", Göttingen 2010.

Stephen Menn, Plato on God as Nous, Carbondale 1995.

Ernst Wolfgang Orth, „Ideation, ideierende Abstraktion", in: Historisches Wörterbuch der Philosophie, hg. v. Joachim Ritter u. a., Bd. 4, Basel, Stuttgart 1976, 52–54.

Dimitris Papadis, „Der Begriff der Seele bei Platon zwischen Dialektik und Mythos", Eranos 87 (1989), 21–32.

Pausanias, Beschreibung Griechenlands, neu übers., m. e. Einl. u. Erläut. v. Ernst Meyer, Zürich und Stuttgart [2]1967.

Giovanni Reale, Zu einer neuen Interpretation Platons, Paderborn 1993.

William David Ross, Plato's Theory of Ideas, Oxford [2]1953.

Christopher J. Rowe, „Explanation in the Phaedo 99c6–102a8", in: Oxford Studies in Ancient Philosophy 11(1993), 49–69.

Christopher J. Rowe, Plato: Symposium, ed. with introduction., translation and commentary, Warminster 1998.

Christian Schäfer, „Platon: Gorgias", in: Herbert Huber (Hg.), Klassische Werke zur Philosophischen Ethik. Studienbuch für Philosophie- und Ethiklehrer, Freiburg i.Br., München 2010, 9–29.

Christian Schäfer, „Platon: Politeia", in: Heribert Huber (Hg.), Klassische Werke zur philosophischen Ethik. Studienbuch für Philosophie- und Ethiklehrer, Freiburg, München 2010, 30–70.

Arbogast Schmitt, Die Moderne und Platon. Zwei Grundformen europäischer Rationalität?, Stuttgart, Weimar [2]2008.

Arthur Schopenhauer, Über die vierfache Wurzel des Satzes vom zureichenden Grunde, in: Werke in fünf Bänden, Band III, nach der Ausgabe letzter Hand herausgegeben von Ludger Lütkehaus, Zürich 1988, 7–168.

Friedrich Solmsen, Plato's Theology, Ithaka, New York 1942.

Richard Sorabji, Necessity, Cause and Blame. Perspectives on Aristotle's Theory, London 1980.

Peter Stemmer, Platons Dialektik. Die frühen und die mittleren Dialoge, Berlin 1992.

Jan Szaif, Platons Begriff der Wahrheit, Freiburg i.Br., München 1996.

Thomas Alexander Szlezák, „Unsterblichkeit und Trichotomie der Seele im zehnten Buch der Politeia“, Phronesis 21 (1976), 31–58.

Thomas A. Szlezák, Platon lesen, Stuttgart, Bad Cannstatt 1993.

Harold A. S. Tarrant, Plato's First Interpreters, London 2000.

Gregory Vlastos, Platonic Studies, Princeton 1973, 21981.

Martin L. West, „Towards Monotheism“, in: Polymnia Athanassiadi, Michael Frede (Hg.), Pagan Monotheism in Late Antiquity, Oxford 1999, 21–40.

Alfred North Whitehead, Prozess und Realität. Entwurf einer Kosmologie, Frankfurt a.M. 21995.

Ursula Wolf, Die Suche nach dem guten Leben. Platons Frühdialoge, Reinbek bei Hamburg, 1996.

Ursula Wolf, Die Philosophie und die Frage nach dem guten Leben, Reinbek bei Hamburg 1999.

Georg Henrik von Wright, Erklären und Verstehen, übers. v. Günther Grewendorf, Georg Meggle, Hamburg 2008.